JOACHIM F. BARTELS

**Öffentlich-rechtliche dingliche Rechte
und dingliche öffentliche Lasten**

Schriften zum Öffentlichen Recht

Band 120

Öffentlich-rechtliche dingliche Rechte und dingliche öffentliche Lasten

dargestellt am Beispiel der Baulasten und der
öffentlichen Last des hamburgischen Enteignungsgesetzes von 1963

Von

Dr. Joachim F. Bartels

DUNCKER & HUMBLOT / BERLIN

Alle Rechte vorbehalten
© 1970 Duncker & Humblot, Berlin 41
Gedruckt 1970 bei Buchdruckerei Bruno Luck, Berlin 65
Printed in Germany

Inhaltsverzeichnis

Einleitung   13

Erster Teil

Die gesetzlichen Regelungen und die historische Entwicklung   15

Erster Abschnitt: Die Baulasten   15

§ 1: Der Tatbestand der Baulastregelungen 15

§ 2: Historische Entwicklung der Baulast 16
    I. Entwicklung zum Bauordnungsrecht 16
    II. Baurechtliche Regelung mit privatrechtlichen Mitteln 18
    III. Privatrechtliche Sicherung von Ausnahmeregelungen 19
    IV. Baulastregelungen in Sachsen, Baden und Württemberg 21
    V. Ähnliche öffentlich-rechtliche Regelungen in Bremen und Hamburg 23
    VI. Die Sicherung der Ausnahmeregelungen in den übrigen Ländern 25
    VII. Die Entwicklung nach 1945 26

§ 3: Einzelfragen der Baulastregelung 27
    I. Die konstitutive Einzelfallregelung 27
    II. Regelung bauordnungs- und bauplanungsrechtlicher Angelegenheiten 28
    III. Erforderlich ist Einwirkung auf das Eigentumsrecht 30
    IV. Öffentlich-rechtliches Rechtsverhältnis 33
    V. Wie entsteht die Baulast? 36

	VI. Baulastenverzeichnis und Verzicht auf die Baulast	39
	VII. Zusammenfassende Charakterisierung	40

*Zweiter Abschnitt: Die öffentliche Last
des hamburgischen Enteignungsgesetzes von 1963*   40

§ 4: Tatbestand der Regelung und Rechtskonstruktionen 40
     I. Allgemeines zur gesetzlichen Regelung 40
     II. Inhalt der öffentlichen Last 42
     III. Wie entsteht die öffentliche Last? 44
     IV. Öffentlich-rechtliche Regelung 47
     V. Zusammenfassung 48

§ 5: Der öffentlichen Last verwandte Fälle 49
     I. Hamburgisches Wassergesetz 49
     II. Baupolizeigesetz 1882 49
     III. Preußische Gesetzgebung 50
     IV. Reichsgesetz vom 29.12.1922 51

Zweiter Teil

**Gemeinsame Merkmale und
rechtliche Systematisierung**   52

Erster Abschnitt: Der dingliche Charakter der Regelungen   53

§ 6: Der zivilrechtliche Begriff der Dinglichkeit 53
     I. Beschränkung des Begriffs auf den Bereich des Zivilrechts? .. 54
     II. Die zivilrechtlich wesentlichen Kriterien des dinglichen Rechts 55

§ 7: Die Möglichkeit dinglicher Rechte im öffentlichen Recht 61
     I. Die Ansichten in Literatur und Rechtsprechung 61
     II. Ausschluß öffentlicher dinglicher Rechte aus grundsätzlichen
         Erwägungen? 64

Inhaltsverzeichnis

§ 8: Die unmittelbare Sachbeziehung 69
    I. Die Sachbeziehung nach den §§ 8 ff. hmb EntG 69
    II. Die Sachbeziehung nach den Baulastregelungen 70

§ 9: Die Sachzuordnung 74
    I. Unterschiede zur privatrechtlichen Zuordnung 75
    II. Der Inhalt der öffentlichen Last des hmb EntG 76
    III. Der Inhalt der Baulastregelungen 77

§ 10: Öffentlich-rechtliche dingliche Rechte und öffentlich-rechtliche Sachbeziehungen 81
    I. „Generelle" und „spezielle" Sachzuordnung 81
    II. Folgerungen 83
    III. Kritik der Literaturmeinungen 88

§ 11: Die öffentlich-rechtliche Sachherrschaft 90
    I. Das Wesen öffentlich-rechtlicher Sachherrschaft 90
    II. Begründung öffentlich-rechtlicher dinglicher Belastungen 93
    III. Konkurrenzfragen 95
    IV. Exkurs: Die Zustimmung zur Widmung eines Weges 96

§ 12: Definition des Begriffs des öffentlich-rechtlichen beschränkt dinglichen Rechts 98

§ 13: Zum Begriff „dinglich" in der Literatur 98
    I. Das Beispiel des Erschließungsbeitrages 99
    II. Die Bezeichnung als „öffentliche Last" 101

*Zweiter Abschnitt: Weitere gemeinsame
Merkmale und Definition eines Oberbegriffs*   102

§ 14: Der Zweck der gesetzlichen Regelungen 102
    I. Funktion und Zweck der Regelungen 102

II. Die Zweckmäßigkeit der gewählten Rechtsform 104

§ 15: Definition eines Oberbegriffs 106

Dritter Teil

**Die öffentliche Grundlast und
das Rechtsinstitut der öffentlichen Last** 107

Erster Abschnitt: Systematische Einordnung der Regelungen 107

§ 16: Die Lehre von der öffentlich-rechtlichen Eigentumsbeschränkung .. 109

    I. Das Rechtsinstitut bei Otto Mayer 109

    II. Kritik 110

§ 17: Die Lehre von der öffentlich-rechtlichen Dienstbarkeit 111

    I. Der Begriff bei Otto Mayer 111

    II. Der Begriff in Literatur und Rechtsprechung 113

    III. Zur Anwendbarkeit der Lehre 114

§ 18: Die Lehre von den Verwaltungspflichtigkeiten 117

    I. Darstellung der Lehre 117

    II. Kritik der Lehre Holsteins 118

§ 19: Analogie zu sonstigen zivilrechtlichen Instituten 120

    I. Hypothek und Grundschuld 121

    II. Reallast 121

§ 20: Das Rechtsinstitut der öffentlichen Grundlast 122

*Zweiter Abschnitt: Zum Rechtsinstitut
der öffentlichen Last* 124

§ 21: Der Begriff der „öffentlichen Last" in der Gesetzessprache 124

    I. Die „öffentlichen Grundstückslasten" 124

    II. Weitere Anwendungsfälle 126

Inhaltsverzeichnis

§ 22: Die Entwicklung des verwaltungsrechtlichen Begriffs der „öffentlichen Last" durch Otto Mayer 127

    I. Der Begriff der „öffentlichen Last" bei Otto Mayer 128

    II. Kritische Würdigung 130

§ 23: Die Behandlung und Veränderung des Begriff der „öffentlichen Last" in der Literatur 132

    I. Die Entwicklung in der älteren Literatur 132

    II. Die Entwicklung in der neueren Literatur 139

    III. Die Rechtsprechung 142

§ 24: Die öffentliche Grundlast und das Rechtsinstitut der öffentlichen Last 143

    I. Inhaltsbestimmung des Rechtsinstituts der öffentlichen Last .. 144

    II. Anwendung auf die öffentliche Grundlast 146

§ 25: Zur Legitimation öffentlicher Lasten 148

    I. Die Staatsgewalt als Grundlage der Auferlegung öffentlicher Lasten 149

    II. Grenzen für die Auferlegung öffentlicher Lasten 153

Zusammenfassung   159

Literaturverzeichnis   161

Verzeichnis der wichtigsten Abkürzungen

a. A.	= anderer Ansicht
a.a.O.	= am angegebenen Ort
ABl.	= Amtsblatt
Abs.	= Absatz
AcP	= Archiv für die civilistische Praxis (Band, Seite)
a. E.	= am Ende
ALR	= Allgemeines Landrecht für die preußischen Staaten (zitiert nach §, Teil und Titel)
Anm.	= Anmerkung
AöR	= Archiv des öffentlichen Rechts (Band, Seite)
Art.	= Artikel
Aufl.	= Auflage
AusfG	= Ausführungsgesetz
bad.	= badisch(es)
BauNVO	= Verordnung über die bauliche Nutzung der Grundstücke (Baunutzungsverordnung) v. 26. 6. 1962
BauO	= Bauordnung
bay.	= bayerisch
BayObLG	= Bayerisches Oberstes Landesgericht
BayVBl.	= Bayerische Verwaltungsblätter (Jahr, Seite)
BB	= Der Betriebsberater (Jahr, Seite)
BBahnG	= Bundesbahngesetz v. 13. 12. 1951
BBauG	= Bundesbaugesetz v. 23. 6. 1960
Bd.	= Band
Bem.	= Bemerkung
BFStrG	= Bundesfernstraßengesetz, i. d. F. vom 6. 8. 1961
BGB	= Bürgerliches Gesetzbuch v. 18. 8. 1896
BGBl. I	= Bundesgesetzblatt Teil I
BGH	= Bundesgerichtshof
BGHZ	= Entscheidungen des Bundesgerichtshofs in Zivilsachen (Band, Seite)
Bln.	= Berlin(er)
BK	= Bonner Kommentar zum Grundgesetz (Zweitbearbeitung)
BRD	= Bundesrepublik Deutschland
brem.	= bremisch
BT	= Bundestag
BVerfG	= Bundesverfassungsgericht
BVerfGE	= Entscheidungen des Bundesverfassungsgerichts (Band, Seite)
BVerwG	= Bundesverwaltungsgericht
BVerwGE	= Entscheidungen des Bundesverwaltungsgerichts (Band, Seite)
BW	= Baden-Württemberg
BWVerwBl.	= Baden-Württembergisches Verwaltungsblatt (Jahr, Seite)

Verzeichnis der wichtigsten Abkürzungen

D.	=	Digesta Iustiniani
DÖV	=	Die öffentliche Verwaltung (Jahr, Seite)
DR	=	Deutsches Recht (Jahr, Seite)
DRiZ	=	Deutsche Richterzeitung (Jahr, Seite)
Drucks.	=	Drucksache
DVBl	=	Deutsches Verwaltungsblatt (Jahr, Seite)
EG BGB	=	Einführungsgesetz zum Bürgerlichen Gesetzbuch v. 18. 8. 1896
EHBauO	=	Entwurf einer Hamburgischen Bauordnung
EPlR	=	Entscheidungen zum Planungsrecht
ESVGH	=	Entscheidungssammlung des Hessischen und des Württemberg-Badischen Verwaltungsgerichtshofes (Band, Seite)
Fischers Zeitschrift	=	Fischers Zeitschrift für Praxis und Gesetzgebung der Verwaltung (Band, Seite)
FlurbG	=	Flurbereinigungsgesetz v. 14. 7. 1953
FN	=	Fußnote
GBO	=	Grundbuchordnung
Ges.Bl., GBl.	=	Gesetzblatt
GG	=	Grundgesetz für die Bundesrepublik Deutschland v. 23. 5. 1949
Gruchot	=	Gruchots Beiträge zur Erläuterung des deutschen Rechts (Band, Seite)
GS	=	Gesetzessammlung
GVBl	=	Gesetz- und Verordnungsblatt
Handwb.	=	Handwörterbuch
HansGZ (B)	=	Hanseatische Gerichtszeitung (Beiblatt), (Jahr, Seite bzw. Nr.)
hess.	=	hessisch
hmb.	=	hamburgisch
i. d. F.	=	in der Fassung
JFG	=	Jahrbuch für Entscheidungen in Angelegenheiten der freiwilligen Gerichtsbarkeit und des Grundbuchrechts (Band, Seite)
Jhrb.	=	Jahrbuch
JuS	=	Juristische Schulung (Jahr, Seite)
JW	=	Juristische Wochenschrift (Jahr, Seite)
JZ	=	Juristenzeitung (Jahr, Seite)
KAG	=	Kommunalabgabengesetz
KG	=	Kammergericht (Berlin)
LAG	=	Lastenausgleichsgesetz v. 1952, i. d. F. v. 1. 12. 1965
LBauO, LBO	=	Landesbauordnung
LM	=	Lindenmaier-Möhring, Nachschlagewerk des Bundesgerichtshofes
MBO	=	Musterbauordnung
MDR	=	Monatsschrift für deutsches Recht (Jahr, Seite)
m. w. H.	=	mit weiteren Hinweisen

NJW	=	Neue Juristische Wochenschrift (Jahr, Seite)
n. v.	=	nicht veröffentlicht
NW	=	Nordrhein-Westfalen
OLG	=	Oberlandesgericht
OLGE	=	Entscheidungen der Oberlandesgerichte (Band, Seite)
OVG	=	Oberverwaltungsgericht
PBefG	=	Personenbeförderungsgesetz v. 21. 3. 1961
pr., Pr.	=	preußisch(es)
PrOVG	=	Preußisches Oberverwaltungsgericht (Entscheidungssammlung: Band, Seite)
PrVerwBl.	=	Preußisches Verwaltungsblatt (Band, Seite)
prWasserG	=	preußisches Wassergesetz v. 7. 4. 1913
RAO	=	Reichsabgabenordnung v. 13. 12. 1919
Rdnr.	=	Randnummer
Recht	=	Zeitschrift „Das Recht" (Jahr, Seite)
RegBl.	=	Regierungsblatt
RG	=	Reichsgericht
RGBl. I	=	Reichsgesetzblatt Teil I
RGZ	=	Entscheidungen des Reichsgerichts in Zivilsachen (Band, Seite)
RLG	=	Reichsleistungsgesetz v. 1. 9. 1939
S.	=	Seite, Satz
sächs.	=	sächsisch
Sächs.OVG	=	Sächsisches Oberverwaltungsgericht (Entscheidungssammlung: Jahrbuch, Band, Seite)
Schl.-H.	=	Schleswig-Holstein
Schriftenreihe	=	Schriftenreihe des Bundesministers für Wohnungsbau (Band, Seite)
Sp.	=	Spalte
Sten.Berichte	=	Stenographische Berichte über die Sitzungen der Bürgerschaft zu Hamburg (Jahr, Seite)
st. Rspr.	=	ständige Rechtsprechung
StW	=	Steuer und Wirtschaft (Jahr, Seite)
U., Urt.	=	Urteil
VBl.	=	Verordnungsblatt
Verhandlungen	=	Verhandlungen zwischen Senat und Bürgerschaft (Hamburg), (Jahr, Seite)
VerwArchiv	=	Verwaltungsarchiv (Band, Seite)
VerwRspr	=	Verwaltungsrechtsprechung in Deutschland (Band, Seite)
VGH	=	Verwaltungsgerichtshof
vgl.	=	vergleiche
VVDStRL	=	Veröffentlichungen der Vereinigung der Deutschen Staatsrechtslehrer (Band, Seite)
VwGO	=	Verwaltungsgerichtsordnung v. 21. 1. 1960
WegeG	=	Wegegesetz
wüEVRO	=	Verwaltungsordnung für Württemberg, Entwurf eines Gesetzes mit Begründung, 1931/1936
württ.	=	württembergisch
ZVG	=	Gesetz über die Zwangsversteigerung und die Zwangsverwaltung (Zwangsversteigerungsgesetz) v. 24. 3. 1892

Einleitung

Wenn die folgende Untersuchung ihren Ausgang nimmt von zwei öffentlich-rechtlichen Rechtsfiguren, die als „Last" bezeichnet sind, so muß sie teils an seit langem der Verwaltungsrechtswissenschaft Bekanntes anknüpfen. Worin ist dennoch ihre Rechtfertigung zu sehen?

Der Begriff „öffentliche Last" ist der deutschen Verwaltungsrechtswissenschaft als systembildender Begriff seit der ersten Auflage von Otto Mayers Lehrbuch des Deutschen Verwaltungsrechts (1896) bekannt. Er benutzte ihn für zahlreiche Verpflichtungen des einzelnen gegenüber dem Staat. Daneben erscheint der Begriff aber auch in der Gesetzgebung, erwähnt seien nur die Vorschriften des § 436 BGB und des § 10 Abs. 1 Nr. 3 ZVG. Die Literatur hat den Begriff der öffentlichen Last von Otto Mayer übernommen und bis in die heutige Zeit als Systembegriff beibehalten, wenn auch das System, dem er als Bezeichnung dient, sich — wie zu zeigen sein wird — inhaltlich vielfältig gewandelt hat.

Abgesehen von den oben genannten Vorschriften hat in den letzten Jahren auch die Gesetzgebung den Begriff wieder aufgegriffen und den Lastbegriff insbesondere in zwei gesetzlichen Regelungen benutzt: in den Vorschriften über „Baulasten" in einigen neueren Landesbauordnungen und über die „öffentliche Last" im Zweiten Teil des hamburgischen Enteignungsgesetzes von 1963 (hmb EntG). Insbesondere in Hamburg soll die Rechtsfigur „öffentliche Last" in weitere gesetzliche Vorschriften Eingang finden, von ihr sei bisher zu wenig Gebrauch gemacht worden[1].

Durch die unveränderte Beibehaltung des Begriffs „öffentliche Last" bei verändertem Systemgehalt und durch die Verwendung des Begriffs in neuen gesetzlichen Regelungen, die nicht ohne weiteres in die überlieferten Systemgrenzen passen, ist der Begriff äußerst „schillernd" und mehrdeutig geworden. Es erscheint daher notwendig, ihn auf seinen Gehalt und seinen Anwendungsbereich hin zu überprüfen und eventuell neu zu formulieren, um einen für die juristische Konstruktion und Systematik aussagekräftigen Begriff zu erhalten.

Als Einteilungsbegriff für ein System rechtlicher Erscheinungen kann der Begriff nicht losgelöst von den Anwendungsfällen erörtert

---
[1] *Haas*, Festschrift, S. 33 f.

werden, zu deren Einteilung er dient, sondern nur von den Gemeinsamkeiten dieser Anwendungsfälle her kann er bestimmt werden. Ausgangspunkt der folgenden Erörterung sollen daher die neueren gesetzlichen Vorschriften sein, die den „Last"-Begriff verwenden: die „Baulasten" und die „öffentliche Last" des hmb EntG. Die Untersuchung wird diese im Vordergrund stehenden Vorschriften zu rechtlich ähnlichen in Beziehung setzen und auch insoweit versuchen, die Gemeinsamkeiten der Regelungen hervorzuheben. Dabei wird zu prüfen sein, ob die genannten Regelungen zu einem allgemeinen Rechtsinstitut der öffentlichen Last gehören, und insbesondere, wie dieses zu begrenzen und begrifflich zu definieren ist.

Zu diesem Zweck sind zunächst ihre Rechtsnatur und ihr rechtlicher Gehalt zu untersuchen, um die daraus gewonnenen Erkenntnisse dem Inhalt des überkommenen Begriffs der öffentlichen Last gegenüberzustellen. Die Tatsache, daß sich sowohl die Baulasten als auch die öffentliche Last des hmb EntG auf das Grundeigentum auswirken, legt die Fragestellung nahe, wie diese Regelungen zu qualifizieren sind unter dem Gesichtspunkt der aus dem Zivilrecht bekannten Unterscheidung zwischen schuldrechtlichen und dinglichen Rechten. In diesem Zusammenhang wird auf die grundsätzliche Frage einzugehen sein, ob diese Unterscheidung überhaupt in das öffentliche Recht übertragen werden kann. Aus der älteren Literatur sind zahlreiche Versuche bekannt, ein „öffentliches Sachenrecht" nachzuweisen. Doch wurde hierunter meist nur ein öffentlich-rechtliches Sonderrecht für die Sachen im Gemeingebrauch verstanden[2]. Nachdem die Frage der Dinglichkeit im Verwaltungsrecht lange Zeit gar nicht oder nur oberflächlich behandelt worden ist, hat erst in jüngster Zeit *Niehues* hierzu eine eingehendere Untersuchung[3] vorgelegt, der jedoch in den Ergebnissen nicht ohne weiteres zugestimmt werden kann. Es erscheint daher angebracht, diese Frage an Hand der hier zu untersuchenden gesetzlichen Vorschriften nochmals — differenzierter — zu erörtern.

Es ergeben sich somit zwei Schwerpunkte der vorliegenden Arbeit: 1. die rechtliche Charakterisierung und Einordnung der „Baulast" und der „öffentlichen Last" nach dem hmb EntG — insbesondere die Frage der Dinglichkeit — und 2. die Erörterung und Inhaltsbestimmung des Rechtsinstituts der öffentlichen Last. Vorangehen soll im ersten Teil der Arbeit eine Darstellung des gesetzlichen Tatbestandes und der historischen Entwicklung der beiden als „Last" bezeichneten Rechtsfiguren.

---

[2] Vgl. die näheren Hinweise unten S. 61 Anm. 1.
[3] *Niehues*, Dinglichkeit im Verwaltungsrecht, Diss. 1963.

ERSTER TEIL

Die gesetzlichen Regelungen und ihre historische Entwicklung

Erster Abschnitt

Die Baulasten

§ 1: Der Tatbestand der Baulastregelungen

Vorschriften über Baulasten enthalten im geltenden Recht die neueren, nach 1960 ergangenen Landesbauordnungen, und zwar § 99 der Bauordnung für das Land Nordrhein-Westfalen[1], § 108 der Landesbauordnung für Baden-Württemberg[2], § 104 der Bauordnung für Berlin[3] und § 106 der Landesbauordnung für das Land Schleswig-Holstein[4], ferner sieht § 112 des Entwurfs einer Hamburgischen Bauordnung von 1968 die Übernahme der Baulastregelung vor[5]. Sämtliche Bestimmungen sind dem § 107 der Musterbauordnung[6] nachgebildet, die als Vorbild für die neu zu erlassenden Landesbauordnungen dienen soll, um in den Ländern ein möglichst einheitliches Bauordnungsrecht zu gewährleisten.

Die Bauordnungen der Länder Bayern und Rheinland-Pfalz[7], die ebenfalls zeitlich nach der Veröffentlichung der Musterbauordnung neu erlassen worden sind, haben die vorgeschlagene Regelung über die Baulasten dagegen nicht übernommen. In Bayern unterblieb die Übernahme dieses Instituts mit der Begründung, daß der gleiche rechtliche Erfolg auch mit Mitteln des bürgerlichen Rechts erreicht werden könne,

---

[1] Vom 25. 6. 1962 (GVBl. S. 373); im folgenden zit.: BauO NW.
[2] Vom 6. 4. 1964 (GesBl. S. 151); im folgenden zit.: LBauO BW.
[3] Vom 29. 7. 1966 (GVBl. S. 1175).
[4] Vom 9. 2. 1967 (GVBl. S. 51).
[5] Vom 9. 4. 1968, Verhandlungen 1968, S. 141 ff.; s. jetzt GVBl. 1969, S. 249.
[6] Musterbauordnung, Schriftenreihe Bd. 16/17 (1960), zit.: MBO.
[7] Landesbauordnung für Rheinland-Pfalz, vom 15. 11. 1961 (GVBl. S. 229); Bayerische Bauordnung, vom 1. 8. 1962 (GVBl. S. 179).

der Einführung eines neuen Rechtsinstituts in den Landesbauordnungen bedürfe es daher nicht[8]. Auch das Saarland hat das Institut der Baulast nicht entsprechend der Musterbauordnung übernommen. Die Bauordnung für das Saarland enthält jedoch in § 9 Abs. 2 eine Regelung, die der Baulast sehr ähnlich ist[9].

Die Vorschrift über die Baulasten in der BauO NW (§ 99 Abs. 1) hat folgenden Wortlaut:

„Durch Erklärung gegenüber der Bauaufsichtsbehörde können Grundstückseigentümer öffentlich-rechtliche Verpflichtungen zu einem ihre Grundstücke betreffenden Tun, Dulden oder Unterlassen übernehmen, die sich nicht schon aus öffentlich-rechtlichen Vorschriften ergeben (Baulasten). Baulasten sind gegenüber dem Rechtsnachfolger wirksam[10]."

Diese vom Grundstückseigentümer übernommene Verpflichtung ist in ein Baulastenverzeichnis einzutragen, das von der Gemeinde geführt wird (§ 100 BauO NW). Hierdurch wird in Ergänzung zum Grundbuch eine Publizitätswirkung erreicht, die schon wegen der Wirkung der Baulast gegenüber den Rechtsnachfolgern erforderlich erscheint[11].

§ 2: Historische Entwicklung der Baulast

Eine Betrachtung der historischen Entwicklung der Baulast kann hier deshalb von Nutzen sein, weil die Baulastvorschriften im geltenden Recht sich auf die historisch überkommene Rechtsfigur stützen und sie für die Bedürfnisse des modernen Baurechts reaktiviert haben[1]. Aus der historischen Entwicklung der Baulast lassen sich daher u. U. Rückschlüsse auf die Regelung im geltenden Recht ziehen.

I. Entwicklung zum Bauordnungsrecht

Das Rechtsinstitut der Baulast ist in den Landesbauordnungen geregelt, es gehört dem Bauordnungsrecht[2] an. Es stellt jedoch keine Neu-

---

[8] Vgl. bei *Mang-Simon*, Art. 7, Anm. 19; der Möglichkeit einer privatrechtlichen Sicherung durch beschränkt-persönliche Dienstbarkeiten — wie sie in Bayern empfohlen wird — widerspricht *Scheerbarth*, Bauordnungsrecht, S. 421.

[9] Bauordnung für das Saarland vom 12. 5. 1965 (ABl., S. 529). Vgl. dazu auch *Scheerbarth*, a.a.O., S. 421 f.

[10] Fast wörtlich übereinstimmend: § 108 Abs. 1 LBauO BW; § 104 BauO Bln; § 106 LBauO Schl.-H.; § 107 Abs. 1 MBO.

[11] Vgl. auch Begründung z. Entwurf eines Baugesetzes, Schriftenreihe Bd. 9, S. 190, und Begründung z. Entwurf eines Bundesbaugesetzes, BT-Drucks., 2. Wahlp., Nr. 1813, S. 79.

[1] Vgl. Entwurf LBauO BW, Begründung, S. 6605; Begründung zur MBO, S. 143; *Seyfried*, Zum Begriff der Baulast, BW VerwBl. 1966, 149.

[2] Das Bauordnungsrecht regelt die Anforderungen an die Beschaffenheit

§ 2: Historische Entwicklung der Baulast

entwicklung der genannten Bauordnungen dar, sondern ist schon frühzeitig im Rahmen der Entwicklung eines Bauordnungsrechts geschaffen worden.

Wurde das Bauwesen des Mittelalters[3] noch durch die Baupflicht innerhalb der Stadtmauern, das Bauverbot außerhalb und die weitgehende Freiheit der Baugestaltung und Bauausführung gekennzeichnet, so brachte die Zeit des Absolutismus die ersten größeren Stadtplanungen — meist nach französischen Vorbildern — mit einer eingehenden Ordnung der Straßenfluchten und Straßenbreiten. Diese Ordnungsvorschriften wurden in die Bauordnungen aufgenommen, deren Anfänge in Deutschland in das 14. und 15. Jahrhundert zurückreichen[4]. Im übrigen begnügten sich die Bauordnungen zu dieser Zeit meist mit Regelungen feuerpolizeilicher Art und der nachbarschaftlichen Verhältnisse[5].

Die Zeit des liberalen Städtebaus mit dem aus dem liberalistischen Eigentumsbegriff[6] abgeleiteten Rechtsgrundsatz der allgemeinen Baufreiheit[7] überließ zunächst wieder die Art und Gestaltung des Bauwerks ganz dem Belieben des Grundeigentümers, eingeschränkt nur durch die Beachtung polizeilicher Sicherheitsbestimmungen. Baurecht beschränkte sich so zunächst auf die reine Gefahrenabwehr, die Baupolizei. Das zeitliche Zusammentreffen von allgemeiner Baufreiheit und einem rapiden Aufschwung von Wirtschaft und Industrie führte zu einer schnell zunehmenden Bautätigkeit, und damit — mangels gesetzlicher Planungsvorschriften — zu einer planlosen, völlig ungeordneten Ausbreitung der Großstädte.

---

der Bauwerke, um Gefahren für die öffentliche Sicherheit abzuwehren und Verunstaltungen zu vermeiden. Von diesem Begriff zu unterscheiden ist das Bauplanungsrecht, das die örtliche und städtebauliche Planung betrifft, und das Bodenordnungsrecht, das die Erschließung, Umlegung und Enteignung regelt. Diese Unterscheidung beruht auf der unterschiedlichen Gesetzgebungszuständigkeit des Bundes und der Länder für diese Materien, vgl. dazu das Gutachten des BVerfG v. 16. 6. 1954 (BVerfGE 3, 407 ff.); im übrigen *Wolff*, VerwR III, S. 112 f.

[3] Vgl. zum folgenden: *Brügelmann*, BBauG, Einleitung B; *Jürgens*, Die Beschränkungen des Grundeigentums, S. 3 ff.; Weinheimer Gutachten, S. 9 ff.; *Zopfs*, Dienstbarkeiten, S. 5 ff.; *Heitzer-Oestreicher*, BBauG, Anm. 2 vor § 1. Speziell zur Entwicklung im Mittelalter vgl. *Gönnenwein*, Die Anfänge des kommunalen Baurechts, insbes. S. 76—103; zur Entwicklung in Hamburg s. auch *Gloede-Dehn*, Baupolizeiverordnung, S. 9 ff.

[4] Vgl. *Gönnenwein*, a.a.O., S. 76, 83 f.

[5] *Heitzer-Oestreicher*, a.a.O., Anm. 2 vor § 1; *Jürgens*, a.a.O., S. 5.

[6] Zurückgehend auf Art. 17 der französischen Erklärung der Menschen- und Bürgerrechte vom 26. 8. 1789: „... la propriété étant un droit inviolable et sacré."

[7] Dieser Grundsatz wurde aus der Vorschrift des § 65 I 8 ALR hergeleitet. — Heute wird er im allgemeinen auf Art. 2 und 14 GG gestützt: vgl. z. B. *Wolff*, VerwR III, S. 112.

Mit zunehmend dichterer Bebauung — übermäßige Ausnutzung der Grundstücke; „Mietskasernen" — erwuchs das Bedürfnis, damit zusammenhängenden Gefahren für die Allgemeinheit vorbeugend entgegenzuwirken. Erforderlich war vor allem der Schutz vor Stadtbränden und Epidemien, die durch zu dichte Bebauung begünstigt wurden. Im Interesse der Allgemeinheit entstanden Verbotsregeln, die das zügellose Bauen auf Grund der allgemeinen Baufreiheit einschränkten. Wurden diese Regelungen zunächst nur von Fall zu Fall, nach konkretem Bedürfnis, aufgestellt, so wurde mit fortschreitender Bautätigkeit deutlich, daß neben den Vorschriften zur Gefahrenabwehr auch planerische Grundsätze über die zulässige Ausnutzung der Grundstücke für eine künftige Bebauung erforderlich wurden, da nachträgliche Berichtigungen von Fehlentwicklungen immer schwerer zu beseitigen waren. Aus einem reinen Baupolizeirecht, das allein der Gefahrenabwehr diente, wurde unter Einschluß planungsrechtlicher Elemente allmählich ein Bauordnungsrecht[8].

II. Baurechtliche Regelung mit privatrechtlichen Mitteln

Solange die öffentlich-rechtlichen Vorschriften nur einzeln und unvollkommen bestanden, ein Bedürfnis nach Regelung aber dennoch akut wurde, bediente man sich dazu privatrechtlicher Mittel, insbesondere der bürgerlich-rechtlichen Grunddienstbarkeit. Das galt vor allem für Privatpersonen, die oft versuchten, auf die künftige Bebauung größerer Baugelände in bestimmter Richtung Einfluß zu gewinnen. Bei der Parzellierung eines derartigen Geländes überzogen sie es z. B. mit einem Netz wechselseitiger Grunddienstbarkeiten mit dem Inhalt, die Grundstücke nur einstöckig, nur im Landhausstil[9] o. ä. zu bebauen[10].

Aber nicht nur Privatpersonen, auch die Baupolizei bediente sich der privatrechtlichen Dienstbarkeiten, um öffentliche Interessen durchzusetzen und vor allem für die Zukunft zu sichern. Das gilt besonders für das hamburgische Baupolizeirecht, das sich aus rein privatrecht-

---

[8] Vgl. dazu und zum folgenden: *Zopfs*, Dienstbarkeiten, S. 5 ff., und die dort angeführte weitere Literatur; ferner *Müller*, Bau- und Nachbarrecht, S. 1 ff.; Allgemeine Einführung in die Musterbauordnung, S. 109 ff.; *Bochalli*, Bes.Verw.R, S. 302 f.

[9] So im Fall RGZ 159, 193.

[10] *Wulff*, Gesetze und Verordnungen, 3. Aufl., Bd. 2, S. 333 FN 2; OLG Hamburg, Hans.GZ 1893 B., S. 137 (139 f.); KG, OLGE 31, 336 f.; vgl. auch den Sachverhalt in BGHZ 41, 209. — Zur Nutzungsbeschränkung durch sog. Wohnungsbesetzungsrechte vgl. KG, NJW 1954, 1245; OLG Stuttgart, MDR 1956, 679.

lichen Anfängen entwickelt hat[11]; aber auch für andere Gegenden, wie sich aus zahlreichen Gerichtsurteilen ergibt[12]. Die Baupolizei bediente sich dabei der Form der beschränkt persönlichen Dienstbarkeit, die zugunsten der jeweiligen Gemeinde eingetragen wurde[13].

III. Privatrechtliche Sicherung von Ausnahmeregelungen

Mit der Zeit wurden aber die baupolizeirechtlichen Regelungen immer umfassender als öffentlich-rechtliche Vorschriften in Bauordnungen niedergelegt[14]. Dies entsprach der Erkenntnis, daß es sich hier um öffentlich-rechtliche Angelegenheiten handelte, und zwar auch dort, wo privatrechtliche Formen benutzt wurden[15]. Die öffentlich-rechtliche Regelung in allgemein gültigen Rechtsnormen brachte aber den Nachteil mit sich, daß individuelle Regelungen für das einzelne Grundstück — wie im Falle der Dienstbarkeiten — nicht mehr möglich waren. Die strikte Anwendung der starren Regeln mußte häufig zu unwirtschaftlichen Ergebnissen führen, so, wenn bestimmte Grenzabstände oder beschränkte Nutzungsmöglichkeiten vorgeschrieben waren, die wegen ungünstigen Zuschnitts eines Grundstücks dessen wirtschaftlich sinnvolle Nutzung ausschlossen.

Für diese Fälle sahen die Bauordnungen schon bald die Möglichkeit von Ausnahmeregelungen unter bestimmten Voraussetzungen vor, z. B. die Möglichkeit, vorgeschriebene Grenzabstände ganz oder zum Teil auf das Nachbargrundstück zu verlegen[16]. Da die Bauordnungen

---

[11] *Nöldeke*, Landesprivatrecht, S. 411, FN 2.
[12] OLG Karlsruhe, JFG 4, 378 (379 f.); BayObLG, Recht 1910 Nr. 3511; KG, OLGE 34, 225 f. und 41, 170 (172); RG, Recht 1907 Nr. 2743.
[13] *Dittus*, Grenzen, NJW 1954, 1825; *Brandi*, Berücksichtigung, PrVerwBl. 1905/06, S. 888.
[14] Bauordnungen z. B. in Sachsen vom 27. 2. 1869 (*Müller*, Bau- und Nachbarrecht, S. 9); Württemberg, Allgemeine Bauordnung vom 6. 10. 1872 (*Müller*, S. 16); Allgemeine Bauordnung Hessen vom 30. 4. 1881 (*Müller*, S. 24); vgl. auch die Nachweise in der Allgemeinen Einführung in die Musterbauordnung, S. 111; zur Entwicklung der Bauordnungen vgl. *Gönnenwein*, Die Anfänge des kommunalen Baurechts, S. 83 ff.
[15] § 104 Abs. 2 des hmb Baupolizeigesetzes vom 23. 6. 1882 (GS, S. 28 ff.) bezeichnete z. B. die durch Baulinien festgesetzte Unbebaubarkeit von Grundstücksflächen als „gesetzliche Dienstbarkeit"; spätestens nach Einführung des BGB war man sich darüber klar, daß es sich nicht um eine Dienstbarkeit handelte, sondern um eine öffentlich-rechtliche Baubeschränkung, vgl. *Wulff*, Gesetze u. Verordnungen, Bd. 2, 2. Aufl., S. 114, FN 4; 3. Aufl., S. 333, FN 2; *Nöldeke*, Landesprivatrecht, S. 416, FN 1. Vom OLG Hamburg, HansGZ 1890, S. 255, wurden trotz dieser Erkenntnis die Grundsätze der privatrechtlichen Realservituten angewendet.
[16] z. B. § 7 a Abs. 5 der pr. Einheitsbauordnung für das platte Land (*Zinkahn*, Nr. 661); § 9 Nr. 17 BauO Ruhrkohlenbezirk (*Zinkahn*, Nr. 661 a).

i. d. R. nur diese Ausnahmemöglichkeit vorsahen, ohne ihre genaue Durchführung und Sicherung vorzuschreiben, die Baupolizei aber andererseits ein Interesse an der Einhaltung und Sicherung der Ausnahmen für die Zukunft hatte — meistens mußte der Nachbar gewisse Opfer bringen, die ihn nach einer Aufhebung oder Änderung trachten ließen —, mußte ein rechtliches Sicherungsmittel gefunden werden. Mangels diesbezüglicher öffentlich-rechtlicher Institute wurde auf die privatrechtlichen Dienstbarkeiten zurückgegriffen, die auf diese Weise wieder Eingang in das Bauordnungsrecht fanden bzw. in den Bauordnungen zum Teil als Sicherungsmittel sogar vorgeschrieben waren[17].

Eine Änderung oder Aufhebung der für den Nachbarn meist nachteiligen Auswirkungen der Ausnahmeregelungen war aber so lange nicht auszuschließen, als die Grunddienstbarkeiten nur zwischen den Nachbarn ohne Mitwirkung der Gemeinde bestellt wurden[18]. Um diesen Unsicherheitsfaktor zu beseitigen, wurden im wesentlichen zwei Formen der Sicherung angewandt: entweder eine beschränkt persönliche Dienstbarkeit zugunsten der Gemeinde mit dem Inhalt, daß z. B. der Verpflichtete (= Nachbar des die Ausnahme beantragenden Grundstückseigentümers) einen größeren Grenzstreifen auf dem Grundstück freizuhalten habe, als es in der Bauordnung vorgesehen ist (Fall der Verlegung des Bauwichs auf das Nachbargrundstück); oder es wurde zwischen den Nachbarn die Bestellung einer Grunddienstbarkeit entsprechenden Inhalts vereinbart mit dem Zusatz, daß eine Löschung oder Änderung nur mit Zustimmung der Gemeinde möglich sei[19].

Gegen die Zulässigkeit derartiger Eintragungen im Grundbuch entstanden bald Bedenken. Insbesondere wurde dagegen eingewandt, daß die Gemeinde an den beschränkt persönlichen Dienstbarkeiten kein privatrechtliches, sondern nur ein öffentlich-rechtliches Interesse habe, da sie der Einhaltung baurechtlicher, also öffentlich-rechtlicher Regelungen dienen sollten. Ein derartiges Interesse könne aber nicht Gegenstand einer Dienstbarkeit sein. Daher sei auch die Eintragung der

---

[17] z. B. § 8 c Nr. 15 BauO für die Stadt Berlin 1925 (s. *Baltz-Fischer*, Baupolizeirecht, 5. Aufl., S. 654 f.); § 80 Abs. 9 Baugesetz Saarland v. 19. 7. 1955 (Abl., S. 1159).

[18] Die Berliner BauO von 1925 (s. vorige Anm.) droht in § 8 c Nr. 15 Abs. 2 mit der Rücknahme der Ausnahmeregelung, wenn der begünstigte Nachbar sich auf eine Änderung einläßt; Bedenken gegen die Wirksamkeit bei *Zopfs*, Dienstbarkeiten, S. 45 m. w. H.

[19] *Wulff*, Gesetze u. Verordnungen, 2. Aufl., S. 81 FN 7; *Baltz-Fischer*, Baupolizeirecht, S. 166; *Kretzschmar*, Hofgemeinschaft, S. 12 f.; *Brandi*, PrVerwBl. 1905/06, S. 888; *Dittus*, NJW 1954, 1825; *Zopfs*, a.a.O., S. 10 f.; KG, DR 1939, S. 463; vgl. auch die Angaben in der folgenden Anmerkung.

Gemeinde in das Grundbuch „erschlichen", dieses sei nur für Rechte bestimmt, die dem privaten Interesse dienen[20].

Der Zusatz zu den zwischen den Grundstücksnachbarn vereinbarten Grunddienstbarkeiten, daß diese nur mit Zustimmung der Gemeinde geändert oder aufgehoben werden können, wurde als nicht eintragungsfähig angesehen, weil er nicht zum gesetzlich festgelegten Inhalt der Grunddienstbarkeit gehöre[21].

IV. Baulastregelungen in Sachsen, Baden und Württemberg

Als Folge dieser Bedenken wurde ein öffentlich-rechtliches Sicherungsmittel eingeführt, die Baulast. Sie ist, zwar nicht dem Namen, wohl aber der Sache nach, bis in das Spätmittelalter zurückzuverfolgen und entstand aus baulichen Servituten. Als Gestaltungsmittel war sie dann lange Zeit nicht verwendet worden[22]. Vorbilder für die Vorschriften über Baulasten der neueren Zeit waren ähnliche Regelungen in den Straßenbauordnungen bzw. Bauordnungen von Plauen, Dresden und Chemnitz[23]. Nach diesen Vorbildern wurde in Sachsen das Institut der „Oblast" geschaffen[24]. Es war nicht auf freiwillig übernommene Verpflichtungen beschränkt, wie das Institut der Baulast nach § 99 Abs. 1 BauO NW[25], sondern umfaßte alle baurechtlichen Verpflichtungen, die einzelnen Grundstücken durch Gesetz oder Verwaltungsakt auferlegt oder von den Grundstückseigentümern durch Erklärung gegenüber der Baupolizei- oder Gemeindebehörde übernommen wurden. Dazu gehörten sowohl die Baufreiheit beschränkende Verpflichtungen[26] (z. B. Unbebaubarkeit eines Grundstücksteils) als auch die Anliegerbeitragspflicht u. a. Die Oblasten waren in ein Oblastenbuch einzutragen[27].

---

[20] *Wulff*, a.a.O., S. 81 FN 7; *Nöldeke*, a.a.O., S. 558; *Kretzschmar*, a.a.O., S. 15; *Hirsch*, Baulasten, S. 23 FN 10 (S. 24); *Lindemann*, PrVerwBl., Bd. 37, S. 273; *Staudinger-Ring*, § 1090 Anm. 5; *Füßlein*, DVBl. 1965, 271; *Gerne*, Baulastenbuch, S. 209; *Scheerbarth*, Bauordnungsrecht, S. 421; RGZ 61, 338.

[21] *Nöldeke*, a.a.O., S. 558; *Mang-Simon*, BayBauO, Art. 7 Anm. 19.

[22] Vgl. *Gönnenwein*, Die Anfänge des kommunalen Baurechts, S. 87 f.

[23] Vgl. die Begründung des Entwurfs eines Allgemeinen Baugesetzes für das Königreich Sachsen, S. 51 ff., abgedruckt bei Rumpelt, Baugesetz, § 2 Anm. 1 (S. 70 ff.).

[24] Allgemeines Baugesetz für das Königreich Sachsen v. 1. 7. 1900 (GVBl. S. 381), § 2.

[25] Vgl. den Wortlaut oben S. 16.

[26] Ob es sich hier und in ähnlichen Fällen wirklich um „Verpflichtungen" i. S. des Schuldrechts handelt, soll erst im II. Teil untersucht werden. Einstweilen wird der Begriff gemäß dem Gesetzeswortlaut benutzt.

[27] § 4 Allg. Baugesetz Sachsen v. 1900.

Hiermit war ein Gestaltungsmittel gegeben, im Baugesetz vorgesehene Möglichkeiten der Ausnahmeregelung[28] rechtlich zu sichern, zumal die vom Grundstückseigentümer übernommene Verpflichtung kraft ausdrücklicher Vorschrift auch gegenüber seinen Rechtsnachfolgern wirksam ist[29].

Dieser sächsischen Regelung folgten kurz darauf Baden und Württemberg. § 27 Abs. 1 des badischen Ortsstraßengesetzes[30], der zuerst das Rechtsinstitut als „Baulast" bezeichnet, bringt gegenüber der Regelung im sächsischen Allgemeinen Baugesetz insofern eine bedeutsame Änderung, als der Begriff der Baulast auf die besonderen, nicht schon aus den allgemeinen baupolizeilichen Vorschriften sich ergebenden und ausschließlich freiwillig übernommenen Verpflichtungen beschränkt wird[31], wie es im geltenden Recht ebenfalls der Fall ist. Ähnlich verfährt die Württembergische Bauordnung[32] in Art. 99 Abs. 3; hier werden jedoch außer den freiwillig übernommenen baurechtlichen Verpflichtungen auch die Leistungspflichten hinsichtlich der Kanal- und Straßenbeiträge u. ä. in das Baulastenbuch eingetragen (Art. 99 Abs. 2, a.a.O.). Die Unterscheidung zwischen diesen Zahlungspflichten und den freiwillig übernommenen, die Bebauung des Grundstücks betreffenden Pflichten wird aber deutlich durch die getrennte Behandlung in Abs. 2 bzw. Abs. 3 der Vorschrift und durch die Verweisung des Abs. 3 auf die in Abs. 2 behandelte rechtliche Wirkung als öffentliche Last.

In beiden Vorschriften (Baden und Württemberg) sind die Baulasten darauf gerichtet, die „Unterlassung der Überbauung" oder die „Art der Überbauung eines Grundstücks oder eines Teiles desselben" zu regeln; es erfolgte also eine Beschränkung gegenüber der sächsischen Regelung.

Zweck dieser öffentlich-rechtlichen Regelungen ist es, in juristisch einwandfreier Weise folgende Ziele zu erreichen: 1. eine freiere Gestaltung der städtebaulichen Entwicklung, 2. die im öffentlichen Interesse liegenden Baubeschränkungen zu sichern und eine Umgehung ohne Wissen der Baupolizeibehörde auszuschließen, 3. den Grund-

---

[28] z. B. § 101 des Allg. Baugesetzes: Hofgemeinschaft, d. h. Zusammenrechnung benachbarter Grundstücke, um unabhängig von der Grundstücksgrenze eine bessere wirtschaftliche Nutzung eines der beiden Grundstücke zu ermöglichen.

[29] § 2 Abs. 1 a. E. Allg. Baugesetz Sachsen.

[30] Vom 15. 10. 1908 (GVBl. S. 605) i. d. F. der Bekanntmachung vom 30. 10. 1936, vom 19. 6. 1937 und des Gesetzes v. 25. 11. 1949 (*Zinkahn*, Nr. 122).

[31] Vgl. auch § 3 der badischen Verordnung, die Einrichtung und Führung von Baulastenbüchern betreffend, v. 19. 12. 1908 (GVBl. S. 673).

[32] Vom 28. 7. 1910 (RegBl., S. 333).

§ 2: Historische Entwicklung der Baulast

stücksverkehr zu erleichtern und zu verbessern, indem diese Regelungen aus dem Grundbuch herausgenommen werden[33].

V. Ähnliche öffentlich-rechtliche Regelungen in Bremen und Hamburg

Das Institut der Baulast blieb jedoch auf Sachsen, Baden und Württemberg beschränkt. In den anderen Ländern behalf man sich weiterhin mit den privatrechtlichen Dienstbarkeiten. Eine Ausnahme machten nur die Länder Bremen und Hamburg. Sie übernahmen in ihren Bauordnungen zwar nicht die Vorschriften über Baulasten, schufen jedoch für diese Fälle eine ähnliche, öffentlich-rechtliche Regelung, die sich allerdings des Grundbuchs zur Verlautbarung bediente. Diese Regelungen nehmen also eine Zwischenstellung ein zwischen der rein öffentlich-rechtlichen Regelung in Sachsen, Baden und Württemberg und der rein privatrechtlichen der übrigen Länder.

1. Nach § 1 Abs. 1 des bremischen Gesetzes, betreffend die Hofgemeinschaft zwischen mehreren Grundstücken[34] kann die Einhaltung der gesetzlich auf einem Grundstück freizuhaltenden Flächen auch dadurch bewirkt werden, daß für mehrere aneinander grenzende Grundstücke eine dem Gesetz entsprechende Gesamtfläche unbebaut bleibt, wenn diese Unbebaubarkeit durch Begründung einer sog. öffentlichen Grundlast gesichert wird[35]. Unter öffentlichen Grundlasten sind Eigentumsbeschränkungen und sonstige, im öffentlichen Interesse liegende baugesetzliche Grundstücksbelastungen zu verstehen[36]. Sie können durch Gesetz oder Verwaltungsakt auferlegt oder freiwillig übernommen werden, müssen dann aber im Grundbuch als „öffentliche Grundlast" eingetragen werden[37]. In jedem Fall wirken sie auch gegen-

---

[33] Vgl. auch die Begründung zum Entwurf eines Gesetzes über die Baulastenbücher (Preußen), v. 7. 7. 1923 (Preuß. Landtag, 1. Wahlp., Drucks. 6404, Sp. 5).

[34] Vom 23. 6. 1907 (GesBl S. 121). — Die bremische BauO vom 21. 10. 1906 (s. *Zinkahn* Nr. 665) enthielt selbst keine Ausnahmevorschriften, vgl. dort §§ 119 ff.

[35] Von einer Hofgemeinschaft spricht man, wenn zwei benachbarte Grundstücke für die Berechnung der baulichen Nutzung wie eines behandelt werden zu dem Zweck, die Nutzungsmöglichkeit des einen Grundstücks gegenüber der Einzelbetrachtung zu erhöhen, ohne daß die Nutzung der Gesamtfläche beider Grundstücke das gesetzlich zulässige Maß übersteigt. — Teils konnte auch eine gemeinsame Hoffläche beiden Grundstücken ganz zugerechnet werden, vgl. § 8 Nr. 15 BauO Berlin 1925 (bei *Baltz-Fischer*, Baupolizeirecht, 5. Aufl., S. 654 f.). — Zum Begriff der Hofgemeinschaft vgl. auch *Baltz-Fischer*, a.a.O., 6. Aufl., S. 320 ff.

[36] § 1 Abs. 1 des bremischen Gesetzes, betreffend die öffentlichen Grundlasten, v. 23. 6. 1907 (GesBl. S. 122).

[37] § 1 Abs. 1 bzw. 2 Abs. 1 a.a.O.

über den Rechtsnachfolgern des Grundstückseigentümers[38]. Die Baupolizeibehörde führt Register über die ihr bekanntgewordenen öffentlichen Grundlasten[39].

Diese Regelung entspricht sachlich derjenigen des § 101 i. V. m. § 2 des sächsischen Allgemeinen Baugesetzes. Der Unterschied besteht darin, daß in der bremischen Regelung das Grundbuch zur Verlautbarung öffentlich-rechtlicher Rechtsverhältnisse benutzt wird, obwohl daneben ein Register über die öffentlichen Grundlasten bei der Baupolizeibehörde geführt wird. Interessant ist die ausdrückliche gesetzliche Festlegung des Begriffs der Grundlast auf Eigentumsbeschränkungen und sonstige Grundstücksbelastungen.

2. In Hamburg wurden entsprechende Fälle der Verlagerung von Freihalteflächen auf das Nachbargrundstück zunächst rein privatrechtlich durch Eintragung einer Grunddienstbarkeit ins Grundbuch gesichert[40]. Eine öffentlich-rechtliche Regelung wurde erst durch die Bauordnung für die Stadt Hamburg von 1918 eingeführt[41]. Nach § 27 Abs. 1 der Bauordnung können gesetzlich bestimmte Freihalteflächen auf dem Nachbargrundstück liegen, wenn deren Unbebaubarkeit durch eine öffentlich-rechtliche Baubeschränkung gesichert ist. Diese entsteht, wenn die Baupolizeibehörde dem Eigentümer des Nachbargrundstücks eine entsprechende schriftliche Verfügung zustellt, wozu sie nur berechtigt ist, wenn dieser sich mit der Auferlegung der Baubeschränkung einverstanden erklärt hat[42]. Die öffentlich-rechtliche Baubeschränkung ist in das Grundbuch einzutragen. Diese Regelung unterscheidet sich nicht von der sächsischen in der Sache, sondern nur in der Form; auch hier werden wieder öffentlich-rechtliche Rechtsverhältnisse[43] in das Grundbuch eingetragen. Obwohl § 27 der Bauordnung 1918 keine ausdrückliche Bestimmung enthält, daß die Wirkungen der — im Grunde ja freiwillig übernommenen — Baubeschränkung den jeweiligen Rechtsnachfolger treffen, wurde dies in der Literatur allgemein angenommen[44]. Dies ist nach unserem überkommenen Rechtssystem nur möglich, wenn die Baubeschränkung als dingliche Grundstücksbelastung angesehen wird.

---

[38] § 1 Abs. 1 a. E., a.a.O.

[39] § 8 Abs. 1 a.a.O.

[40] Vgl. § 36 Abs. 2 a. E. und § 41 Abs. 4 S. 2 hmb Baupolizeigesetz v. 23. 6. 1882 (GS, S. 28); dazu: *Wulff*, Gesetze u. Verordnungen, 2. Aufl., S. 81 FN 7, der insoweit auch eine beschränkt persönliche Dienstbarkeit zugunsten des hamburgischen Staates für zulässig hält.

[41] Vom 19. 7. 1918 (GS, S. 105 = ABl., S. 1153).

[42] Einverständniserklärung muß der Form des § 29 GBO genügen.

[43] So ausdrücklich *Wulff*, a.a.O., 3. Aufl., S. 333 FN 2.

[44] Vgl. *Wulff*, a.a.O., S. 333 Anm. 2 und die dort zitierte Rechtsprechung.

Die gleiche Regelung wurde — bis auf die Eintragung im Grundbuch — auch in den § 11 Abs. 2 der Baupolizeiverordnung von 1918 übernommen[45], die zur Zeit noch in Kraft ist[46].

VI. Die Sicherung der Ausnahmeregelungen in den übrigen Ländern

In anderen Ländern wurden die Ausnahmeregelungen bezüglich der Hofgemeinschaften, sofern sie überhaupt in den betreffenden Bauordnungen vorgesehen waren, privatrechtlich gesichert. So verlangte § 8 c Nr. 15 der Bauordnung für die Stadt Berlin vom 1. 12. 1925[47] zur Sicherung der Hofgemeinschaft die Eintragung einer entsprechenden Grunddienstbarkeit. Solange die Grunddienstbarkeit bestand, durfte die durch sie belastete Fläche nicht bebaut werden[48]. Nach § 8 Nr. 7 der Bauordnung für Berlin i. d. F. vom 21. 11. 1958[49] war eine rechtliche Sicherung in einer von der Bauaufsichtsbehörde anerkannten Form erforderlich[50]; mangels öffentlich-rechtlicher Institute kam nur eine privatrechtliche Grunddienstbarkeit in Frage.

Ebenso verfuhr man im Saarland: zur Bildung einer Hofgemeinschaft war die Sicherung der Unüberbaubarkeit der zusammenzurechnenden Flächen[51] durch Grunddienstbarkeiten erforderlich[52].

Auch in Preußen standen nur die Institute des Zivilrechts, Grunddienstbarkeit und beschränkt persönliche Dienstbarkeit, zur Regelung von Hofgemeinschaften u. ä. zur Verfügung. In der Literatur zum preußischen Baurecht war die Hofgemeinschaft zwar als ein öffentlichrechtliches Verhältnis anerkannt[53]; Versuche, das Institut der Baulast

---

[45] Baupolizeiverordnung für die Freie und Hansestadt Hamburg v. 8. 6. 1938 (VBl., S. 69 = Sammlung des bereinigten hmb Landesrechts Nr. 21302—n).

[46] Der Entwurf einer Hamburgischen Bauordnung v. 9. 4. 1968 (Verhandlungen 1968, S. 141 ff.) enthält in §§ 112 f. eine Baulastregelung.

[47] Vgl. bei *Baltz-Fischer*, Baupolizeirecht, 5. Aufl., S. 640 ff., 654. — Zu den Hofgemeinschaften vgl. *Baltz-Fischer*, a.a.O., 6. Aufl., S. 320 ff.

[48] § 8 c Nr. 15 Abs. 2 a.a.O.; hier knüpft ein öffentlich-rechtliches Bauverbot an eine private Berechtigung (Bedenken gegen die Wirksamkeit bei *Zopfs*, Dienstbarkeiten, S. 45).

[49] BauO für Berlin vom 9. 2. 1929 (ABl., S. 1188) i. d. F. vom 21. 11. 1958 (GVBl., S. 1104 = Zinkahn Nr. 663 b).

[50] Vgl. auch § 25 Abs. 4 Nr. 2 a der Hessischen Bauordnung vom 6. 7. 57 (GVBl., S. 101) mit späteren Änderungen (*Fuhr-Pfeil* Nr. 168).

[51] Für diese Hofgemeinschaften war auch die Bezeichnung „Einrechnungsverständnisse" gebräuchlich, vgl. *Dittus*, NJW 1954, 1825.

[52] Gesetz Nr. 471 des Saarlandes (Baugesetz) v. 19. 7. 1955 (ABl. S. 1159, 1463, 1643 = Zinkahn Nr. 669 c), § 80 Abs. 9.

[53] Vgl. *Baltz-Fischer*, Baupolizeirecht, 6. Aufl., S. 321.

wie in Sachsen, Baden und Württemberg einzuführen, scheiterten jedoch. Sowohl die Entwürfe zu einem Gesetz betreffend die Baulastenbücher von 1917 und 1923[54] als auch die Entwürfe für ein Städtebaugesetz von 1926 und 1929[55] wollten eine Baulastregelung einführen. Interessant ist in diesem Zusammenhang, daß die Begründung zum Entwurf eines Gesetzes über die Baulastenbücher vom 7. 7. 1923 die Baulasten ausdrücklich als dingliche, öffentlich-rechtliche Beschränkungen bezeichnete[56].

VII. Die Entwicklung nach 1945

Nach 1945 entwickelte Schleswig-Holstein in der Landesbauordnung von 1950[57] eine der Baulast sehr ähnliche Rechtsfigur. Nach § 5 Abs. 5 LBO konnte die Genehmigungsbehörde die Erteilung eines Dispenses, der die Interessen eines Nachbarn berührte, von dessen vorheriger Zustimmung abhängig machen. Die Zustimmung konnte durch Eintragung einer entsprechenden Grunddienstbarkeit (die bauliche Nutzung des Nachbargrundstücks wurde i. d. R. beschränkt) beigebracht werden oder durch eine Zustimmungserklärung zu Protokoll der Baugenehmigungsbehörde. Diese Erklärung band auch den Rechtsnachfolger des Nachbarn, soweit „die bauliche Ausnutzbarkeit" des Grundstücks betroffen wurde, und trug die Bezeichnung „Baubeschränkungslast". Der Mangel dieser Rechtsfigur bestand in der fehlenden Offenkundigkeit der Eigentumsbeschränkung. Auffallend ist die Gleichstellung der Grunddienstbarkeit mit der Zustimmungserklärung, der Baubeschränkungslast.

Im übrigen wurde die Entwicklung nach 1945 entscheidend beeinflußt durch das Rechtsgutachten des BVerfG über die Zuständigkeit des Bundes zum Erlaß eines Baugesetzes[58], worin die Zuständigkeit, das Bauordnungsrecht zu regeln, im wesentlichen den Ländern zugesprochen wurde. Dennoch enthielten der Entwurf eines Bundes-

---

[54] Entwurf eines Gesetzes betr. die Baulastenbücher, Pr. Abgeordnetenhaus, 22. Legislaturperiode, III. Session 1916/18, Drucks. Nr. 508. — Entwurf eines Gesetzes über die Baulastenbücher v. 7. 7. 1923, Pr. Landtag, 1. Wahlperiode, 1. Tagung 1921/23, Drucks. Nr. 6404.

[55] Entwurf eines Städtebaugesetzes v. 4. 11. 1926, Pr. Landtag, 2. Wahlperiode, 1. Tagung 1925/26, Drucksache Nr. 4360, § 58. — Entwurf eines Städtebaugesetzes v. 17. 7. 1929, Pr. Landtag, 3. Wahlperiode, 1. Tagung 1928/29, Drucksache Nr. 3015, § 64.

[56] Vgl. a.a.O., Drucksache Nr. 6404, Sp. 5.

[57] Verordnung über die Errichtung, Veränderung und den Abbruch von Bauten für das Land Schleswig-Holstein (Landesbauordnung), vom 1. 8. 1950 (GVBl. S. 225).

[58] Vom 16. 6. 1954, BVerfGE 3, 407.

baugesetzes vom 26. 10. 1955 in den §§ 245 ff.[59] und der Entwurf eines Baugesetzes vom 2. 3. 1956 in den §§ 236 ff.[60] Bestimmungen über Baulastenbücher und Baulasten. Die Zuständigkeit des Bundes zur Regelung dieser Materie wurde in Art. 74 Nr. 1 und 18 GG gesehen[61], obwohl das Gutachten des BVerfG das Bauordnungsrecht ausdrücklich in die Zuständigkeit der Länder verwiesen hatte[62]. In das schließlich verabschiedete Bundesbaugesetz[63] wurden sie jedoch nicht aufgenommen; ihre Regelung blieb vielmehr einer Musterbauordnung für die Länder vorbehalten (vgl. § 107 MBO)[64], nach deren Vorbild die Länder jeweils eigene entsprechende Bauordnungen erlassen sollten[65]. Übernommen wurde die Regelung bisher von den Ländern Nordrhein-Westfalen, Baden-Württemberg, Berlin und Schleswig-Holstein[66].

§ 3: Einzelfragen der Baulastregelung

Die Vorschriften über die Baulasten in den Bauordnungen der genannten Länder stimmen nahezu wörtlich überein. Unterschiede bestehen nur in der Bezeichnung der Verwaltungsbehörde, der gegenüber die Baulasterklärung abzugeben ist. Zur näheren Konkretisierung und Abgrenzung der Baulast sollen im folgenden einzelne Probleme und Anwendungsfälle dieser Rechtsfigur erörtert werden.

I. Die konstitutive Einzelfallregelung

Nach dem Wortlaut der Vorschriften über die Baulasten muß es sich um Verpflichtungen des Grundstückseigentümers handeln, die von ihm zusätzlich zu den bereits auf Grund der allgemeinen Gesetze bestehenden freiwillig übernommen werden[1]. Die Baulast ist gerade ge-

---

[59] Deutscher Bundestag, 2. Wahlperiode, Drucksache Nr. 1813.
[60] Aufgestellt von der Hauptkommission für die Baugesetzgebung beim Bundesminister für Wohnungsbau, Schriftenreihe Bd. 7.
[61] Vgl. Begründung z. Entwurf eines Bundesbaugesetzes, a.a.O., S. 67 f.
[62] BVerfGE 3, 407 (430 ff.).
[63] Bundesbaugesetz vom 23. 6. 1960 (BGBl. I, S. 341).
[64] Musterbauordnung für die Länder des Bundesgebietes einschließlich des Landes Berlin, aufgestellt von der Musterbauordnungskommission, Januar 1960, Schriftenreihe, Bd. 16/17.
[65] Zu den Entwürfen vgl. auch *Bonczek-Halstenberg*, Bau — Boden, S. 106 bis 108.
[66] Vgl. oben S. 15 Anm. 1—4.
[1] Dies wird in § 2 AllgBauG Sachsen 1900 noch nicht deutlich: dort fallen die freiwillig übernommenen Verpflichtungen und die durch oder auf Grund baugesetzlicher Vorschriften auferlegten Pflichten gleichermaßen unter den Begriff der „Oblast". Die Beschränkung des Begriffs Baulast auf Verpflich-

schaffen, eine Ausnahmeregelung zu sichern, die erst möglich wird, weil der gesetzlichen Vorschrift auf anderem Wege Genüge getan wird. Es ist daher auch nicht möglich, als Inhalt der Baulast allgemeine gesetzliche Verpflichtungen deklaratorisch zu wiederholen, selbst für den Fall nicht, daß die gesetzliche Verpflichtung einmal wegfallen sollte.

Aus dem Zweck der Baulast, eine Ausnahme von der im Einzelfall u. U. zu starren und wirtschaftlich ungünstigen baurechtlichen Regelung zu ermöglichen, folgt, daß sich die vom Grundstückseigentümer übernommene Verpflichtung immer nur auf ein ganz bestimmtes Grundstück beziehen kann. Eine Ausnahme soll nur für einen einzelnen Härtefall geschaffen werden. Ebenso wie das Grundbuch ist auch das Baulastenbuch nur für die individuellen Rechtsverhältnisse eines Grundstücks bestimmt[2].

II. Regelung bauordnungs- und bauplanungsrechtlicher Angelegenheiten

Die Baulasten beziehen sich in erster Lnie auf bauordnungsrechtliche Angelegenheiten. Unter Bauordnungsrecht verstehen wir den Teil des Gesamtbaurechts, der die Errichtung, Änderung, Nutzung und den Abbruch der einzelnen baulichen Anlage betrifft[3, 4].

Das zeigt auch ein historischer Rückblick. Während § 2 des Allgemeinen Baugesetzes Sachsen von 1900 noch allgemein von „Verpflichtungen ... in baupolizeilichen Angelegenheiten" sprach, beschränkte die Württembergische Bauordnung 1910 in Art. 99 Abs. 3 die Baulast auf Verpflichtungen „hinsichtlich der Unterlassung der Überbauung oder hinsichtlich der Art der Überbauung eines Grundstücks oder eines Teiles desselben". Ebenso nannte § 27 Abs. 1 des Badischen Ortsstraßengesetzes als Inhalt der Baulastverpflichtung die Art der Überbauung und die Nichtbebauung von Grundstücken oder Grundstücksteilen. Die beiden zuletzt zitierten Vorschriften führen also nur bauordnungs-

---

tungen, die erst durch freiwillige Erklärung begründet werden, erfolgte erst durch § 27 I des Badischen Ortsstraßengesetzes, vgl. oben § 2 IV.

[2] Vgl. Begründung z. Entwurf eines Gesetzes über die Baulastenbücher v. 7. 7. 1923, Pr. Landtag, 1. Wahlp., 1921/23, Drucks. Nr. 6404, Sp. 7; Begründung z. Entwurf eines Bundesbaugesetzes, BT-Drucks., 2. Wahlp., Nr. 1813, S. 79 f.; Begründung z. Entwurf eines Baugesetzes, Schriftenreihe Bd. 9, S 192; *Krüger*, Baurechtl. Verpflichtungen, S. 302; *Gerne*, Baulastenbuch, S. 210.

[3] Vgl. die Überschrift der Landesbauordnung Schleswig-Holstein v. 1. 8. 1950 (GVBl. S. 225).

[4] Zur Unterscheidung vom Bauplanungs- und Bodenordnungsrecht vgl. oben S. 16 Anm. 2.

rechtliche Anwendungsfälle an. Auch die preußischen Entwürfe eines Gesetzes über Baulastenbücher (1917 und 1923) und eines Städtebaugesetzes (1926 und 1929)[5] folgten im wesentlichen diesen Beispielen.

Die BauO NW von 1962 zählt in § 9 Abs. 1 die wichtigsten Anwendungsfälle der Baulast auf, ohne daß diese Aufzählung abschließend ist, wie sich aus dem Wortlaut der Baulastregelung des § 99 a. a. O. ergibt. Danach ist die Übernahme einer Baulast insbesondere erforderlich, um Ausnahmen von der gesetzlichen Regelung über Bauwiche, hintere Grenzabstände, Abstandflächen und Abstände zu ermöglichen. Weitere Anwendungsfälle betreffen z. B. die Zuwegung, die Verwendung gemeinsamer Bauteile und die Pflicht, Stellplätze zu bauen[6].

Der Wortlaut der Baulastvorschriften in den geltenden Bauordnungen beschränkt die Anwendung aber nicht auf diese bauordnungsrechtlichen Angelegenheiten. So heißt es in § 99 Abs. 1 BauO NW ganz allgemein: „... Verpflichtungen zu einem ihre Grundstücke betreffenden Tun, Dulden oder Unterlassen ..." Danach können auch Verpflichtungen übernommen werden, um Ausnahmen von bauplanungsrechtlichen Vorschriften zu sichern. Es wird vor allem der Fall der sog. Hofgemeinschaft in Betracht kommen[7]. Das Ausmaß der baulichen Nutzung eines Grundstücks gehört zum Bereich des Bauplanungsrechts und ist heute bundeseinheitlich in der Baunutzungsverordnung geregelt[8]. Danach wird die zulässige Grundfläche eines Hauses i. d. R. in Bruchteilen der Grundstücksgröße angegeben[9]. Um eine weitergehende Bebauung zu ermöglichen, müßte sich der Nachbar durch Übernahme einer Baulast verpflichten, die Nutzungsmöglichkeit für sein Grundstück nicht voll auszunutzen, so daß die Bebauung beider Grundstücke insgesamt der BauNVO entspricht. Es ist allgemein anerkannt, daß der Wortlaut der geltenden Baulastregelungen einen derartigen Fall deckt[10]. Zwar sehen weder das BBauG noch die BauNVO für diesen Fall eine Aus-

---

[5] Vgl. § 2 Anm. 54, 55 — Die Gesetzgeber der neueren Bauordnungen knüpften an diesen historischen Begriff an, vgl. Entwurf einer LBO BW, 3. Landtag BW, Beilage 3300, S. 6605; *Seyfried*, BW VerwBl. 1966, 149.

[6] Vgl. *Gädtke*, Kommentar, Anm. zu § 99 Abs. 1, S. 539; *Scheerbarth*, Bauordnungsrecht, S. 416 f.; *Füßlein*, DVBl. 1965, 271; zur LBO BW s. *Sauter-Holch-Reutscheler*, Kommentar, § 108, Rdnr. 3.

[7] Zum Begriff vgl. S. 23 Anm. 35 — Im sächsischen Allg. BauG von 1900 wurde die Hofgemeinschaft in der Sondervorschrift des § 101 geregelt; sie setzte aber auch eine Verpflichtung gemäß § 2 (Oblast) voraus.

[8] Verordnung über die bauliche Nutzung der Grundstücke (Baunutzungsverordnung) vom 26. 6. 1962, BGBl. I, S. 429 (zit.: BauNVO).

[9] Vgl. die Festsetzung der Grundflächenzahl in § 17 BauNVO.

[10] *Scheerbarth*, a.a.O., S. 416; *Gädtke*, a.a.O., S. 539 f.; *Füßlein*, a.a.O., S. 270; auch *Fechtrup*, DVBl. 1963, 613; *Rössler*, BauO, S. 31.

nahmeregelung vor[11] — § 19 Abs. 3 BauNVO stellt vielmehr ausdrücklich auf das einzelne Grundstück ab —, durch die Übernahme der Baulast werden aber in der Regel die Voraussetzungen für die Gewährung eines Dispenses gemäß § 31 Abs. 2 BBauG geschaffen[12], der wirtschaftlich zum gleichen Ergebnis führt.

III. Erforderlich ist Einwirkung auf das Eigentumsrecht

Können baulastmäßig auch Verpflichtungen übernommen werden, die sich auf andere als bauordnungs- oder bauplanungsrechtliche Fragen beziehen? Aus dem Wortlaut geht zunächst hervor, daß es jedenfalls keine Verpflichtungen beliebigen Inhalts sein können, auch nicht beliebige öffentlich-rechtliche Verpflichtungen[13]. Zwingende Voraussetzung ist, daß die Verpflichtung die Stellung des Verpflichteten zu seinem Grundstück beeinflußt, ihn zu einem sein „Grundstück betreffenden Tun, Dulden oder Unterlassen" zwingt. Damit ist nicht eine nur tatsächliche Auswirkung der Verpflichtung auf das Grundstück gemeint, sondern eine die Befugnisse aus dem Eigentumsrecht am Grundstück unmittelbar berührende Verpflichtung[14]. Es würde nicht genügen, wenn Inhalt der Baulast eine Pflicht sein sollte, die sich nur mittelbar auf das Grundstück bezieht oder bei der das Eigentum am Grundstück nur Tatbestandsvoraussetzung ist. So kann als Baulast z. B. nicht die Verpflichtung übernommen werden, höhere Anliegerbeiträge oder höhere Grundsteuern als nach dem Gesetz vorgeschrieben zu zahlen. Es würde sich hier um rein obligatorische Zahlungspflichten handeln, die zwar Eigentum oder Besitz des Grundstücks auf seiten des Verpflichteten zur Voraussetzung haben, aber kein gerade das Grundstück betreffendes Tun, Dulden oder Unterlassen verlangen. Derartige Geldleistungspflichten, insbesondere die Pflicht zur Zahlung von Anliegerbeiträgen, konnten zwar noch unter den Wortlaut des § 2 des sächsischen Allgemeinen Baugesetzes subsumiert werden[15], aber bereits nicht mehr unter den Wortlaut des § 27 Abs. 1 des Badischen Ortsstraßengesetzes und ebensowenig unter die Vorschriften der geltenden Baulastregelungen[16].

---

[11] Wie es für die bauordnungsrechtlichen Fälle in den LBauOen der Fall ist; vgl. z. B. BauO NW §§ 9 Abs. 1, 4 Abs. 2 Nr. 2 und 4; 7; 8; 16; 64 Abs. 6.
[12] *Gädtke*, a.a.O., S. 540; *Scheerbarth*, a.a.O., S. 416 f.
[13] *Füßlein*, DVBl. 1965, 270.
[14] Vgl. auch Begründung zu § 112 EHBauO (Verhandlungen 1968, S. 213): es muß sich um eine Angelegenheit aus dem Aufgabenbereich der Bauaufsichtsbehörde handeln.
[15] Vgl. Sächs. OVG 5, 135; 18, 123.
[16] Vgl. auch Begründung zum pr. Entwurf eines Gesetzes über Baulastenbücher 1923, Pr. Landtag 1921/23, Drucks. Nr. 6404, Sp. 5; *Gerne*, Baulastenbuch, S. 209 f.

Daraus folgt aber, daß die Verpflichtung auf das dingliche Herrschaftsrecht am Grundstück einwirken muß, sei es, daß sie die Dispositionsfreiheit des Eigentümers über die Nutzung und Verwertung seines Grundstücks oder die Ausübung seines ausschließlichen Herrschaftsrechts in bestimmter Weise beschränkt, sei es, daß sie ihm eine bestimmte Ausübung seines Nutzungsrechts vorschreibt. Nur diese Auslegung steht im Einklang mit dem Wortlaut des geltenden Rechts, denn in § 99 Abs. 1 BauO NW (und den anderen entsprechenden Vorschriften) heißt es nicht etwa: „... Verpflichtungen im Zusammenhang mit dem Grundstückseigentum..." oder ähnlich. Diese Auslegung wird gestützt durch den Zweck der Baulastregelungen, Ausnahmen von den gesetzlichen Vorschriften des Baurechts durch Beschränkungen der Befugnisse des Nachbarn zu ermöglichen und diese gegen willkürliche Veränderungen abzusichern. Berücksichtigt man, daß die Vorschriften des Bauordnungs- und Bauplanungsrechts überwiegend beschränkende Normen im Sinne des Art. 14 Abs. 1 Satz 2 GG sind, mithin das dem Prinzip nach umfassende Herrschaftsrecht des Eigentümers einschränken, so muß den durch Baulast übernommenen Verpflichtungen, die über die gesetzlichen Beschränkungen noch hinausgehen, aber ihre Funktion übernehmen sollen, ebenfalls eine das Eigentumsrecht berührende Wirkung zugesprochen werden.

Ganz deutlich wird diese Zielsetzung und die Wirkung, das Herrschaftsrecht zu beschränken, in § 1 Abs. 1 des preußischen Entwurfs eines Gesetzes über die Baulastenbücher 1923[17]. Diese Vorschrift definiert die Baulasten als „Beschränkungen der Baufreiheit, die sich nicht schon aus dem öffentlichen Baurecht ergeben". Ebenso beziehen sich — wie oben dargelegt[18] — auch das badische Ortsstraßengesetz (§ 27 Abs. 1) und die württembergische Bauordnung (Art. 99 Abs. 3) in ihren Baulastvorschriften auf die Unüberbaubarkeit oder die Art der Bebauung, also auf die Eigentümerbefugnisse. Auf diese Fälle war der Anwendungsbereich auch beschränkt. Ähnliches gilt für die den Baulastvorschriften verwandten Regelungen[19] in der hmb BauO von 1918 (§ 27), der hmb Baupolizeiverordnung von 1938 (§ 11 Abs. 2), dem brem. Gesetz, betr. die öffentlichen Grundlasten (§ 2 Abs. 1) und der BauO Saarland 1965 (§ 9). Die geltenden Baulastvorschriften haben zwar nicht den Wortlaut jener Regelungen übernommen, für eine ausdehnende Anwendung ergeben sich aber keine Anhaltspunkte.

---

[17] Vom 7. 7. 1923, Pr. Landtag 1921/23, Drucks. 6404. — Ähnlich: § 2 Abs. 1 des brem. Gesetzes, betr. die öffentlichen Grundlasten (GesBl. 1907, S. 122) und § 5 Abs. 5 BauO Schl.-H. vom 1. 8. 1950 (GVBl., S. 225).

[18] Vgl. oben § 2 IV.

[19] Vgl. oben § 2 V, S. 23 ff.

Aus diesem Vergleich folgt die Erwägung, daß es sich bei diesen „Verpflichtungen" selbst nicht bloß um solche obligatorischer Art handelt, wie der Wortlaut anzuzeigen scheint, sondern möglicherweise um dingliche Belastungen des Grundstücks. Dieser Frage soll hier jedoch nicht weiter nachgegangen werden, sie wird unten ausführlich behandelt werden[20]. Als Inhalt der Baulast muß jedenfalls eine Pflicht verlangt werden, die das Eigentumsrecht in irgendeiner Weise beschränkt[21]. Dies ist aber auch gleichzeitig die Grenze für die Anwendbarkeit der Baulastregelung. Das ergibt sich aus folgendem: Nach § 99 Abs. 3 BauO NW[22] muß die Bauaufsichtsbehörde auf die Baulast verzichten, wenn an ihrem Fortbestand kein öffentlich-rechtliches Interesse mehr besteht[23]; dieses öffentlich-rechtliche Interesse ist dann aber auch für das Entstehen der Baulast Voraussetzung[24]. Andernfalls müßte die Baulast mangels dieses Interesses sofort wieder durch Verzicht erlöschen, ein Ergebnis, das kaum vom Gesetzgeber beabsichtigt sein wird. Ein öffentlich-rechtliches Interesse am Bestand der Baulast besteht aber nur, wenn sie dem vom Gesetz verfolgten Zweck entspricht. Dieser beschränkt sich aber — wie oben dargelegt — auf die Sicherung der Ausnahmeregelung und demgemäß auf die Einschränkung der Herrschaftsbefugnis des Eigentümers; letztere ist daher Inhaltsvoraussetzung der Baulastverpflichtung[25].

Weitere Einschränkungen scheint der Wortlaut der Baulastvorschriften nicht zu erfordern. Zu beachten ist jedoch, daß das Institut als *Baulast* bezeichnet wird, ferner daß sich die Regelung in den *Bauordnungen* und dort im verfahrensrechtlichen Teil befindet. Daraus kann gefolgert werden, daß durch die Baulast eine Verpflichtung übernommen werden muß, die für ein konkretes Bauvorhaben bedeutsam ist, dieses z. B. erst ermöglicht. Dies ist auch die überwiegende Meinung in der Literatur, die ein konkretes oder für die nahe Zukunft

---

[20] Vgl. unten II. Teil, S. 52 ff.

[21] Auch die Pflicht zu einem positiven Tun ist in diesem Sinne eine Beschränkung der Eigentumsfreiheit.

[22] Ebenso: § 108 Abs. 3 LBO BW; § 106 Abs. 3 LBO Schl.-H.; § 104 Abs. 3 BauO Bln.

[23] Die LBO BW und die LBO Schl.-H. sprechen hier richtiger nur von „öffentlichem Interesse".

[24] *Füßlein*, DVBl. 1965, 270; *Sauter-Holch-Reutschler*, Kommentar, § 108 Rdnr. 1.

[25] Unvereinbar damit ist die Ansicht, auch die Mehrwertverzichterklärung und das Anerkenntnis nach §§ 32, 33 BBauG könnten durch eine Baulast gesichert werden; so: *Gädtke*, Komm., S. 540 f.; *Schrödter*, BBauG § 32 Rdnr. 2, § 33 Rdnr. 7; *Scheerbarth*, Bauordnungsrecht, S. 417; a. A. — wie hier —: *Sauter-Holch-Reutschler*, a.a.O., § 108 Rdnr. 4 a. E.

§ 3: Einzelfragen der Baulastregelung

geplantes Bauvorhaben als Anlaß der Baulastübernahme verlangt[26]. Für § 2 des sächsischen Allgemeinen Baugesetzes 1900 entschied das Sächsische OVG ebenso[27]. Dafür spricht auch, daß an der Begründung einer Baulast, die nicht unmittelbar für die Sicherung einer bestimmten Ausnahmeregelung erforderlich ist, kein öffentliches Interesse besteht, verfolgt sie doch nicht den gesetzlichen Zweck dieser Rechtsfigur und würde das Baulastenbuch unnötig belasten. Die Baulasterklärung muß sich daher auf einen konkreten, zumindest kurz bevorstehenden Bau beziehen[28] und erforderlich und geeignet sein, die für diesen Bau gewünschte Ausnahmeregelung dauernd zu sichern.

Allerdings braucht die Baulast nicht unbedingt zugunsten eines anderen Grundstücks übernommen zu werden, obwohl dies in der Mehrzahl der Fälle geschehen wird. Die Baulastvorschriften erwähnen nur das zu „belastende" Grundstück, setzen aber nicht die Existenz eines anderen „begünstigten" Grundstücks voraus[29]. Diese Möglichkeit kann z. B. praktische Bedeutung gewinnen, wenn eine begehrte Genehmigung der pflichtgemäßen Entscheidung der Bauaufsichtsbehörde unterliegt und die Behörde ohne die Verpflichtung zu einem bestimmten Verhalten die Genehmigung nicht erteilen könnte[30].

IV. Öffentlich-rechtliches Rechtsverhältnis

Die Übernahme der Baulast begründet zwischen dem Grundstückseigentümer und der Bauaufsichtsbehörde ein Rechtsverhältnis öffentlich-rechtlicher Art[31]. Berechtigt wird die Gebietskörperschaft, für die die Bauaufsichtsbehörde tätig wird, verpflichtet wird der Grundstückseigentümer[32].

---

[26] *Krüger*, Baurechtl. Verpflichtungen, S. 302 (für die sächs. Regelung); *Dittus*, Baurecht, S. 271; *Gerne*, Baulastenbuch, S. 210; *Sauter-Holch-Reutschler*, a.a.O., § 108 Rdnr. 1.

[27] Urt. v. 10. 5. 1905, Jhrb. 7, 217 ff. — Die von *Krüger*, a.a.O. S. 303, als abweichend angeführten Entscheidungen des sächsischen OVG betrafen Anliegerleistungen, die auch unter § 2 des sächsischen AllgBauG v. 1900 fielen. — Vgl. auch: Sächs. OVG, Jhrb. 29, S. 309 („baupolizeiliche Angelegenheiten").

[28] Die Bauaufsichtsbehörde wird i. d. R. eine Baulasterklärung aber nur zusammen mit dem Antrag auf Baugenehmigung, die sie ermöglichen soll, entgegennehmen. Nur insoweit ist der Zusammenhang mit dem beabsichtigten Bau und die Erforderlichkeit der Baulast erkennbar.

[29] Allgemeine Meinung: *Gädtke*, a.a.O., S. 541; *Scheerbarth*, a.a.O., S. 417; *Füßlein*, DVBl. 1965, 270; vgl. auch Begründung z. pr. Entwurf eines Gesetzes über d. Baulastenbücher 1923, Pr. Landtag 1921/23, Drucks. 6404, Sp. 7; unklar *Wolff*, VerwR I, S. 259.

[30] Vgl. die Beispiele bei *Dittus*, Baurecht, S. 271.

[31] So bereits *Hirsch*, Baulasten, S. 23, für Art. 99 Abs. 3 WürttBauO.

[32] Vgl. *Füßlein*, DVBl. 1965, 271.

Die öffentlich-rechtliche Natur der Baulastregelungen kann zunächst aus dem Gesetzeswortlaut gefolgert werden, der besagt, daß der Grundeigentümer „öffentlich-rechtliche Verpflichtungen" übernehme. Sind die Baulasten als obligatorische Leistungspflichten anzusehen, so wären sie damit unmittelbar dem öffentlichen Recht zugewiesen. Handelt es sich dagegen bei den Baulasten um dingliche Belastungen des Grundstücks[33], so wären die „Verpflichtungen" im Sinne des Gesetzeswortlauts als aus den Baulasten folgende Sekundärbeziehungen aufzufassen: mittelbare öffentlich-rechtliche Beziehungen können aber nur aus einem Rechtsverhältnis entstehen, daß selbst öffentlichrechtlicher Art ist[34].

Aber auch unabhängig vom Gesetzeswortlaut ergibt sich die öffentlich-rechtliche Natur der Baulastregelungen. Berechtigt aus den Baulasten ist ausschließlich ein Träger öffentlicher Verwaltung als Sonderrechtssubjekt, nämlich zur Wahrnehmung von Aufgaben, die im öffentlichen Interesse liegen. Die Baulast kann nur zugunsten eines solchen Sonderrechtssubjekts übernommen werden, nicht zugunsten von Privatrechtssubjekten[35]. Rechtssätze aber, deren Zuordnungssubjekt ausschließlich ein Träger öffentlicher Gewalt ist, gehören dem öffentlichen Recht an. Diese Abgrenzung des öffentlichen Rechts vom Privatrecht folgt der modifizierten Subjektstheorie[36]; ihr gebührt der Vorzug gegenüber der Subjektionstheorie[37], die das entscheidende Abgrenzungskriterium darin sieht, ob die rechtlichen Beziehungen auf einer Gleichordnung oder einer Über-/Unterordnung der an dem Rechtsverhältnis Beteiligten beruhen[38].

---

[33] Vgl. dazu unten § 7, S. 61 ff.

[34] Es handelt sich hier um Rechtsbeziehungen, die als unselbständig gegenüber der unmittelbaren Rechtsbeziehung anzusehen sind. Anders ist die Rechtslage bei selbständigen Beziehungen, z. B. der an das Grundeigentum angeknüpften Grundsteuerpflicht.

[35] „Zugunsten" im Sinne von: „aus der Baulast berechtigt". Dagegen ist „begünstigt" der Grundstücksnachbar, der auf Grund der Baulast eine Ausnahmeregelung erreichen kann. Man wird ihm sogar ein eigenes Recht auf Einhaltung der Baulastverpflichtung zugestehen müssen, wenn die Baulast sich auf eine nachbarschützende baurechtliche Norm bezieht; dieses Recht ist im Wege der öffentlich-rechtlichen Nachbarklage zu verfolgen (zu dieser vgl. *Fischer*, Die öffentlich-rechtliche Nachbarklage, *Meyer*, Prozeßrechtliche Probleme der Nachbarklage), wenn die Bauaufsichtsbehörde eine Abweichung von einer solchen Baulastverpflichtung gestattet.

[36] Vgl. dazu *Wolff*, VerwR I, § 22 II c, S. 93 f.

[37] Diese vertritt heute vor allem *Forsthoff*, Lehrbuch, S. 107.

[38] Zur Abgrenzung des öffentlichen Rechts vom Privatrecht und den hierzu aufgestellten Theorien vgl. die Übersicht bei *Wolff*, VerwR I, § 22 II a, S. 91 f.; *Böhmer*, Grundlagen I, § 7, S. 164 f.; *Molitor*, Über öffentliches Recht und Privatrecht, insbs. S. 25 ff.; *Maunz*, Hauptprobleme, S. 59 ff.; *Forsthoff*, Lehrbuch, S. 107 Anm. 2 m. w. H.; die Interessentheorie geht zurück auf Ulpian, D. 1, 1, 1, 2.

Dieses Merkmal ist aber nicht umfassend genug, weil es auch öffentlich-rechtliche Gleichordnungsverhältnisse gibt, wie den öffentlich-rechtlichen Vertrag oder Rechtsverhältnisse zwischen mehreren gleichgestellten Trägern öffentlicher Verwaltung[39]. Demgegenüber erfaßt die modifizierte Subjektstheorie sowohl die Über-/Unterordnungsfälle als auch die mit der Subjektionstheorie nicht zu lösenden Gleichordnungsfälle. Der Unterschied der beiden Theorien besteht letztlich darin, daß die Subjektstheorie auf die aus dem objektiven Recht folgende Zuordnung der Berechtigung oder Verpflichtung abstellt, während die Subjektionstheorie eine aus dieser Zuordnung (häufig) folgende Verfahrensart, nämlich das hoheitliche Handeln gegenüber Gewaltunterworfenen, zum Abgrenzungskriterium wählt; sie schließt damit von der (häufigen) Wirkung (Verfahrensart) auf die Ursache (Rechtsnatur): ein Schluß, der — wie gezeigt — nicht in allen Fällen möglich ist[40].

Die Sicherung der Ausnahmeregelung durch ein öffentlich-rechtliches Rechtsverhältnis zwischen dem Verpflichteten und der Bauaufsichtsbehörde stellt einen der wesentlichen Vorteile der Baulast gegenüber der privatrechtlichen Dienstbarkeit dar. Die vom Nachbarn übernommene Verpflichtung wird so zu einem „Individualbaurecht" neben dem generellen Baurecht. Nur auf Grund der öffentlich-rechtlichen Regelung ist es der Gemeinde möglich, ihre der Verpflichtung entsprechende Berechtigung im öffentlichen Interesse unmittelbar gegen den Verpflichteten durchzusetzen[41]; im Falle einer privatrechtlichen Dienstbarkeit müßte die Gemeinde dagegen den Privatrechtsweg beschreiten: Ist nämlich eine baurechtliche Ausnahme (z. B. Verlagerung des Bauwichs) privatrechtlich — durch eine Grunddienstbarkeit zwischen den beteiligten Grundstückseigentümern oder durch eine beschränkt persönliche Dienstbarkeit zugunsten der Gemeinde — gesichert, so muß die Gemeinde ein Baugesuch, das zwar mit dem allgemeinen Baurecht, nicht aber mit der Dienstbarkeit im Einklang steht, zunächst einmal genehmigen, da die Baugenehmigung nur besagt, daß dem Bauvorhaben Hindernisse aus dem zur Zeit der Erteilung der Genehmigung geltenden öffentlichen Recht nicht entgegenstehen, private Rechtsverhältnisse aber außer Betracht bleiben[42]. Im

---

[39] Hierzu bemerkt *Forsthoff*, a.a.O., S. 108, von der Subjektionstheorie aus: Es muß „aus der Gesamtheit der obwaltenden Rechtsverhältnisse entschieden werden, ob Rechtshandlungen dieser Art dem öffentlichen oder dem privaten Recht angehören".

[40] Zur Kritik an der Subjektionstheorie vgl. *Wolff*, AöR 76, 205 ff.; *Niehues*, Dinglichkeit S. 28 ff. (30 ff.); siehe auch *Siebert*, Abgrenzung, DÖV 1959, 733 f.

[41] Vgl. auch *Gerne*, Baulastenbuch, S. 210; Begründung zur MBO, Schriftenreihe, Bd. 16/17, S. 145.

[42] Allgemeine Meinung, vgl. statt aller *Wolff*, VerwR III, S. 117; § 93 Abs. 5 MBO.

Wege der Klage aus der Dienstbarkeit müßte die Gemeinde, sofern sie aus der Dienstbarkeit berechtigt ist, dann z. B. die Unterlassung eines Baues betreiben[43]. Ist die Verlagerung des Bauwichs dagegen durch eine Baulast gesichert, so wäre sie als öffentlich-rechtliche, das Baurecht ergänzende Regelung bereits im Genehmigungsverfahren zu beachten.

V. Wie entsteht die Baulast?

Die Baulast wird durch schriftliche Erklärung gegenüber der Bauaufsichtsbehörde übernommen (§ 99 Abs. 1 Satz 1, Abs. 2 BauO NW)[44] und ist in ein Baulastenverzeichnis einzutragen (§ 100 Abs. 1 BauO NW). Die Mitwirkung der Bauaufsichtsbehörde an der Entstehung der Baulast ist danach auf eine passive Funktion beschränkt, sie hat die Erklärung des Übernehmers nur entgegenzunehmen, aber keine eigene Erklärung abzugeben. Die Baulast entsteht daher auch nicht durch Vertrag zwischen dem Übernehmer und der Behörde, sondern allein durch die Erklärung des Übernehmers[45]. Eine andere Auslegung findet im Gesetz keine Stütze.

Die Eintragung der Baulast in das Baulastenverzeichnis ist für das Entstehen der Baulast nicht konstitutiv. Das ergibt sich aus folgendem: Nach § 100 Abs. 1 BauO NW sind „die Baulasten" in ein Verzeichnis einzutragen[46]. Bereits die Auslegung dieses Wortlauts ergibt, daß vor der Eintragung die Baulast bereits existent ist. Unterstrichen wird dieses Ergebnis durch einen Vergleich der Vorschriften des geltenden Rechts mit dem Wortlaut des § 1 Abs. 1 des preußischen Entwurfs 1923. Danach sollten die Baulasten „durch Erklärung des Eigen-

---

[43] Es bestehen daher erhebliche Bedenken gegen die neue bayerische Regelung (vgl. oben § 1), die privatrechtliche Dienstbarkeiten der Baulastenregelung vorzieht; vgl. auch *Zopfs*, Dienstbarkeiten, S. 46.

[44] Anders § 108 Abs. 2 LBO BW: „Die Erklärung ... muß vor der Baurechtsbehörde oder vor der Gemeindebehörde abgegeben oder anerkannt werden"; sie kann auch in öffentlich beglaubigter Form einer dieser Behörden vorgelegt werden.

[45] *Scheerbarth*, Bauordnungsrecht, S. 417; *Füßlein*, DVBl 1965, 271; vgl. auch *Hirsch*, Baulasten, S. 45 (für Art. 99, Abs. 3 WürttBauO). — Für eine vertragliche Begründung spricht der Wortlaut des § 27 Abs. 1 bad. Ortsstraßengesetz: „... Verpflichtungen, welche ... auf Verlangen der Baupolizeibehörde gegenüber dieser Behörde ... übernommen werden." Für die sächsische Oblast nahm *Kretzschmar*, Hofgemeinschaft, S. 21, an, daß sie vertraglich begründet wird. Diese Ansicht steht aber mit dem Wortlaut des § 2 Allg. Baugesetz v. 1900 nicht im Einklang.

[46] Ebenso: § 109 Abs. 1 LBO BW; § 107 Abs. 1 LBO Schl.-H.; § 105 Abs. 1 BauO Bln.; vgl. auch § 108 Abs. 1 MBO; § 2 AllgBauG Sachsen v. 1900 (dazu: *Krüger*, Baurechtl. Verpflichtungen, S. 321).

§ 3: Einzelfragen der Baulastregelung

tümers u n d Eintragung in das Baulastenbuch" begründet werden[47]. Der unterschiedliche Wortlaut stellt klar, daß nach geltendem Recht die Eintragung nur deklaratorisch wirkt, die Baulast ohne sie entsteht[48].

Die Baulast ist also entstanden, wenn die Bauaufsichtsbehörde die entsprechende Erklärung des Grundstückseigentümers entgegengenommen hat. Es handelt sich um eine einseitige, empfangsbedürftige, verpflichtende Willenserklärung[49], an die das Gesetz den Eintritt der Rechtswirkung ipso iure geknüpft hat. Es entsteht ein das Baurecht beeinflussendes, öffentlich-rechtliches Rechtsverhältnis zwischen der Gemeinde und dem Baulastübernehmer. Auch die Willenserklärung des Baulastübernehmers muß daher eine öffentlich-rechtliche sein, privatrechtliche sind nicht auf öffentlich-rechtliche Wirkungen gerichtet. Es ist nichts Ungewöhnliches, daß eine Privatperson öffentlich-rechtliche Willenserklärungen abgibt. Beispiele sind etwa der Verzicht auf eine öffentlich-rechtliche Rechtsposition[50], Anträge auf Erlaß mitwirkungsbedürftiger Verwaltungsakte (z. B. im Beamtenrecht)[51] u. ä. Öffentlich-rechtlicher Art ist eine Willenserklärung immer dann, wenn ihre beabsichtigte Wirkung auf dem Gebiet des öffentlichen Rechts liegt.

Füßlein[52] sieht in dem Vorgang, wie die Baulast entsteht, eine Fortentwicklung der Rechtsfigur des mitwirkungsbedürftigen Verwaltungsakts, weil nicht mehr die Verwaltung verpflichtet werde, auf Antrag den begehrten Verwaltungsakt zu erlassen — die bisher stärkste Stufe dieser Rechtsfigur —, sondern die Rechtswirkung auf die Erklärung des Bürgers hin kraft Gesetzes eintrete. Er geht dabei von der Annahme aus, die Behörde übe überhaupt keine aktive Funktion bei der Baulastentstehung aus, sie müsse die Erklärung in jedem Fall entgegennehmen. Dieser Ansicht ist nicht zuzustimmen; sie ist auch widersprüchlich.

---

[47] Die gleiche konstitutive Wirkung hatte die Eintragung nach: § 27 Abs. 1 bad. OrtsstraßenG; Art. 99 Abs. 3 WürttBauO; § 58 pr. Entwurf 1026 u. § 64 pr. Entwurf 1929 (s. oben § 2 Anm. 55). — Eine Sonderstellung nehmen § 246 Abs. 3 BundesbauG-Entwurf 1955 u. § 237 Abs. 4 BauG-Entwurf 1956 ein (Fundstelle s. § 2 Anm. 59, 60) konstitutiv nur für Wirkung gegenüber Rechtsnachfolger.
[48] Allgemeine Meinung: vgl. z. B. *Scheerbarth*, Bauordnungsrecht, S. 419; *Gädtke*, Kommentar, S. 543; *Füßlein*, DVBl. 1965, 271; Allgemeine Einführung in die MBO, Schriftenreihe, Bd. 16/17, S. 143.
[49] Allgemeine Meinung: *Scheerbarth*, a.a.O., S. 417, 419; *Gädtke*, a.a.O., S. 541. *Wolff* VerwR I, S. 260, erwähnt als Konkretisierung der öffentlichen Last (einschließlich der Baulast) zwar den verwaltungsrechtlichen Vertrag, aber nicht die einseitige öffentlich-rechtliche Willenserklärung.
[50] Vgl. dazu *Forsthoff*, Lehrbuch, S. 275 f.
[51] Vgl. dazu HessVGH, ESVGH 1, 42 (45 f.); *Wolff*, VerwR I, S. 324.
[52] DVBl. 1965, 271 f.

Die Einschaltung der Bauaufsichtsbehörde dient nicht lediglich der Offenkundigkeit der Erklärung, sondern die Behörde soll prüfen, ob die rechtlichen Voraussetzungen erfüllt sind, insbesondere das öffentliche Interesse vorliegt. Daraus folgt, daß die Annahme der Erklärung von einer behördlichen Entscheidung abhängt; die Behörde hat also eine gewisse Mitwirkungsbefugnis[53].

Von einer Weiterentwicklung der Rechtsfigur des mitwirkungsbedürftigen Verwaltungsakts kann aber gerade deshalb nicht gesprochen werden, weil das Gewicht des rechtsfolgebegründenden Verhaltens hier entscheidend zugunsten der Erklärung des Grundeigentümers verschoben worden ist. Als Verwaltungsakt können nur die einseitigen hoheitlichen Maßnahmen eines Trägers öffentlicher Verwaltung bezeichnet werden[54]. Ein solcher Fall liegt hier gerade nicht vor. Während z. B. bei der Beamtenernennung der Antrag des Bürgers als rechtsfolgebedingend, die Entscheidung der Behörde aber als rechtsfolgebegründend — und damit als Verwaltungsakt — bezeichnet werden kann[55], ist das Verhältnis bei der Entstehung der Baulast genau umgekehrt: Die Entgegennahme der Erklärung durch die Behörde ist das lediglich rechtsfolgebedingende Element des Entstehungstatbestandes[56], rechtsfolgebegründend aber ist die Erklärung des Grundeigentümers, weil auf ihr das Schwergewicht des Entstehungstatbestandes liegt[57]. Diese Erklärung ist zwar eine öffentlich-rechtliche, aber keine hoheitliche. Die Baulast entsteht daher nicht durch einen mitwirkungsbedürftigen Verwaltungsakt, sondern auf Grund einer öffentlich-rechtlichen konstitutiven Willenserklärung, die der Entgegennahme durch die Behörde bedarf.

Entstehungszeitpunkt der Baulast ist danach der Zeitpunkt, in dem die Erklärung gegenüber der Behörde abgegeben wird, jedoch auflösend bedingt durch die „Nicht-Entgegennahme", „Zurückweisung" der Erklärung durch die Behörde (nach Prüfung der Erklärung)[58].

---

[53] Ebenso: *Scheerbarth*, a.a.O., S. 417 f.; *Gädtke*, a.a.O., S. 541.

[54] Vgl. § 106 Landesverwaltungsgesetz Schl.-H., vom 18. 4. 1967 (GVBl., S. 131).

[55] Vgl. *Wolff*, VerwR I, § 48 II, S. 319; § 36 III b, S. 223.

[56] Für sich genommen kann darin allerdings ein Verwaltungsakt liegen, jedenfalls wäre Rechtsschutz zu gewähren, wenn die Behörde die Entgegennahme ablehnt.

[57] Anders war das Verhältnis noch bei der Hofgemeinschaftsregelung nach § 27 Abs. 1 der hmb BauO 1918: Auferlegung der Beschränkung durch Verfügung nach Zustimmung des Grundeigentümers.

[58] Mißt man der Mitwirkung der Behörde derartige Bedeutung zu, so muß in ihrer Entscheidung ein selbständig anfechtbarer Verwaltungsakt gesehen werden.

VI. Baulastenverzeichnis und Verzicht auf die Baulast

Die wirksam entstandene Baulast verpflichtet kraft Gesetzes jeden Rechtsnachfolger des ursprünglichen Baulastübernehmers (§ 99 Abs. 1 Satz 2 BauO NW)[59]. Da die Eintragung der Baulast in das Verzeichnis nicht konstitutiv für ihr Entstehen und Fortbestehen ist, wird der Rechtsnachfolger auch dann verpflichtet, wenn die Baulast nicht eingetragen ist oder die Eintragung zu Unrecht gelöscht wurde. Das Baulastenverzeichnis soll zwar das Grundbuch ergänzen, indem es auch die öffentlich-rechtlichen Verhältnisse des Grundstücks offenkundig macht, so daß aus dem Inhalt beider Bücher im wesentlichen die Gesamtbelastung hervorgeht[60]. Ihm sind aber nicht die besonderen Wirkungen des Grundbuchs beigegeben, insbesondere besteht kein Gutglaubensschutz. Es spricht nur eine tatsächliche Vermutung dafür, daß alle Baulasten, die bestehen, auch eingetragen sind, rechtlich gesichert ist der Erwerber des Grundstücks bei dieser Annahme nicht[61]. Ein Gutglaubensschutz des Verzeichnisses, demzufolge nicht eingetragene oder gelöschte Baulasten gegen den Erwerber nicht geltend gemacht werden können, wäre unvereinbar mit dem öffentlichen Interesse, dem die Baulastregelung neben dem Privatinteresse dient[62]. Im Interesse der Allgemeinheit muß die dauernde Sicherung der Ausnahmeregelungen gewährleistet sein.

Aus dem gleichen Grund kann die Baulast auch nur durch Verzicht der Bauaufsichtsbehörde beseitigt werden[63]. Die Verzichtserklärung liegt im pflichtgemäßen Ermessen der Behörde („kann verzichten"), sie darf nicht zu baurechtswidrigen Zuständen führen. Ein automatisches Erlöschen der Baulast ist selbst dann nicht möglich, wenn das öffentliche Interesse am Bestehen der Baulast weggefallen ist: in diesem Fall ist die Behörde aber kraft Gesetzes zum Verzicht verpflichtet. Wirksam wird der Verzicht mit der Eintragung in das Verzeichnis, die hier konstitutive Wirkung hat. Da Verzichtserklärung und Eintragung ein öffentlich-rechtliches Rechtsverhältnis gestalten (nämlich auflösen), muß beiden die Qualität eines Verwaltungsakts zugesprochen werden.

---

[59] Die Frage, ob es sich hierbei um eine konstitutive oder deklaratorische Regelung handelt — letzteres, wenn die Baulast eine dingliche Grundstücksbelastung wäre — wird unten S. 64 ff. (auch S. 83 ff.) behandelt.
[60] Vgl. Begründung z. BauG-Entwurf 1956, Schriftenreihe, Bd. 7, S. 190; *Gerne*, Baulastenbuch, S. 209.
[61] Vgl. aber § 113 Abs. 2 Satz 1 EH BauO: „Das Baulastenverzeichnis begründet eine widerlegbare Vermutung für den Bestand und Umfang der eingetragenen Baulast."
[62] *Gerne*, a.a.O., S. 211 f.
[63] § 99 Abs. 3 BauO NW.

VII. Zusammenfassende Charakterisierung

Unter Berücksichtigung aller hier behandelten Merkmale läßt sich die Baulast charakterisieren als:

eine durch empfangsbedürftige, konstitutive, öffentlich-rechtliche Erklärung eines Grundstückseigentümers begründete Belastung, die im Zusamenhang mit einem konkreten Bauvorhaben den Erklärenden in der Ausübung seines Eigentumsrechts am Grundstück zugunsten eines Trägers öffentlicher Verwaltung über das gesetzliche Maß hinaus beschränkt, indem sie ihn und seine Rechtsnachfolger zu einem das Grundstück betreffenden Tun, Dulden oder Unterlassen verpflichtet und dadurch eine ihm oder einem anderen Grundstückseigentümer günstige baurechtliche Ausnahmeregelung ermöglicht.

Die Baulast hat also mit der privatrechtlichen Dienstbarkeit, die sie als Sicherungsmittel abgelöst hat, gemeinsam, daß die Eigentümerbefugnisse beschränkt werden. Die Unterschiede liegen vor allem darin, daß die Baulast als Hauptpflicht auch zu einem Tun verpflichten kann, und in der öffentlich-rechtlichen Ausgestaltung der Rechtsfigur[64].

Zweiter Abschnitt

Die öffentliche Last des hamburgischen Enteignungsgesetzes von 1963

§ 4: Tatbestand der Regelung und Rechtskonstruktionen

I. Allgemeines zur gesetzlichen Regelung

Die Entwicklung des modernen Massenverkehrs hat dazu geführt, daß in den Großstädten ein Teil des öffentlichen Verkehrs in eine zweite Ebene, unter die Erdoberfläche, verlegt wird. Unterirdische Verkehrsanlagen werden in Zukunft eine immer größere Bedeutung erlangen[1]. Die Gemeinden werden zwar anstreben, die Trassen dieser unterirdischen Anlagen (vor allem der U-Bahnen) weitgehend den öffentlichen Wegen und Straßen, die in der Regel in ihrem Eigentum stehen, folgen zu lassen (schon aus Kostengründen); dies wird jedoch

---

[64] Vgl. dazu noch *Hirsch*, Baulasten, S. 23; *Zopfs*, Dienstbarkeiten, S. 50.

[1] Nach Berlin und Hamburg sind jetzt auch in Hannover, Frankfurt und München U-Bahnen in Betrieb bzw. im Bau.

§ 4: Tatbestand der Regelung und Rechtskonstruktionen 41

nicht in jedem Fall möglich sein. Insbesondere wird es im Hinblick auf eine kürzere Streckenführung und bei einer Verdichtung des Streckennetzes, die zu sogenannten Zwangspunkten führt (Punkte, an denen sich mehrere Linien kreuzen sollen), nicht ausbleiben, daß zunehmend privater Grund für die Verkehrsanlagen in Anspruch genommen werden muß. Die Möglichkeit dazu wird durch die Fortschritte in der Bautechnik der unterirdischen Anlagen geschaffen: mußte z. B. eine U-Bahn früher in offener Baugrube gebaut werden, die eine Inanspruchnahme größerer bebauter Gebiete verbot, ist es heute möglich, die Tunnel in bergmännischer Bauweise (sog. Schildvortrieb) von einem Einstiegort aus ohne Inanspruchnahme der übrigen Erdoberfläche zu bauen[2]. Dieses Verfahren wird in zunehmendem Maße die Untertunnelung privater Grundstücke ermöglichen, da es die private Nutzung bei genügender Tiefenlage überhaupt nicht oder doch nur gering beeinträchtigt. Den privaten Grundstückseigentümern braucht für diese Anlagen daher regelmäßig nicht die volle Sachherrschaft entzogen zu werden, es genügt eine Duldungspflicht, die allerdings im öffentlichen Interesse, das an der Erhaltung der Verkehrsanlage besteht, dauernd gesichert sein muß. Als rechtliches Gestaltungsmittel kommt nach bisherigem Recht nur die Begründung einer beschränkt persönlichen Dienstbarkeit zugunsten der Gemeinde in Betracht.

Die neue Bautechnik erfordert andererseits in wirtschaftlicher Hinsicht, daß die Arbeiten vom Beginn an ohne Unterbrechung durchgeführt werden können; das bedeutet, daß bei Anwendung des bisherigen Rechts zunächst an jedem einzelnen Grundstück, das untertunnelt werden soll, durch Einigung oder Enteignung eine Duldungsdienstbarkeit begründet werden muß, bevor mit den Arbeiten begonnen werden kann. Im Hinblick auf die in jedem Einzelfall schwierige Frage, mit welcher Wertminderung des Grundstücks, nach der die Höhe der Entschädigung bestimmt wird, infolge der Belastung zu rechnen ist, würde dieses Verfahren zu erheblichen Verzögerungen in der Anlage der Verkehrseinrichtungen führen. Im übrigen enthält das bisherige Enteignungsrecht auch keine befriedigende Entschädigungsregelung für den Fall, daß dem Grundstückseigentümer nicht das Vollrecht genommen wird, sondern ihm nur zwangsweise eine Duldungsdienstbarkeit auferlegt wird[3].

Um diese sich aus der modernen Verkehrsentwicklung ergebenden Erfordernisse für den Bau unterirdischer Verkehrsanlagen auch recht-

---

[2] Diese Methode wird in Hamburg seit einiger Zeit angewandt, vgl. Mitteilung des Senats an die Bürgerschaft, Verhandlungen 1961, Nr. 133.
[3] Begründung zum Entwurf des hmb EntG, unter I 2 b, Verhandlungen 1962, S. 461; *Bielenberg*, DVBl. 1964, 501.

lich befriedigend regeln zu können und gleichzeitig die soeben geschilderten Schwierigkeiten des geltenden Rechts auszuschließen, hat der hamburgische Gesetzgeber im Zweiten Teil des Enteignungsgesetzes vom 14. 6. 1963[4] (§§ 8 ff.) die Rechtsfigur der öffentlichen Last für diese Fälle geschaffen[5]. Sie soll im folgenden noch näher untersucht werden.

II. Inhalt der öffentlichen Last

Durch Begründung einer „öffentlichen Last" nach §§ 8 ff. des Gesetzes wird die Freie und Hansestadt Hamburg[6] berechtigt, die Verkehrsanlage unterhalb der Erdoberfläche des Grundstücks zu bauen, sie dauernd innezuhaben und zu nutzen sowie die zur Unterhaltung erforderlichen Arbeiten auszuführen (§ 9 Abs. 1 S. 1). Wenn auch die „Benutzung" der Grundstücke in der Regel darin bestehen wird, daß im Wege des bergmännischen Verfahrens der Tunnel für die U-Bahn od. dgl. unter der Grundstücksoberfläche angelegt wird, so würde der Wortlaut des § 9 Abs. 1 S. 1 aber auch die Bauausführung in offener Baugrube vom belasteten Grundstück aus gestatten[7]. Eine dauernde Inanspruchnahme oberirdischer Grundstücksteile ist auf Grund einer öffentlichen Last allerdings nicht möglich. Das folgt aus der Überschrift des zweiten Teils des Gesetzes: „Inanspruchnahme von Grundstücken für unterirdische Verkehrsanlagen" und aus § 9 Abs. 1 S. 2, wonach die dauernde Benutzung auf eine Fläche bis zu 30 qm beschränkt wird. Die Entwurfsbegründung zu § 8 (= § 9 des Gesetzes)[8] stellt deshalb fest: „Sollen oberirdische Grundstücksteile dauernd in Anspruch genommen werden, so ist grundsätzlich nach dem Ersten Teil dieses Gesetzes zu verfahren", d. h. das Vollrecht (Eigentum) am Grundstück zu entziehen.

Das Recht, bis zu 30 qm der Grundstücksoberfläche dauernd zu benutzen — § 8 Abs. 1 S. 2 —, gilt für gewisse Hilfsanlagen der unterirdischen Verkehrseinrichtung; genannt werden Lüftungsschächte,

---

[4] GVBl. 1963, S. 77 ff. Im folgenden beziehen sich §§ ohne Gesetzesangabe auf dieses Gesetz.

[5] Vgl. zu Vorstehendem: Begründung zum Entwurf des hmb EntG, Verhandlungen 1962, S. 460 f.; *Bielenberg*, DVBl. 1964, 501 ff.; *Haas*, Festschrift, S. 32 ff.; Sten. Berichte der Bürgerschaft 1963, S. 271 ff., 279; Ausschußbericht Nr. 33/63, S. 6.

[6] bzw. die Bundesrepublik Deutschland, wenn die unterirdische Verkehrsanlage Teil einer Bundesfernstraße ist und sie Träger der Straßenbaulast ist, § 9 Abs. 2.

[7] Vgl. auch Begründung zu § 8 des Entwurfs (= § 9 des Gesetzes), Verhandlungen 1962, S. 464; *Bielenberg*, DVBl. 1964, 504.

[8] Unter b, a.a.O., S. 464.

Ausstiege und „andere Bestandteile". Insoweit wird dem Eigentümer also jegliche Nutzung des Grundstücks entzogen.

Zum Inhalt der öffentlichen Last gehört weiter die Berechtigung, auch in bestehende Nutzungen des Grundstücks einzugreifen, soweit dies zur Verwirklichung der Hauptrechte — Bauen, Nutzen, Unterhalten — erforderlich ist, § 10 Abs. 1. Insbesondere kann die Berechtigte bestehende Anlagen verändern oder beseitigen bzw. den Eigentümer hierzu verpflichten. Daß letzteres möglich ist, ergibt sich aus der Entschädigungsregelung des § 12 Abs. 1 S. 1. Dort heißt es: „Entschädigung ... kann verlangen, wer nach § 10 zu einer H a n d l u n g , Duldung oder Unterlassung verpflichtet ... worden ist ..." Dadurch wird die Pflicht zum Tätigwerden aber nicht zum Hauptinhalt der öffentlichen Last für den Verpflichteten. Diese richtet sich vielmehr in erster Linie auf ein Dulden der Verkehrsanlage, mögliche Handlungspflichten sind demgegenüber nur Nebenpflichten. Die Duldungspflicht ist das Gegenstück zu der in § 9 Abs. 1 S. 1 näher umschriebenen Berechtigung, deren Ausübung der Grundstückseigentümer nicht hindern oder abwehren darf, eben „dulden" muß[9].

Die Eingriffe nach § 10 sind aber nur dann Inhalt der öffentlichen Last, wenn sie von vornherein in dem der öffentlichen Last zugrundeliegenden Plan[10] enthalten sind; anderenfalls bedarf es eines besonderen Enteignungsakts, der durch Bescheid auf Grund des § 10 Abs. 1 erfolgt[11]. Eine Veränderung oder Beseitigung einer bestehenden Anlage kommt z. B in Betracht, wenn Kellerfundamente die geplante Linienführung behindern oder die Verkehrsanlage einem Gebäude die erforderliche Standsicherheit nimmt, so daß die Fundamente verstärkt oder abgestützt werden müssen.

Die Öffentliche Last entsteht „an" dem von der unterirdischen Verkehrsanlage betroffenen Grundstück, § 8 Abs. 1 S. 1. Sie „belastet" das Grundstück, stellt eine Grundstücksbelastung dar (vgl. §§ 11 Abs. 1 Nr. 3; 13 Abs 1 und 3 Nr. 1, 5; 15 Abs. 1; 16 Abs 1 und 3)[12]. Das Recht „am" Grundstück soll der Berechtigten die Möglichkeit zur Nutzung des Grundstücks für die Verkehrsanlage einräumen und insoweit eine Nutzungsbefugnis des Eigentümers ausschließen. Dieses Zurückdrängen, Ausschließen der aus dem Eigentumsrecht fließenden Nutzungsbefugnis könnte auf eine dingliche Rechtsnatur dieser „öffentlichen

---

[9] Zum Begriff „dulden" vgl. *Wolff*, VerwR I, S. 243.
[10] Hierzu unten bei der Frage der Entstehung der öffentlichen Last.
[11] Vgl. Begründung zu § 9 des Entwurfs (= § 10 des Gesetzes) unter c), a.a.O., S. 465.
[12] Vgl. auch Begründung zu § 7 des Entwurfs (= § 8 des Gesetzes), a.a.O., S. 463.

Last" hindeuten. Diese Frage soll jedoch erst unten[13] näher erörtert werden. Tatbestandsmäßig ist festzuhalten, daß die Befugnisse des Eigentümers beschränkt werden zugunsten der Freien und Hansestadt Hamburg im Sinne einer Duldungspflicht. Davon ging auch der hamburgische Gesetzgeber aus, wie sich daraus ergibt, daß die öffentliche Last die Funktion der privatrechtlichen Dienstbarkeit, eines dinglichen Rechts, übernehmen soll und daß in den Beratungen das Sicherungsinteresse besonders betont wurde[14].

III. Wie entsteht die öffentliche Last?

Die öffentliche Last knüpft entweder an einen der in § 8 Abs. 1 S. 1 genannten Pläne an, wenn in ihm die Ausdehnung und Tiefenlage der unterirdischen Verkehrsanlage ausgewiesen ist, oder sie entsteht, sofern eine Planfeststellung nicht erforderlich ist, durch schriftlichen öffentlich-rechtlichen Vertrag, § 8 Abs. 1 S. 2.

1. Die öffentliche Last kann auf Grund folgender Pläne[15] entstehen: Enteignungsplan nach § 6; Plan für Straßenbahnen nach § 28 Abs. 1 PBefG; Plan für Bundesfernstraßen nach § 17 Abs. 1 BFStrG.

Die Pläne nach den „Fachplanungsgesetzen" sind je auf die in ihnen genannten besonderen Objekte beschränkt: so ist das PBefG nur für den Bau von Straßenbahnen und U-Bahnen (s. § 4 Abs. 2 PBefG), das BFStrG für den Bau von Bundesfernstraßen anwendbar. Für alle anderen unterirdischen Verkehrsanlagen ist ein Plan nach § 6 hmb EntG aufzustellen[16], wenn sich das Vorhaben auf mehrere Grundstücke erstreckt (a. a. O., Abs. 1).

Die Pläne müssen den Verlauf, die Ausdehnung und die Tiefenlage der unterirdischen Anlage ausweisen. In allen Fällen entsteht die öffentliche Last an den betroffenen Grundstücken, wenn die Planfeststellungsbeschlüsse, die als Verwaltungsakte ergehen[17], unanfecht-

---

[13] Siehe unten II. Teil, 1. Abschnitt (S. 53 ff.).
[14] Stenografische Berichte 1963, S. 279, Ausschußbericht Nr. 33/1963.
[15] Zu den Rechtsproblemen des Plans und der Planung siehe die Referate von *Imboden* und *Obermayer*, Der Plan als verwaltungsrechtliches Institut, VVDStRL 18, 113 ff.; *Forsthoff*, Norm, DVBl. 1957, 113 ff.; *Wolff*, VerwR I, S. 315 ff.; ferner die Beiträge in: *Kaiser*, Planung II.
[16] Das gilt z. B. auch für den Bau von S-Bahnen: die Planfeststellung nach § 36 Abs. 1 BBahnG ist nicht in § 8 Abs. 1 hmb EntG aufgeführt, weil ihre Wirkung für ein Enteignungsverfahren gesetzlich nicht geregelt ist (anders: §§ 29, 31 PBefG; 19 BFStrG), vgl. Begründung zu § 5 des Entwurfs (= § 6 des Gesetzes) und zu § 7 des Entwurfs (= § 8 d. Ges.), Verhandlungen 1962, S. 462, 463.
[17] Allgemeine Meinung: vgl. *Wolff*, VerwR I, § 47 IX b, S. 316 f.; *Forsthoff*, Lehrbuch, S. 194 m. w. H. (für den Umlegungsplan nach § 61 FlurbG); für § 6

§ 4: Tatbestand der Regelung und Rechtskonstruktionen

bar geworden sind und die Unanfechtbarkeit im Amtlichen Anzeiger bekanntgemacht worden ist (§ 8 Abs. 2 S. 1 hmb EntG). Der Inhalt der öffentlichen Last (Umfang der Duldungspflicht und der evtl. bestehenden Handlungspflicht) ergibt sich aus dem jeweiligen Plan, der rechtsfolgebegründende gesetzliche Tatbestandsvoraussetzung für das Entstehen der öffentlichen Last ist. Dagegen ist nicht erforderlich, daß mit dem geplanten Vorhaben alsbald begonnen wird[18].

Der Plan nach § 28 Abs. 1 PBefG kann nach Abs. 3 der Vorschrift auch durch einen Bebauungsplan nach § 9 BBauG ersetzt werden. In diesem Fall entsteht die öffentliche Last mit dem Inkrafttreten des Bebauungsplans[19], § 8 Abs. 2 S. 1 hmb EntG.

2. Einer Planfeststellung bedarf es nicht, wenn nur Vorhaben von unwesentlicher Bedeutung beabsichtigt sind (vgl. § 28 Abs. 2 PBefG, § 17 Abs. 2 BFStrG, § 5 Abs. 6 hmb EntG). In diesen Fällen kann die öffentliche Last auch durch einen schriftlichen öffentlich-rechtlichen Vertrag begründet werden, § 8 Abs. 1 S. 2 hmb EntG; d. h. der Grundstückseigentümer kann sich in diesen Fällen freiwillig zur Übernahme der Pflichten aus der öffentlichen Last bereit erklären. Inhaltlich unterscheidet sich die vertraglich übernommene öffentliche Last nicht von der hoheitlich begründeten (vgl. Wortlaut des § 8 Abs. 1). Sie entsteht in diesem Fall mit Abschluß des Vertrages.

3. Die öffentliche Last nach dem hmb EntG entsteht somit in Ausnahmefällen durch Abschluß eines öffentlich-rechtlichen Vertrages, in der Regel aber durch einen Verwaltungsakt *auf Grund* eines Gesetzes. Das hmb EntG macht die Begründung der öffentlichen Last davon abhängig, daß die von der Verkehrsanlage betroffenen Grundstücke in bestimmten Plänen näher bezeichnet und individualisiert werden. Der Eingriff in das Eigentumsrecht des Grundeigentümers, der in der Auferlegung der öffentlichen Last liegt, wird nicht durch das hmb EntG selbst vollzogen, dieses läßt weder aktuell noch bedingt die Last an allen oder bestimmten Grundstücken entstehen. Es läßt sich auch nicht argumentieren, daß die Planfeststellungsbeschlüsse nur Tatbestandsvoraussetzungen seien, durch die der Anwendungsbereich des

---

hmb EntG vgl. Begründung zu §§ 5, 7 des Entwurfs, Verhandlungen 1962, S. 462 f. und BVerwG, BayVBl. 1966, 22.

[18] Das folgt aus § 8 Abs. 3 Ziff. 1 hmb EntG. Die Pläne nach § 28 PBefG und § 6 hmb EntG haben eine Gültigkeitsdauer von 5 Jahren, sofern nicht mit dem Bau vorher begonnen wird (s. § 29 Abs. 5 PBefG, § 7 Abs. 2 hmb EntG).

[19] Der Bebauungsplan ergeht als Satzung (§ 10 BBauG). Zur Streitfrage, ob er dennoch als Verwaltungsakt zu charakterisieren sei, vgl. *Forsthoff*, Lehrbuch, S. 194 ff. m. w. H. in FN 1 (S. 197), *Wolff*, VerwR I, S. 317 f.; BVerwG, BayVBl. 1966, 22.

Gesetzes konkretisiert werde, die Begründung der Last aber durch den generellabstrakten Rechtssatz selbst erfolge[20]. Es wäre zwar zulässig, daß das Gesetz nicht selbst die betroffenen Grundstücke durch allgemeine Beschreibung kennzeichnet, sondern die Kennzeichnung dem Inhalt anderer Hoheitsakte entnimmt. Um jedoch von einem Eingriff „durch Gesetz" sprechen zu können, müßte er ohne vollziehenden Verwaltungsakt direkt aus dem Gesetz erfolgen. Dagegen liegt ein Eingriff „auf Grund eines Gesetzes" vor, wenn er durch einen Verwaltungsakt vollzogen wird, der seine Grundlage in einem formellen und materiellen Gesetz findet[21].

Die öffentliche Last entsteht nach dem hmb EntG, wenn in einem Planfeststellungsbeschluß (= Verwaltungsakt) die Lage der Verkehrseinrichtung ausgewiesen und damit die betroffenen Grundstücke im einzelnen bezeichnet sind. Das Ob, Wann und Wo der Verkehrsanlage und damit der Entstehung der öffentlichen Last bleibt also der Verwaltung überlassen. Das hmb EntG stellt nur die Rechtsfigur der öffentlichen Last abstrakt zur Verfügung und bestimmt die Voraussetzungen, unter denen sie entsteht. Die Regelung der §§ 8 ff. hmb EntG ermächtigt zum Eingriff in das Grundeigentum, läßt aber diese Ermächtigung durch die Planfeststellungsbeschlüsse ausführen, der Eingriff wird also einem weiteren Hoheitsakt überlassen.

Die Planfeststellungsbeschlüsse erhalten damit eine Doppelfunktion: ihnen kommt die in den Fachplanungsgesetzen vorgesehene Wirkung zu und zusätzlich die nach § 8 hmb EntG. Im Grunde sind zwei Verwaltungsakte anzunehmen, die nur aus ökonomischen Gründen zusammengefaßt sind und von denen einer seine Grundlage in § 8 hmb EntG findet. Es kann also nicht die Rede davon sein, daß der hmb Gesetzgeber in unzulässiger Weise die in den Fachplanungsgesetzen geregelte Wirkung der Verwaltungsakte verändert habe[22]. Der für

---

[20] Vgl. dazu *Schick*, Untergesetzliche Rechtssätze als Enteignungsnormen, DVBl. 1962, 774 (775).

[21] *Zinkahn-Bielenberg*, BBauG, Vorbem. 142 vor §§ 40 ff. a. A. *Schütz-Frohberg*, BBauG, § 40 Anm. 2, die formal auf die Rechtsnatur z. B. des Bebauungsplanes als einer Satzung abstellen; ähnlich W. *Weber*, Eigentum und Enteignung, S. 378 ff., der die Enteignung „auf Grund eines Gesetzes" auf die Enteignung durch gesetzesausführenden Verwaltungsakt beschränkt. Wie hier auch *Bachof*, Rechtsgutachten, zit. bei *Zinkahn-Bielenberg*, a.a.O.; *Giese*, DRiZ 1951, S. 192.

[22] Zur Frage, ob es zulässig ist, das Entstehen der öffentlichen Last mit der Unanfechtbarkeit der Planfeststellungsbeschlüsse zu koppeln, vgl.: verneinend: *Blümel*, DVBl. 1964, 905 ff.; bejahend: *Bielenberg*, DVBl. 1964, 501 ff., 907 ff.; BVerwG, Beschl. v. 1. 9. 1965, BayVBl. 1966, 22 f. (zu demselben Sachverhalt erging das Urteil BVerwG BayVBl. 1966, 348 — Vorinstanz: OVG Hamburg, EPlR I, 3, S. 1 ff. —, gegen das Verfassungsbeschwerde eingelegt worden ist, BVerfG, 1 BvR 565/65).

einen Eingriff „auf Grund eines Gesetzes" erforderliche Zusammenhang des Gesetzes mit dem auf Grund des Gesetzes ergehenden Hoheitsakt ist daher gewahrt.

Sollte die Begründung der öffentlichen Last enteignende Wirkung haben[23], so läge keine Legalenteignung, sondern eine sog. Administrativenteignung im Sinne des Art. 14 Abs. 3 S. 2 GG vor[24]. Daß es sich in diesem Fall um eine sog. einstufige Enteignung handeln würde, da Enteignungsbeschluß und dessen Ausführung zusammenfallen, ist ebenfalls rechtlich zulässig: verfassungsrechtlich wird kein zweistufiges Verfahren gefordert[25], und ein ausreichender Rechtsschutz besteht auch jetzt für den Betroffenen mit der Möglichkeit, gegen den Planfeststellungsbeschluß vorzugehen.

IV. Öffentlich-rechtliche Regelung

Die öffentliche Last ist ein Rechtsinstitut des öffentlichen Rechts, sie begründet zwischen der Berechtigten und dem Grundstückseigentümer ein Rechtsverhältnis öffentlich-rechtlicher Art (§ 9 Abs. 3 hmb EntG): sie entsteht — i. d. R. — kraft eines Hoheitsakts und berechtigt immer nur einen Träger öffentlicher Verwaltung (§ 9 Abs. 1 und 2 hmb EntG); dieses nicht um irgendwelcher privatrechtlicher Interessen willen, sondern zur Durchführung von öffentlichen Aufgaben, zu denen die Bereitstellung von Verkehrseinrichtungen als Aufgabe der sog. Daseinsvorsorge[26] gehört. Rechtssätze aber, die sich allein und notwendig an die Subjekte öffentlicher Gewalt wenden, ein Sonderrecht für diese bilden, sind solche öffentlich-rechtlicher Art[27]. Die aus der öffent-

---

[23] Umstritten ist, ob sie als „Güterbeschaffung" anzusehen ist, die in jedem Fall entschädigungspflichtig sei, unabhängig von der Schwere der Einwirkung — vgl. dazu *Forsthoff*, Lehrbuch, S. 313; W. *Weber*, Eigentum und Enteignung, S. 349 f. —; oder ob auch hier nach den allgemeinen Theorien zwischen Eigentumsbindung und Enteignung abzugrenzen ist, wie es der hmb Gesetzgeber in den §§ 11 Abs. 2 und 13 Abs. 3 Nr. 1 hmb EntG angenommen hat — so: BVerwG, Beschluß v. 1. 9. 1965, IV C 180/65, BayVBl. 1966, 23; Urteil v. 10. 12. 1965, IV C 180/65, BayVBl. 1966, 349; Begründung zu § 7 des Entwurfs hmb EntG, Verhandlungen 1962, S. 463 f.; hierum geht es u. a. in der Verfassungsbeschwerde, BVerfG, 1 BvR 565/65.
[24] Wie hier: *Zinkahn-Bielenberg*, a.a.O., Vorbem. 142 vor §§ 40 ff.; a. A. Senator *Müller-Link*, Stenographische Berichte 1963, S. 279; Abg. Dr. *Gündisch*, ebd., S. 272; Begründung zu § 7 des Entwurfs hmb EntG, Verhandlungen 1962, S. 463 f. unklar *Bielenberg*, DVBl. 1964, 907 ff. (908): durch Gesetz; a.a.O., S. 501 ff. (503): auf Grund Gesetzes.
[25] BVerfGE 4, 399 f.; BVerwG, Beschluß vom 1. 9. 1965, IV C 180/65, BayVBl. 1966, 22 (23).
[26] Zu diesem Begriff siehe *Forsthoff*, Lehrbuch, S. 340 ff.
[27] In diesem Sinne die von *Wolff*, VerwR I, § 22 II c, S. 93 f. präzisierte Subjektstheorie, die sich mehr und mehr durchsetzt. Die bisher herrschende Subjektionstheorie (vgl. *Forsthoff*, a.a.O., S. 107 ff.) sucht die Abgrenzung

lichen Last folgenden Einzelbeziehungen zwischen dem Träger öffentlicher Verwaltung und dem Grundeigentümer sind gleichfalls öffentlich-rechtlicher Natur, denn sie haben die aus der Last folgenden Rechte und Pflichten des Trägers öffentlicher Verwaltung zum Gegenstand (vgl. auch § 9 Abs. 3 hmb EntG).

Die öffentliche Last wird nicht wie privatrechtliche Grundstücksbelastungen in das Grundbuch eingetragen, das nur für die privatrechtlichen Verhältnisse geschaffen wurde. Es wird aber ein Vermerk über das Bestehen der öffentlichen Last eingetragen, um überhaupt eine Publizität für diese wirtschaftlich u. U. nicht unbedeutende Eigentumsbeschränkung zu erreichen[28]. Die Eintragung des Vermerks ist nicht konstitutiv für das Entstehen der Last, denn nach § 8 Abs. 4 ersucht die zuständige Behörde das Grundbuchamt, einen Vermerk einzutragen, wenn die öffentliche Last „entstanden" ist[29].

V. Zusammenfassung

Aus der vorstehenden Darstellung ergeben sich als wesentliche Rechtskonstruktionen der öffentlichen Last nach den §§ 8 ff. des hmb EntG, daß sie

a) eine Rechtsfigur öffentlich-rechtlicher Art ist;

b) durch Verwaltungsakt auf Grund eines Gesetzes oder durch öffentlich-rechtlichen Vertrag entsteht;

c) zum Inhalt eine Duldungspflicht hat, die mit einer Handlungspflicht als Nebenpflicht verbunden sein kann;

d) möglicherweise — das wurde noch offengelassen — dinglichen Charakter hat, jedenfalls aber die Befugnisse des Eigentümers beschränkt.

Zusammenfassend läßt sich danach die öffentliche Last bezeichnen als: ein öffentlich-rechtliches Recht, das an einem Grundstück durch Verwaltungsakt auf Grund eines Gesetzes oder durch öffentlich-rechtlichen Vertrag entsteht und durch eine Duldungs- (und Handlungs-)pflicht die Befugnisse des Eigentümers zugunsten eines Trägers öffent-

---

allein in dem Gegensatz Unterordnung/Gleichordnung, ohne damit alle Fälle befriedigend lösen zu können; zur Kritik dieser Theorie vgl. *Wolff*, a.a.O., S. 92; derselbe, AöR 76, 205 ff.; *Niehues*, Dinglichkeit S. 31 ff.; vgl. dazu oben S. 34 f.

[28] Vgl. Ausschußbericht Nr. 33/1963 zu § 8 unter d (S. 6). — Ein Register für öffentlich-rechtliche Verhältnisse der Grundstücke besteht in Hamburg noch nicht; in § 113 EHBauO ist jedoch die Einführung eines Baulastenbuches vorgesehen.

[29] Vgl. auch Ausschußbericht Nr. 33/1963, S. 6 zu § 8.

licher Verwaltung zur Wahrnehmung öffentlicher Aufgaben beschränkt.

§ 5: Der öffentlichen Last verwandte Fälle

Direkte historische Vorbilder für die Regelung der §§ 8 ff. hmb EntG im Sinne einer kontinuierlichen Entwicklung gibt es anders als bei der Baulast[1] nicht. Als mit der hier untersuchten Regelung verwandt können aber solche Vorschriften angesehen werden, die öffentlich-rechtliche Eigentumsbeschränkungen zugunsten eines Subjekts öffentlicher Gewalt statuieren.

I. Hamburgisches Wassergesetz

Nach § 68 des hmb Wassergesetzes[2] können die Eigentümer und Nutzungsberechtigten von Grundstücken durch die Wasserbehörde verpflichtet werden, die Errichtung und den Betrieb von Meßanlagen und Zeichen und den Zugang zu ihnen zu dulden. Nach § 72 des Gesetzes wirken diese Duldungspflichten auch gegen jeden Rechtsnachfolger; sie werden gemäß § 98 Abs. 1 b) in ein Wasserbuch eingetragen. Die Entwurfsbegründung[3] bezeichnet diese Duldungspflichten als „öffentlich-rechtliche Belastungen"; in der Begründung zu § 71 des Entwurfs[4] (= § 72 des Gesetzes) werden sie ausdrücklich als „dinglich" bezeichnet, die Vorschrift solle klarstellen (!), „daß die Verpflichtung ... mit dem Eigentum an dem in Anspruch genommenen Grundstück ... auf den Erwerber übergeht". Diese Begründung und die Tatsache der Eintragung im Wasserbuch — nur die erstmalige Begründung der Duldungspflicht wird eingetragen — legen es nahe, hier eine Belastung des Grundstücks, ein Recht des Subjekts öffentlicher Verwaltung „am" Grundstück anzunehmen, woraus dann Sekundärpflichten für den jeweiligen Eigentümer des Grundstücks erwachsen. In diesem Punkt kann daher eine gewisse Ähnlichkeit mit der öffentlichen Last nach den §§ 8 ff. hmb EntG angenommen werden[5].

II. Baupolizeigesetz 1882

Ein weiterer verwandter Fall aus der hmb Gesetzgebung kann in der Vorschrift des § 104 des hmb Baupolizeigesetzes vom 23. 6. 1882[6]

---
[1] Siehe oben § 2.
[2] Vom 20. 6. 1960, GVBl. S. 335.
[3] Verhandlungen 1959, Mitteilung Nr. 182, S. 823 ff. (872 — Nr. 8 —).
[4] a.a.O., S. 900.
[5] Vgl. hierzu und zum folgenden auch *Haas*, Festschrift, S. 32 f.
[6] GS für die Freie und Hansestadt Hamburg, 18. Bd., 1882, S. 28.

4 Bartels

gesehen werden. Nach Abs. 2 dieser Vorschrift ruhte auf den Flächen zwischen der Straßenlinie und der Baulinie „die gesetzliche Dienstbarkeit des Nichtbebauens". Es handelte sich also um eine Grundstücksbelastung zugunsten eines Subjektes öffentlicher Verwaltung[7], die seinen Aufgaben (Bauordnung) diente — sie müßte daher als ein öffentlich-rechtliches dingliches Recht bezeichnet werden[8]. Daß dem hmb. Gesetzgeber öffentlich-rechtliche dingliche Rechte offenbar nicht fremd waren, zeigt die Zuständigkeitsvorschrift für „öffentlich-rechtliche Grunddienstbarkeiten" in § 12 Ziff. 6 des Gesetzes über Verwaltungsgerichtsbarkeit[9].

III. Preußische Gesetzgebung

Aus der preußischen Gesetzgebung seien als verwandte Fälle folgende Beispiele angeführt:

1. Nach § 27 Abs. 1 des pr. Wassergesetzes[10] haben die Eigentümer der Ufergrundstücke die Benutzung der Grundstücke als Leinpfad zu gestatten. Holtz-Kreutz-Schlegelberger[11] bezeichnen diese „Leinpfadlast" als öffentlich-rechtliche Eigentumsbeschränkung, die kraft Gesetzes auf beiden Seiten des Wasserlaufs ruht. Von anderen Autoren wird sie als eine öffentlich-rechtliche Dienstbarkeit (Servitut) eingestuft[12], als öffentlich-rechtliche Leinpfadservitut bezeichnet[13] oder zu den Sonderpflichtigkeiten[14] gezählt. Aus allen diesen Einstufungen folgt jedenfalls, daß die Leinpfadlast als eine öffentlich-rechtliche Grundstücksbelastung ex lege verstanden wurde.

Wird ein Wasserlauf aus der zweiten oder dritten Ordnung in die erste Ordnung versetzt, so entsteht nach § 27 Abs. 2 pr. Wassergesetz

---

[7] Kein dingliches Recht ohne Rechtsträger: als solcher kommt hier nur die Freie und Hansestadt Hamburg in Betracht.

[8] Darüber näher im II. Teil, unten S. 52 ff. — Nach Inkrafttreten des BGB wurde hierin keine Dienstbarkeit i. S. des BGB mehr gesehen, sondern eine öffentlich-rechtliche Eigentumsbeschränkung, vgl. *Nöldeke*, Landesprivatrecht S. 416, Anm. 1; *Wulff*, Gesetze und Verordnungen, S. 114 Anm. 4.

[9] Vom 2. 11. 1921, GVBl., S. 585.

[10] Vom 7. 4. 1913, GS 1913, S. 53.

[11] Das preußische Wassergesetz, Bd. 1, S. 227.

[12] Vgl. Otto *Mayer*, VerwR II, 3. Aufl., S. 108 ff.; ders., Art. „Leinpfad", Wörterbuch, Bd. 2, S. 777; *Hatschek-Kurtzig*, Lehrbuch, S. 509; *v. d. Mosel*, HandwB., Bd. 1, Sp. 503.

[13] PrOVG 34, 292 (294); 41, 257 (260).

[14] *Holstein*, Lehre, S. 98. Sonderpflichtigkeiten sind nach Holstein — S. 98 — „moderne Ausprägungen der grundsätzlichen Sozialgebundenheit des Eigentums".

die Leinpfadlast für die betroffenen Grundstücke, wenn Lage, Richtung und Umfang in einem Plan ausgewiesen werden[15].

2. Weitere Beispiele sind die sog. Rayonservitut[16] und die Beschränkungen nach § 3 des pr. Quellenschutzgesetzes[17]. In beiden Fällen wurden die Eigentümerbefugnisse in einem bestimmten Umkreis um Festungen bzw. „gemeinnützigen Quellen" eingeschränkt. Die Beschränkungen traten in Kraft, wenn die betroffenen Grundstücke durch Rayonsteine bzw. in einem Plan (Schutzbezirk) näher bezeichnet worden waren[18].

IV. Reichsgesetz vom 29. 12. 1922

Eine interessante Parallele zum hmb EntG ergibt sich aus dem (Reichs-) „Gesetz über die Erhaltung der Kriegergräber aus dem Weltkrieg"[19]. An Privatgrundstücken, in denen Soldaten bestattet waren, entstand kraft Gesetzes zugunsten des jeweiligen Landes eine Grundstücksbelastung, die eine Duldungspflicht des Eigentümers, die Gräber bestehen zu lassen, und eine Handlungspflicht, die Gräber zugänglich zu halten, zum Inhalt hatte. Es handelt sich hier um ein öffentliches Recht, die Erhaltung der Kriegsgräber wurde in § 1 des Gesetzes zur öffentlichen Aufgabe erklärt. Das Gesetz bezeichnet die „Belastung des Grundstücks" als eine „öffentliche Last, die allen öffentlichen und privaten Rechten im Range vorgeht"[20].

---

[15] *Holtz-Kreutz-Schlegelberger*, a.a.O., S. 228 (Nr. 9); *Bergdolt*, PrWasserrecht, S. 155.

[16] Vgl. das Gesetz betr. die Beschränkungen des Grundeigenthums in der Umgebung von Festungen vom 21. 12. 1871, RGBl. S. 459; heute werden seine Funktionen vom Schutzbereichgesetz vom 7. 12. 1956, BGBl. I, S. 899 wahrgenommen; vgl. hier §§ 3 ff. — Die Rayonbeschränkungen wurden allgemein als öffentlich-rechtliche Dienstbarkeiten angesehen, vgl. *Apel*, Wörterbuch, Bd. 1, S. 766 ff.; Otto *Mayer*, VerwR II, S. 108 ff.; W. *Jellinek*, VerwR, S. 410; *Hatschek-Kurtzig*, Lehrbuch, S. 509.

[17] Vom 14. 5. 1908, prGS 1908, S. 105. — W. *Jellinek*, a.a.O., S. 410 zählt sie zu den „Eigentumsbeschränkungen durch Einzelakt".

[18] Vgl. § 8 Abs. 1 Rayongesetz bzw. §§ 3 ff. pr. Quellenschutzgesetz.

[19] Vom 29. 12. 1922, RGBl. I, 1923, S. 25.

[20] Vgl. § 3 Abs. 2, a.a.O.

ZWEITER TEIL

Gemeinsame Merkmale
und rechtliche Systematisierung

Nachdem im ersten Teil die tatbestandlichen Regelungen und die historischen Vorläufer der Baulasten und der öffentlichen Last nach dem hmb EntG dargestellt sowie teilweise bereits die Rechtskonstruktionen dieser Regelungen untersucht wurden, stellt sich die Frage, ob diese Regelungen gemeinsame charakteristische Merkmale aufweisen, die die Regelungen als gesetzliche Konkretisierungen eines allgemeineren Rechtsinstituts erscheinen lassen. Die Merkmale müßten die untersuchten Regelungen als besondere von anderen abheben, damit eine Heraushebung und Systematisierung dieser Regelungen als ein besonderes Rechtsinstitut gerechtfertigt wäre.

Diese Fragestellung muß auf eine Erörterung der rechtlichen Konstruktion der untersuchten „Lasten" abstellen, denn wenn hier nach „Merkmalen" gefragt wird, so sind damit nicht tatsächliche, sondern rechtliche Merkmale und damit rechtskonstruktive Merkmale und solche rechtsinhaltlicher Art gemeint, die eine Einordnung in das allgemeine Rechtssystem ermöglichen. Aus den bisherigen Untersuchungen hat sich bereits ergeben, daß als gemeinsames Merkmal der beiden Regelungen ihre Zugehörigkeit zum öffentlichen Recht anzusehen ist. Ferner hat sich eine weitgehende inhaltliche Übereinstimmung ergeben, da aus beiden Regelungen Duldungspflichten des Grundeigentümers folgen, bei den Baulasten allerdings auch Tätigkeitspflichten möglich sind.

Im folgenden sollen weitere gemeinsame, wesentliche Merkmale gesucht werden: im ersten Abschnitt wird das Problem untersucht, wie die Regelungen im Hinblick auf den Unterschied zwischen schuldrechtlichen und dinglichen Rechten einzuordnen sind; im zweiten Abschnitt wird die Frage nach dem Zweck der Regelungen gestellt und schließlich die Definition eines für beide Regelungen passenden Oberbegriffs versucht.

Erster Abschnitt

Der dingliche Charakter der Regelungen

Bei der Erörterung der Rechtskonstruktionen der Baulast und der öffentlichen Last nach dem hmb EntG war die Frage offengelassen worden, wie die Regelungen im Hinblick auf die aus dem Zivilrecht bekannte Unterscheidung zwischen Forderungsrechten (Leistungsverpflichtungen) und dinglichen Rechten zu charakterisieren sind. Es handelt sich hierbei um einen wesentlichen Gesichtspunkt für die rechtliche Konstruktion der Regelungen und ihre Einordnung in das Rechtssystem. Er soll im folgenden behandelt werden.

Nach der Feststellung, daß es sich bei den untersuchten Regelungen um solche des öffentlichen Rechts handelt[1], stellt sich die Vorfrage, ob jene Unterscheidung im öffentlichen Recht überhaupt entsprechend dem Zivilrecht vorgenommen werden kann, m. a. W. ob ein öffentlichrechtliches dingliches Recht denkbar und möglich ist nach der deutschen Rechtsordnung[2]. Diese Frage kann wiederum nur beantwortet werden, wenn Klarheit über den zivilrechtlichen Begriff der Dinglichkeit besteht (unten § 6). Dessen Übertragung in das öffentliche Recht ist sodann zu prüfen (unten § 7).

§ 6: Der zivilrechtliche Begriff der Dinglichkeit

Der Begriff „dingliches Recht" hat im Zivilrecht einen bestimmten Bedeutungsinhalt; es wäre daher unzulässig, diesen Begriff im öffentlichen Recht zu verwenden, wenn ihm hier nicht derselbe Bedeutungsinhalt zukommt, abgesehen von spezifisch zivilrechtlichen Attributen, sofern sie nicht zum Begriffskern gehören. Der Begriff darf öffentlichrechtlich nur auf solche Tatbestände angewandt werden, die im wesentlichen dieselben Merkmale wie die zivilrechtlichen dinglichen Rechte aufweisen. Eine Übertragung in das öffentliche Recht wäre abzulehnen, wenn nur die Bezeichnung gleich bliebe, der Begriff also nur wie ein „Mantel" übernommen, der Inhalt dagegen völlig ausgewechselt würde. Es entstünde hier die Gefahr einer unerwünschten und nicht entsprechenden Analogie zu zivilrechtlichen Regelungen[1].

---
[1] Vgl. oben S. 33 ff., 47 f.
[2] Im französischen Recht ist das öffentlich-rechtliche Vollrecht Eigentum in Art. 539 f. code civil als „domaine public" anerkannt und von der Wissenschaft als Rechtsinstitut ausgebaut worden. — Für das deutsche Recht hat jüngst das BVerfG im Urt. v. 18. 12. 1968 — 1 BvR 638/64 u. a. — die Möglichkeit anerkannt, privates Eigentum in öffentliches umzuwandeln (zum hmb Gesetz zur Ordnung deichrechtlicher Verhältnisse v. 29. 4. 1964), s. NJW 1969, 309 ff.

[1] Vgl. *Spanner*, Gutachten, S. 22 f.; *Kormann*, System, S. 8 f.

Mit dem Begriff „dingliches Recht" können wir daher im öffentlichen Recht nur arbeiten, wenn dieser Begriff losgelöst vom einzelnen Rechtsbereich dem Recht allgemein angehört[2].

Im folgenden soll zunächst geprüft werden, ob der Begriff der „Dinglichkeit" aus grundsätzlichen Erwägungen auf den Bereich des Zivilrechts beschränkt ist (I.); sodann sind die wesentlichen Kriterien herauszuarbeiten, die — aus privatrechtlicher Sicht — eine Rechtsbeziehung als „dinglich" erscheinen lassen (II).

I. Beschränkung des Begriffs auf den Bereich des Zivilrechts?

Eine Beschränkung des Begriffs des dinglichen oder Sachen-Rechts auf den Bereich des Zivilrechts kann jedenfalls nicht aus diesem heraus gefolgert werden, sondern allenfalls aus den Besonderheiten des öffentlichen Rechts. Denn wenn das Privatrecht zum öffentlichen Recht im Verhältnis des allgemeinen zum besonderen Rechtsbereich steht[3], so folgt daraus, daß es keine *privatrechtlichen* Besonderheiten geben kann, die eine Anwendung dieses Begriffs im Bereich des öffentlichen Rechts von vornherein ausschließen könnten, sondern daß allenfalls umgekehrt der Ausschluß durch die Besonderheiten des öffentlichen Rechts bedingt sein kann. Es kann daher von der Erörterung des Begriffs des dinglichen Rechts im Zivilrecht ausgegangen werden und sodann untersucht werden, ob dessen wesentliche Merkmale in den Bereich des öffentlichen Rechts übertragen werden können.

Zu fragen ist dabei nach dem materiell-rechtlichen Begriff des dinglichen Rechts. Formell-rechtlich sind die dinglichen Rechte im Zivilrecht im 3. Buch des BGB zusammengefaßt[4]; insoweit ist dieser Begriff aber auf das Zivilrecht beschränkt[5]. Demgegenüber bezieht sich der materiell-rechtliche Begriff des dinglichen Rechts auf die Beziehungen eines Rechtssubjekts zu bestimmten Rechtsobjekten, nämlich den Sachen[6]. Unter „Sache" wiederum kann in diesem Zusammenhang nur

---

[2] *Niehues*, Dinglichkeit, S. 1 f.; *Friedrichs*, PrVerwBl. 39 (1917/18), S. 299; *Schultzenstein*, Die rechtliche Eigenschaft, JW 1916, 241; a. A. wohl *Maunz*, Hauptprobleme, S. 50.

[3] So insbes. die modifizierte Subjektstheorie.

[4] Außerhalb des BGB z. B. das Wohnungseigentum nach dem Wohnungseigentumsgesetz vom 15. 3. 1951 (BGBl. I, S. 175) u. a., vgl. auch *Palandt-Degenhart*, Einl. 2 c vor § 854; *Baur*, Lehrbuch, S. 8.

[5] *Niehues*, Dinglichkeit, S. 45 m. w. H. in Anm. 1.

[6] Zum Gebrauch des Begriffs „Rechtsobjekt" in der Rechtslehre vgl. *Nawiasky*, Allg. Rechtslehre, S. 202 ff.; unter „Rechtsobjekt" sollte nur ein

eine Sache im Rechtssinne verstanden werden, nicht lediglich die körperlich-substanzhafte Erscheinung der Außenwelt, die allerdings als Substrat der Sache im Rechtssinne zugrunde liegt[7]. Das Rechtssubjekt, dessen Beziehung zur Sache Gegenstand des dinglichen Rechts ist, kann rechtssatzmäßig bestimmt werden, ihm ist keine weitere besondere Qualität eigen, so daß sowohl Privatrechtsträger als auch Träger hoheitlicher Verwaltung insoweit Subjekt einer dinglichen Rechtsbeziehung sein könnten. Der Begriff des dinglichen Rechts richtet sich entscheidend auf die nähere Bestimmung dieser Rechtsbeziehungen nach Art und Inhalt; er beschreibt dagegen keine besondere Subjektsqualität[8], so daß sich die Unterscheidung zwischen Privatrecht und öffentlichem Recht nicht auswirkt. Ein Ausschluß dinglicher Rechtsbeziehungen im Bereich des öffentlichen Rechts kann deshalb auch nur aus der Art und dem Inhalt dieser Rechtsbeziehungen folgen.

II. Die zivilrechtlich wesentlichen Kriterien des dinglichen Rechts

Die Meinungen in der Zivilrechtsliteratur[9] darüber, welches die wesentlichen Merkmale eines dinglichen Rechts sind, gehen auseinander. Es sollen von den zahlreichen Ansichten hier nur die wichtigsten, heute vertretenen kurz dargestellt werden[10].

1. Die Mehrzahl der Autoren[11] sieht das charakteristische Merkmal des dinglichen Rechts in der Unmittelbarkeit der Sachbeziehung, in der unmittelbaren Bindung der Sache an die Person, ohne daß das Vorhandensein eines Verpflichteten, dessen Leistungspflicht das Recht vermittelt, erfordert wird. Das dingliche Recht sei ein Recht an der Sache,

---

Stück der Außenwelt verstanden werden, das sachliche Werte enthält. Ähnlich, aber allgemeiner definierend: *Maunz*, Hauptprobleme, S. 70.

[7] Vgl. G. *Jellinek*, Allg. Staatslehre, S. 162; auch: *Maunz*, a.a.O., S. 69.

[8] Das zeigt z. B. der Wortlaut der §§ 1018 ff., 1204 ff. BGB: es geht um Art und Inhalt der Rechtsbeziehung; das Rechtssubjekt braucht nichts als diese Rechtssubjektivität zu besitzen.

[9] Vgl. zum folgenden *Niehues*, Dinglichkeit, S. 47 ff. — N. untersucht den Begriff „öffentliches Sachenrecht" als den „Inbegriff von Rechtssätzen, welche Sachen Subjekten hoheitlicher Gewalt dem ausschließlich ihnen zustehenden Aufgabenbereich zuordnen" (S. 103); im Vordergrund steht also nicht die Frage der dinglichen Einzelberechtigung eines Trägers hoheitlicher Gewalt, die hier vornehmlich interessiert.

[10] Zu den Theorien über den Begriff der Dinglichkeit vgl. im übrigen *Kühne*, Versprechen und Gegenstand, AcP 140, S. 1 ff. (11 ff.).

[11] Vgl. *Staudinger-Seufert*, Kommentar, Einleitung vor § 854, Rdnr. 2; *Wolff-Raiser*, Sachenrecht, S. 8 Anm. 1; *v. Thur*, Allg. Teil, 1. Bd., S. 123, 133, 137; *Schultze-v. Lasaulx*, Buchbesprechung, AcP 151, 455; *Enneccerus-Nipperdey*, Allg. Teil, § 79 A I, S. 456; *Lent-Schwab*, Sachenrecht, S. 1; *Raiser*, Dingliche Anwartschaften, S. 59.

es ergreife die Sache selbst. Die sich hieraus ergebende Herrschaft der Person über die Sache werde gesichert durch die Ausschließungsbefugnis gegenüber Dritten. Diese Absolutheit des Klageschutzes sei aber Wirkung, nicht Wesensmerkmal des dinglichen Rechts[12].

Eine zweite Ansicht[13] sieht ebenfalls die Unmittelbarkeit der Sachherrschaft als charakteristisches Merkmal an. Daneben sei aber auch die „Absolutheit des Klageschutzes" als bestimmendes Kennzeichen eines dinglichen Rechts anzusehen.

Eichler[14] hält den Sukzessionsschutz als die sachenrechtliche Gewährleistung und Sicherung der Sachherrschaft für das Wesentliche. Der von der herrschenden Meinung herausgestellte Herrschaftsgedanke sei für die Abgrenzung nicht geeignet, da das Herrschaftsmoment bereits dem subjektiven Recht als solchem innewohne. Der Nachdruck liege beim dinglichen Recht aber auf der absoluten Sicherung und dinglichen Gewährleistung, d. h. auf dem Umstand, daß sich das dingliche Recht gegen jeden Rechtsinhaber der Sache durchsetzt.

Nach Westermann[15] muß das Wesen der dinglichen Rechte in ihrer zuordnenden Funktion gesehen werden. Die Zuordnung der Sache zum Vermögen des Rechtssubjekts sei das Wesentliche, aus ihr folgten die Unmittelbarkeit der Sachbeziehung und die Absolutheit des Klageschutzes. Niehues[16] folgt weitgehend Westermann. Er unterscheidet aber zwischen Struktur und Inhalt des dinglichen Rechts. Die Struktur zeige sich in der unmittelbaren Beziehung der Person zur Sache[17]. Den von der Struktur zu unterscheidenden Inhalt des Rechts bezeichnet er wie Westermann als Zuordnung der Sache zum Vermögen des Berechtigten[18].

2. Die vorstehend skizzierten Meinungen zur Frage der wesentlichen Merkmale des dinglichen Rechts zeigen, daß übereinstimmend eine unmittelbare (rechtliche) Beziehung zwischen Person (Rechtsinhaber) und Sache anerkannt wird, Streit herrscht nur darüber, ob es sich hierbei um ein Wesensmerkmal des dinglichen Rechts (bezüglich seines Inhalts oder seiner Struktur) oder um die Folge eines solchen (anderen) Merkmals handelt.

---

[12] So insbesondere *Schultze-v. Lasaulx*, a.a.O., S. 455.

[13] *Soergel-Siebert-Mühl*, Sachenrecht, Einleitung, Bm. 8; *Baur*, Lehrbuch, S. 6.

[14] Institutionen des Sachenrechts, Bd. 1, S. 3, 7.

[15] Sachenrecht, S. 6—12.

[16] Dinglichkeit, S. 47 ff.

[17] a.a.O., S. 47 ff. (55).

[18] a.a.O., S. 56 ff. (62).

§ 6: Der zivilrechtliche Begriff der Dinglichkeit

a) Die Möglichkeit rechtlicher Beziehungen zwischen Personen und Sachen ist heute — jedenfalls für das Zivilrecht — unbestritten. Die früher erhobenen Einwände, die darauf hinausliefen, daß *Rechtsbeziehungen nur zwischen Rechtssubjekten* möglich seien[19], weil alles Recht von seiner Funktion und seinem Zweck her personalbezogen sei, übersahen zweierlei: einmal, daß aus einer unmittelbaren Person/Sache-Beziehung immer mittelbare — nämlich durch die sachenrechtliche Beziehung vermittelte — Rechtsbeziehungen der Person zu allen anderen Rechtssubjekten folgen; und zum anderen, daß dieser Grundsatz nicht in dem Sinne angewandt werden kann, daß unter „Rechtsbeziehungen" *nur* unmittelbare Rechtsbeziehungen verstanden werden können, sondern daß auch derartige notwendige mittelbare Rechtsbeziehungen der Personalbezogenheit des Rechts gerecht werden[20].

Daß unter „Personalgebundenheit" nur unmittelbare Rechtsbeziehungen zwischen Rechtssubjekten zu verstehen sind, ist eine unbelegte Behauptung. Gerade die Tatsache, daß das Recht neben unmittelbar an Rechtssubjekte gerichteten Befehlen auch „gütergewährende" Normen kennt[21], die nur mittelbar den Rechtsträger zu anderen Rechtssubjekten in Beziehung treten lassen, spricht dagegen. Andererseits führt die Anerkennung unmittelbarer rechtlicher Sachbeziehungen auch *notwendig* zu mittelbaren Beziehungen zu den übrigen Rechtssubjekten, nämlich allgemein als Pflicht der anderen, diese Rechtsstellung anzuerkennen, und im besonderen bei den beschränkt dinglichen Rechten, die eine Regelung der Beziehungen des beschränkt Berechtigten zum Eigentümer erfordern. Insoweit — aber auch nur insoweit — wirkt sich der Charakter einer Rechtsordnung als Ordnungssystem unter Rechtssubjekten allerdings zwingend aus.

Mit der herrschenden Meinung ist daher die Möglichkeit rechtlich geregelter Beziehungen einer Person zu einer Sache anzuerkennen[22]. Terminologisch wird diese Beziehung am besten als „Rechtsbeziehung" oder Rechtsverhältnis im weiteren Sinne bezeichnet im Gegensatz zu den Rechtsverhältnissen im engeren Sinne, die nur zwischen Rechtssubjekten bestehen[23].

---

[19] *Friedrichs*, Bürgerliches und öffentliches Sachenrecht, AöR 40, 257 ff. (288); *Fuchs*, Grundbegriffe, S. 18; *Nawiasky*, Allg. Rechtslehre, S. 164; vgl. auch die Nachweise für das öffentliche Recht unten S. 64, Anm. 28.
[20] Vgl. dazu *Niehues*, a.a.O., S. 47—49; *Lassar*, Grundbegriffe, S. 7 ff. 13.
[21] Etwa §§ 903, 937 BGB. — Vgl. dazu *Enneccerus-Nipperdey*, Allg. Teil, § 30 III 2, S. 200.
[22] Vgl. *v. Thur*, Allg. Teil, Bd. 1, S. 123, 125; *Wolff-Raiser*, Sachenrecht, S. 8; *Enn.-Nipperdey*, a.a.O., S. 427; *Westermann*, Sachenrecht, S. 5 f.
[23] So *Wolff*, VerwR I, § 32 V a, S. 185 f.

Unmittelbarkeit der Rechtsbeziehungen bedeutet, daß sie ohne vermittelnde Leistungspflicht eines Schuldners entstehen und fortbestehen kann. Führt dagegen die Beziehung des Rechtssubjekts zur Sache über die Person eines Verpflichteten, so ist die Beziehung eine mittelbare, weil unmittelbarer (primärer) Leistungsgegenstand die Schuldnerverpflichtung ist[24].

Ob eine Rechtsbeziehung zu einer Sache eine unmittelbare oder eine mittelbare ist, kann nur durch Prüfung der Beziehungen des Rechtsträgers zu allen anderen in Frage kommenden Rechtssubjekten entschieden werden.

Als „Rechtsvermittler" dinglicher Rechte scheiden zunächst alle nicht an derselben Sache Berechtigten aus, da der Rechtsträger zu ihnen nur in Beziehungen tritt, wenn seine Berechtigung von ihnen verletzt wird[25], das Recht aber auch ohne Verletzung besteht, d. h. jedenfalls ohne Vermittlung dieser „außenstehenden" Rechtssubjekte. Eine „Vermittlung" kann nur bei konkretisierten Rechtsbeziehungen angenommen werden, die vermittelnde Leistungspflicht muß bestimmt sein. Die Rechtsbeziehungen des Rechtsträgers zu den „außenstehenden" Rechtssubjekten wird erst durch deren Eingriff in die Sachbeziehung des Rechtsträgers konkretisiert.

Dagegen wäre es grundsätzlich denkbar, daß andere, an derselben Sache Berechtigte — wie etwa der Eigentümer — die rechtliche Beziehung des beschränkt Berechtigten zur Sache vermitteln. Das ist jedoch nicht der Fall, wie sich daran zeigt, daß die Rechte an Sachen auch dann bestehen bleiben, wenn das andere Rechtssubjekt seine Berechtigung an der Sache verliert, ohne daß ein Rechtsnachfolger an seine Stelle tritt — die Sache also z. B. herrenlos wird. Dingliche Rechte bestehen an herrenlosen Sachen fort[26], sie stellen eine unmittelbare Beziehung des Rechtssubjektes zur Sache dar[27].

---

[24] Vgl. BGB-Motive, 3. Bd., S. 2. — Aus einer dinglichen Berechtigung an einer Sache können sich allerdings Leistungsansprüche gegen andere Rechtssubjekte ergeben, vgl. z. B. §§ 985, 1022, 1133 BGB; es sind Sekundär- oder Hilfsansprüche, die der Unmittelbarkeit der Person/Sache-Beziehung nicht entgegenstehen.

[25] z. B. gegen den unrechtmäßigen Besitzer: § 985 BGB; Rechte des Pfandgläubigers: § 1227 BGB, des Nießbrauchers: § 1065 BGB.

[26] z. B. Pfandrecht an herrenlosen Sachen, vgl. auch *Westermann*, Sachenrecht, S. 5.

[27] Ebenso BGB-Motive, 3. Bd., II, S. 2: „Entscheidend ist, daß das Vorhandensein eines Verpflichteten nicht erforderlich wird." — Das gilt auch für das Vollrecht „Eigentum": die Pflicht aller anderen Rechtssubjekte, dieses Recht anzuerkennen, stellt keine „Vermittlung" des Rechts dar, sondern ist *Folge* der unmittelbaren Sachherrschaft, vgl. *Enneccerus-Nipperdey*, Allg. Teil, § 30 III 2, S. 200.

§ 6: Der zivilrechtliche Begriff der Dinglichkeit

Nach Westermann[28] soll die Unmittelbarkeit der Sachbeziehung Folge der zuordnenden Funktion des dinglichen Rechts sein. Ob ein Subjekt und ein Objekt unmittelbar oder nur mittelbar miteinander verbunden sind, ist aber eine Frage der Konstruktion, der technischen Ausgestaltung, der „Struktur" (Niehues) dieser Beziehung. Die „zuordnende Funktion" betrifft demgegenüber mehr die Wirkung des Rechts, den Inhalt. Ein Ursache-Wirkung-Verhältnis besteht in der von Westermann vertretenen Art jedenfalls nicht. Die Unmittelbarkeit der Sachbeziehung ist ein selbständiges Merkmal des dinglichen Rechts.

Der von Eichler als wesentlich bezeichnete Sukzessionsschutz[29] ist dagegen nur eine *Folge* der Unmittelbarkeit der Sachbeziehung. Weil das Recht unmittelbar an der Sache besteht und eine Rechtsbeziehung nur zwischen dieser und dem Rechtsträger geschaffen wird, muß eine Rechtsnachfolge bei sonstigen Berechtigten an der Sache ohne Einfluß bleiben. Auch die sonstigen an der Sache Berechtigten müssen die dingliche Berechtigung wie alle anderen Rechtssubjekte respektieren, sie setzt sich auch ihnen gegenüber durch. Eichlers Ansicht trifft daher nicht das Wesentliche.

b) Bezieht sich das Merkmal „Unmittelbarkeit der Sachbeziehung" in erster Linie auf die Konstruktion, die rechtstechnische Gestaltung des dinglichen Rechts, so ist weiter nach seinem davon zu unterscheidenden Inhalt zu fragen[30]. Unterscheidet man Konstruktion und Inhalt eines Rechts, so wird letzterer die Berechtigung des Rechtsträgers, die Wirkungen des Rechts auf seine (Vermögens[31]-)Verhältnisse und seine Beziehung zum Objekt bezeichnen. Bei den im 3. Buch des BGB zusammengefaßten, als dinglich anerkannten Rechten bestehen die Wirkungen und Berechtigungen z. B. darin, das belastete Grundstück benutzen zu dürfen (§ 1018, 1. Alt. BGB), Nutzungen des Grundstücks ziehen zu dürfen (§ 1030 BGB), es unter bestimmten Voraussetzungen verwerten (§§ 1113, 1147, 1191 BGB) oder Befriedigung aus der Sache suchen zu dürfen (§ 1204 BGB) usw. Manche Autoren[32] sehen hierin Konkretisierungen einer unmittelbaren Sachherrschaft, die sie als

---

[28] a.a.O., S. 7, 12; anders aber: ders., Bestimmung, S. 59: „Wesen der Dinglichkeit ist die Unmittelbarkeit der Sachbeziehung."
[29] Institutionen, Bd. 1, S. 3, 7.
[30] Vgl. zu dieser Unterscheidung: *Maunz*, Hauptprobleme, S. 41 f., 43 f., *Niehues*, Dinglichkeit, S. 20, 46.
[31] Sachenrecht ist letztlich eine Regelung wirtschaftlicher, vermögensbezogener Verhältnisse. Sachen sind als Gegenstände der beherrschbaren Außenwelt für eine Rechtsordnung, die unter dem Verfassungsgebot des Privateigentums steht, nur interessant im Hinblick auf die Abgrenzung der Einflußsphären der einzelnen Rechtssubjekte.
[32] *Staudinger-Seufert*, Kommentar, Einleitung vor § 854, Rdnr. 2; *Soergel-Siebert-Mühl*, Sachenrecht, Einleitung, Bem. 8.

wesentlichen Inhalt des dinglichen Rechts ansehen. Dagegen ist eingewandt worden, daß eine *tatsächliche* Sachherrschaft in vielen Fällen nicht vorliege, sie würde Besitz des Berechtigten voraussetzen[33], und daß *rechtliche* Herrschaft nichts anderes sei als eine Umschreibung der Wirkung eines jeden subjektiven Rechts[34]. Der erste Einwand ist richtig: als tatsächliche Herrschaft kann dieses Merkmal nicht verstanden werden, da der Bestand des Rechts nicht davon abhängt, daß es ausgeübt wird. Der zweite Einwand überzeugt jedoch nicht: Herrschaft ist sicherlich ein Moment eines jeden subjektiven Rechts[35], und es gibt auch andere Herrschaftsrechte, wie z. B. im Familienrecht. Aber das gemeinsame Merkmal ist das der rechtlichen *Sach*herrschaft[36]. Als sich auf eine Sache beziehende Herrschaft unterscheidet sie sich von anderen Herrschaftsbeziehungen.

Westermann[37] sieht dagegen das wesentliche (inhaltliche) Merkmal des dinglichen Rechts in der Zuordnung einer Sache zum Vermögen des Berechtigten. „Zuordnung" und (rechtliche) „Herrschaft" schließen einander aber nicht aus, sie beschreiben den Inhalt des dinglichen Rechts von verschiedenen Standpunkten aus: „Zuordnung" von der Funktion des einzelnen Rechtssatzes im Rahmen des allgemeinen Zwecks der Rechtsordnung her — „Herrschaft" aus der Sicht des Berechtigten die sich aus dem dinglichen Recht ergebende positive Wirkung. „Zuordnung" betrifft eher die allgemeine Funktion des Sachenrechts als eines Begriffs des objektiven Rechts, „Herrschaft" den Inhalt des aus dem objektiven Recht folgenden subjektiven Einzelrechts[38]. Dem dürfte die Formulierung Nipperdeys[39]: „die dinglichen Beherrschungsrechte gewähren zuordnend eine unmittelbare absolute Herrschaft über eine Sache" am besten gerecht werden. Die durch Zuordnung gewährte Sachherrschaft ist als Inhalt der dinglichen Rechte anzusehen.

Als Ergebnis ist festzuhalten, daß die wesentlichen Merkmale des (zivilrechtlichen) Begriffs der Dinglichkeit die unmittelbare Sachbeziehung und die zuordnend gewährte Sachherrschaft sind.

---

[33] *Maunz*, Hauptprobleme, S. 43; ihm folgend *Niehues*, Dinglichkeit, S. 57.

[34] *Eichler*, a.a.O., S. 3; *Enneccerus-Nipperdey*, a.a.O., § 72, S. 428 f., 438.

[35] Zum Begriff des subjektiven Rechts vgl.: *Enneccerus-Nipperdey*, a.a.O., § 72, S. 428 ff.; *Larenz*, Allg. Teil, § 18 II a, S. 216 ff.; *Bühler*, Gedächtnisschrift Jellinek, S. 274.

[36] Vgl. auch *Maunz*, Hauptprobleme, S. 45: charakteristisches Merkmal des Sachenrechts ist, daß es sich mit Sachen befaßt; *Raiser*, Dingliche Anwartschaften, S. 59.

[37] Sachenrecht, S. 6, 12.

[38] Vgl. auch BGB-Motive, 3. Bd., S. 2: „Das Wesen der Dinglichkeit liegt in der unmittelbaren Macht der Person über die Sache."

[39] *Enneccerus-Nipperdey*, a.a.O., § 79 A I, S. 456.

§ 7: Die Möglichkeit dinglicher Rechte im öffentlichen Recht

Nach der Erörterung der Vorfrage, welches die wesentlichen Merkmale eines (zivilrechtlichen) dinglichen Rechts sind, ist jetzt zu untersuchen, ob das gewonnene Ergebnis im öffentlichen Recht Anwendung finden kann, ob es öffentlich-rechtliche dingliche Rechte zugunsten eines Trägers öffentlicher Verwaltung gibt.

I. Die Ansichten in Literatur und Rechtsprechung

In der Literatur zum öffentlichen Recht ist vielfach die Rede von öffentlichen dinglichen Rechten. Dabei handelt es sich aber keineswegs immer um dieselbe Fragestellung, der hier nachgegangen wird.

1. Die Frage nach öffentlich-rechtlichen dinglichen Rechten, die in Parallele zum Sachenrecht des Zivilrechts stehen, darf nicht mit dem anderen viel erörterten Problem verwechselt werden, ob es ein „öffentliches Sachenrecht" im Sinne der allgemeinen Verwendung dieses Begriffs gibt, nämlich ein besonderes „Recht der öffentlichen Sachen"[1]. Dabei werden in Lehre und Rechtsprechung als öffentliche Sachen im weiteren Sinne alle der Öffentlichkeit irgendwie dienenden Sachen verstanden, als öffentliche Sachen im engeren Sinne nur diejenigen, die unmittelbar durch ihren Gebrauch dem Gemeinwohl oder den eigenen Bedürfnissen der Verwaltung zu dienen bestimmt sind (Sachen des Verwaltungsvermögens und Sachen im Gemeingebrauch)[2]. Diese Begriffsbestimmung zeigt, daß es bei diesem Problemkreis um die Frage eines öffentlichen Sonderrechts für bestimmte, in einer besonderen Beziehung zur Verwaltung stehende Sachen geht[3], während hier allgemein die Möglichkeit einer öffentlich-rechtlichen Berechtigung an Sachen, die im übrigen im Eigentum eines Privaten stehen, untersucht werden soll. Berührungspunkte können sich allerdings ergeben für den Fall, daß die öffentlichen Sachen im engeren Sinne weiter im Eigentum eines Privaten stehen[4].

---

[1] So: *Maunz*, Hauptprobleme, S. 45 f., 51, 57; ders. — aber differenzierend — Das Recht der öffentlichen Sachen, S. 1; *Sieder*, Öffentliche Sachen, S. 92 f.; *Herrnritt*, Grundlehren, S. 138 ff.; *Strickstock*, Der Betrieb 1958, S. 1119. Allein *Niehues*, Dinglichkeit, gebraucht den Begriff in einem weiteren Sinne, vgl. seine Definition, a.a.O., S. 103; ihm folgt seit der 7. Aufl. *Wolff*, VerwR I, S. 186; auch *Menger/Erichsen*, Verw Archiv 56 (1965), S. 383.

[2] Vgl. statt aller: *Wolff*, VerwR I, § 55, S. 376 ff. — Art. 174 Abs. 1 wüEVRO verstand unter öffentlichen Sachen dagegen nur solche des Gemeingebrauchs.

[3] Vgl. *Forsthoff*, Lehrbuch, S. 348, der deshalb die Bezeichnung „öffentliches Sachenrecht" ablehnt (a.a.O., Anm. 5); ebenso: ders., Res sacrae, AöR 70 (1940), S. 220; auch *Köttgen*, Öffentliches Sachenrecht, S. 433.

[4] Siehe dazu z. B. unten § 11, IV.

Ferner ist die Frage nach öffentlich-rechtlichen (beschränkt) dinglichen Rechten nicht identisch mit derjenigen nach einem öffentlichen Eigentum. Öffentliches Eigentum ist nach Otto Mayer[5] — auf eine kurze Formel gebracht — die Zusammenfassung von umfassender Sachherrschaft und öffentlicher Zweckbindung der Sache in der Hand eines Trägers öffentlicher Verwaltung; trete der Eigentümer als Träger öffentlicher Verwaltung dem anderen als Privatem gegenüber, so handele es sich um öffentliches Eigentum. Hier steht dagegen das Nebeneinander von privatrechtlicher und beschränkt öffentlich-rechtlicher Sachherrschaft in Frage.

2. In der neueren Literatur werden öffentlich-rechtliche dingliche Rechte in vielfacher Weise erwähnt. So nennt Wolff diejenigen Verpflichtungen dinglich, „die auf Grund einer doppelten Sachzuordnung zwischen den beteiligten Sachzuordnungsträgern bestehen"[6] und nennt als Beispiel u. a. die öffentliche Dienstbarkeit[7]. Als öffentlich-rechtliche Dienstbarkeit bezeichnet Salzwedel[8] das Herrschaftsrecht des Trägers hoheitlicher Verwaltung, das bei den öffentlichen Sachen das Privateigentum nach herrschender Meinung überlagert[9]. Forsthoff[10] nennt diejenigen Rechte und Pflichten dinglich, die nicht dem Eigentümer des Grundstücks als Person, sondern dem jeweiligen Eigentümer zustehen, wie Bauerlaubnisse, Genehmigungen nach §§ 16 ff. GewO u. a. Als öffentliche dingliche Lasten bzw. öffentlich-rechtliche Grundstückslasten werden schließlich Rechte des öffentlichen Rechts bezeichnet, die dem Zweck dienen, öffentlich-rechtliche Zahlungsansprüche zu sichern[11].

---

[5] VerwR II, 3. Aufl., S. 39 ff. — Zusammenstellungen der Anhänger und Gegner dieser Lehre bei *Stritter*, Praktische Bedeutung, S. 1 f., Anm. 2 u. 3; *Forsthoff*, Lehrbuch, S. 350 Anm. 1.

[6] VerwR I, 6., S. 215 (§ 40 II c 3); ebenso *Niehues*, Dinglichkeit, vgl. seine Definition für das objektive öffentliche Sachenrecht, a.a.O., S. 103; vgl. auch *Rimann*, Rechtsnachfolge, DVBl. 1962, 553.

[7] VerwR I, 7., S. 259 f.

[8] Diskussionsbeitrag, VVDStRL 21, 257 (258) — ähnlich Fleiners Begriff der „öffentlich-rechtlichen Wegeservitut", Institutionen, S. 368 —; vgl. auch die Diskussionsbeiträge von *Bettermann*, a.a.O., S. 241, 244 und *Dürig*, a.a.O., S. 251 f., die ebenfalls von öffentlich-rechtlichen dinglichen Rechten sprechen.

[9] Das Urteil des BGH v. 11. 7. 62, BGHZ 37, 353 = NJW 1962, 1817 = LM Nr. 5 zu Art. 90 GG behandelt entgegen der Ansicht Schacks (DVBl. 1967, 281 Anm. 7) kein öffentliches dingliches Recht, sondern ein solches privatrechtlicher Art. Das ergibt sich aus dem Zusammenhang mit § 8 Abs. 10 BFStrG und der Tatsache, daß Berechtigter ein privatrechtliches Versorgungsunternehmen ist, der „öffentlich-rechtliche Ursprung" spricht nicht dagegen (wie hier: *Sieder*, Öffentliche Sachen, S. 97).

[10] Lehrbuch, S. 185 (§ 10, 4).

[11] Vor allem in der Literatur zum Steuerrecht, vgl. *Becker-Riewald-Koch*, Reichsabgabenordnung, § 120 a Anm. 1, 2; *Tipke-Kruse*, Abgabenordnung, § 120 a Anm. 1; *Spohr*, Das Recht der öffentlichen Grundstückslasten, StW 1941, 329 ff.; *Fischer*, Rechtliche Gestaltung und Probleme der öffentlichen Grundstückslast, NJW 1955, 1583; *v. Turegg-Kraus*, VerwR, S. 191.

§ 7: Die Möglichkeit dinglicher Rechte im öffentlichen Recht

In der älteren und neueren Rechtsprechung finden sich ferner Entscheidungen, die zwar nicht ausdrücklich von öffentlichen dinglichen Rechten sprechen, wohl aber — was keinen großen Unterschied macht — die Möglichkeit einer öffentlich-rechtlichen Sachherrschaft anerkennen[12].

3. Soweit in der älteren Literatur öffentlich-rechtliche dingliche Rechte erwähnt werden, handelt es sich meist um den Begriff der öffentlich-rechtlichen Dienstbarkeit (Servitut[13]). Nach einer Definition des Sächsischen OVG gewährt sie „dem Staat oder der Gemeinde eine teilweise rechtliche Herrschaft an einem im Privateigentum stehenden Grundstück zum Nutzen eines öffentlichen Unternehmens"[14, 15]. Den Begriff „dingliche (öffentlich-rechtliche) Last" gebrauchen das Pr. OVG[16] und Friedrichs[17], der darunter eine Last versteht, die auf fremdem Eigentum ruht und auch dann nicht ohne weiteres wegfällt, wenn die Sache herrenlos wird. Öffentlich-rechtliche dingliche Beziehungen erkennt auch Lassar[18] an, ohne diese jedoch näher zu benennen.

4. Die Baulasten werden in der Literatur eindeutig als dinglich in dem hier verstandenen Sinne nur von Wolff und Zopfs[19] aufgefaßt, während andere[20] von einer „dinglichen Wirkung" der Baulasten sprechen, wobei aber unklar bleibt, ob dies nur auf Grund der gesetzlich vorgeschriebenen Wirkung gegenüber den Rechtsnachfolgern geschieht. Eindeutig im letzten Sinne äußern sich Gädtke[21], Scheerbarth[22]

---

[12] Vgl. z. B. RGZ 80, 123; BGHZ 9, 373 (382); BVerwG, DÖV 1968, 130 (131); die Möglichkeit eines „öffentlichen Eigentums" bejaht BVerfG, Urt. v. 18. 12. 1968, 1BvR 638/64 u. a., NJW 1969, 309.

[13] *v. Sarwey*, Das öffentliche Recht, S. 377 f.; *O. Mayer*, VerwR II, S. 108 ff.; *v. d. Mosel*, Handwb., Bd. 1, Sp. 503 u. 713; *G. Meyer*, Lehrbuch, S. 451 Anm. 4; *Hatschek-Kurtzig*, Lehrbuch, S. 509; *Apel*, Art. „Festungen", Wörterbuch, Bd. 1, Sp. 769; auch *Holstein*, Lehre, S. 95; vgl. ferner *W. Jellinek*, VerwR, S. 195; ders., Gesetz, S. 152.

[14] Urteil vom 18. 3. 1903, Jahrbuch 4, S. 148 ff. (151).

[15] Die — besonders im bayerischen Recht bekannte — sog. öffentliche Wegeservitut soll ein Institut nicht öffentlich-rechtlicher, sondern privatrechtlicher Natur gewesen sein, vgl. die Darstellung bei *Maunz*, Hauptprobleme, S. 162 m. w. H. in Anm. 383; *Lerche*, Rechtsschutz, DVBl. 1955, 286.

[16] Urteil vom 7. 10. 1896, Bd. 30, S. 252 ff. (260).

[17] Bürgerliches und öffentliches Sachenrecht, AöR 40 (1921) S. 257 ff. (318).

[18] Grundbegriffe, S. 7 ff., insbes. S. 13.

[19] *Wolff*, VerwR I, § 42 II 6 (S. 259) mit § 40 III c 2 (S. 246); *Zopfs*, Dienstbarkeiten, S. 50. — Für die Regelungen in Sachsen, Baden und Württemberg auch *Lassar*, Grundbegriffe, S. 8 f.

[20] *Füßlein*, DVBl. 1965, 271; Begründung zum Entwurf eines Baugesetzes Schriftenreihe, Bd. 9, S. 190; Begründung zum Entwurf eines Bundesbaugesetzes, BT-Drucks., 2. Wahlp., Nr. 1813, S. 79; Begründung zur MBO, Schriftenreihe Bd. 16/17, S. 143 f. — Für das ältere Recht: VGH Bebenhausen, BW VerwBl. 1957, 29; *Redlich*, PrVerwBl., Bd. 38, S. 443; *Brandi*, PrVerwBl. 1905/06, S. 887 ff.; *Rumpelt*, Allg. Baugesetz, Anm. 1 zu § 2.

[21] Kommentar, S. 542.

[22] Bauordnungsrecht, S. 419, unter Hinweis auf *Fleiner*, Institutionen, S. 155.

und Gerne[23], die auf Grund des Gesetzeswortlauts eine persönliche Leistungspflicht annehmen, die ausnahmsweise auch die Rechtsnachfolger trifft. Auch Seyfried lehnt ausdrücklich eine dingliche Rechtsnatur der Baulasten ab[24].

Zur Rechtsnatur der öffentlichen Last nach dem hmb EntG liegen — soweit ersichtlich — Literaturmeinungen noch nicht vor. Lediglich in den Gesetzesmaterialien[25] und in zwei Entscheidungen des BVerwG[26] wird sie als (möglicherweise) enteignende Maßnahme bezeichnet.

II. Ausschluß öffentlicher dinglicher Rechte aus grundsätzlichen Erwägungen?

Die Frage nach öffentlich-rechtlichen dinglichen Rechten muß davon ausgehen, ob die für das Zivilrecht als Wesensmerkmale des dinglichen Rechts erkannten Kriterien im öffentlichen Recht möglich sind, ob sie im Einzelfall vorgefunden werden und ob spezifisch öffentlich-rechtliche Besonderheiten die Möglichkeit öffentlich-rechtlicher dinglicher Rechte ausschließen. Bevor geprüft wird, ob die Regelungen über die Baulasten und die öffentliche Last nach dem hmb EntG die Merkmale der „Unmittelbarkeit der Sachbeziehung" und der „zuordnend gewährten Sachherrschaft" aufweisen, sollen zunächst die grundsätzlichen Erwägungen erörtert werden, die der Möglichkeit öffentlich-rechtlicher dinglicher Rechte entgegenstehen könnten.

1. Die Möglichkeit einer unmittelbaren rechtlichen Beziehung zwischen einem Träger öffentlicher Verwaltung und einer Sache[27] wird z. T. verneint[28].

---

[23] Art. „Baulastenbuch", S. 210.
[24] BW VerwBl. 1966, S. 150.
[25] Verhandlungen, 1962, Mitteilung Nr. 162 (S. 463 f.); Stenographische Berichte, 1963, S. 279.
[26] Beschluß vom 1. 9. 1965, BayVBl. 1966, 22 = DÖV 1966, 134; Urteil (in derselben Sache) vom 10. 12. 1965, BayVBl. 1966, 348 — Schack befaßt sich im DVBl. 1967, 280 („Die öffentliche Last im Enteignungsrecht") mit diesem Rechtsinstitut vornehmlich unter dem Gesichtspunkt der Entschädigung; vgl. ferner die Kontroverse zwischen Bielenberg und Blümel über die Verfassungsmäßigkeit der Regelung des hmb EntG: DVBl. 1964, 501 ff.; 905 ff.
[27] Der Begriff der „Sache" im öffentlichen Recht soll hier nicht erörtert werden, da für Baulasten und die öffentliche Last nach dem hmb EntG nur Sachen im Sinne des Zivilrechts in Betracht kommen. — Zum Begriff der Sache im Sinne einer „öffentlichen Sache" vgl. *Weber* und *Stern*, Die öffentliche Sache, VVDStRL 21, S. 145 ff. bzw. 183 ff. mit zahlreichen weiteren Hinweisen; ferner *Wolff*, VerwR I, § 55 II b, S. 378; *Niehues*, Dinglichkeit, S. 40 ff.
[28] *Fleiner*, Institutionen, S. 149 ff. (150 f.); *G. Jellinek*, Allg. Staatslehre, S. 398 ff.; *W. Jellinek*, VerwR, S. 191; *O. Mayer*, VerwR II, S. 40; siehe auch *Maunz*, Hauptprobleme, S. 41 f., 139, 200.

§ 7: Die Möglichkeit dinglicher Rechte im öffentlichen Recht

G. *Jellinek*[29] leitet seine Ansicht, unmittelbare Sachbeziehungen seien im Verwaltungsrecht nicht möglich, aus Theorien zur allgemeinen Staatslehre her: Die Befehlsgewalt des Staates beziehe sich immer nur auf die ihm untergeordneten Personen, sie könne sich nur in Geboten und Verboten ihnen gegenüber äußern, eine unmittelbare Herrschaft über das Gebiet des Staates gebe es nicht. Auswirkungen auf das Gebiet seien nur mittelbar durch Befehle an die Personen möglich. Auch verwaltungsrechtlich könne daher eine sachenrechtliche Beziehung nicht begründet werden. Diese Schlußfolgerung aus Theorien zur allgemeinen Staatslehre auf das Verwaltungsrecht überzeugt nicht[30]. Der Ausgangsthese Jellineks, der Staat könne sein Gebiet nicht unmittelbar (sachenrechtlich) beherrschen, staatsrechtlich gebe es nur eine Befehlsgewalt gegenüber den Untertanen, steht die andere Lehre gegenüber, die annimmt, der Staat habe ein Recht an seinem Staatsgebiet, dieses unterliege seiner Herrschaftsmacht im Sinne eines staatsrechtlichen Sachenrechts[31]. Diese Streitfrage braucht hier nicht entschieden zu werden, denn weder zwingt die Annahme, das allgemeine Hoheitsrecht des Staates erstrecke sich nicht (auch) unmittelbar auf das Staatsgebiet, zu der Schlußfolgerung, dann sei auch verwaltungsrechtlich eine unmittelbare Beziehung zwischen einem Träger öffentlicher Verwaltung und einer Sache unmöglich, noch läßt sich dieses Ergebnis überhaupt aus jener staatsrechtlichen Prämisse begründen.

In der Lehre Jellineks kommt die von der Staatslehre erarbeitete Unterscheidung von „imperium" und „dominium" im Hinblick auf die Klärung des Begriffs der Staatsgewalt zum Ausdruck. Die Herrschaft des Staates über die Personen im Staatsgebiet wurde als „imperium" in scharfen Gegensatz zur Herrschaft über Sachen, dem „dominium", gesetzt, das als Privateigentum verstanden wurde. Die Staatsgewalt wird — auch nach der heute herrschenden Lehre[32] — nur in diesem „imperium", der Herrschaftsmacht über Personen gesehen, nicht (auch) in einer eigentumsmäßigen Herrschaft über den gesamten Grund und Boden[33]. Auf diese Fragen braucht hier jedoch nicht näher eingegangen zu werden[34], denn die Antwort auf die Frage, was Objekt der Staats-

---

[29] a.a.O., S. 398 ff.; ähnlich *Giacometti*, Allg. Lehren, S. 196.

[30] Wie hier — aber ohne Begründung —: *Maunz*, Hauptprobleme, S. 56 f.; *Niehues*, Dinglichkeit, S. 7 f.; ferner: *Körner*, Studien, S. 102 f.

[31] *Laband*, Staatsrecht, Bd. 1, S. 192; ebenso schon: *v. Gerber*, Grundzüge, S. 65 ff.: „Das Staatsgebiet ist das sachliche Objekt der Staatsherrschaft."

[32] Vgl. zuletzt *H. Krüger*, Allg. Staatslehre, S. 820 ff.

[33] Zur Entwicklung vgl. *Hamel*, Das Wesen des Staatsgebietes, S. 58 ff., insb. S. 87 ff.; ferner: *H. Krüger*, a.a.O., S. 820 ff.

[34] Vgl. auch unten S. 84 f.

gewalt ist, präjudiziert nicht diejenige, ob verwaltungsrechtlich eine besondere öffentlich-rechtliche Sachherrschaft eines Trägers öffentlicher Verwaltung möglich ist: G. Jellinek hat hier zwei nicht vergleichbare Tatbestände unzulässig in Beziehung zueinander gesetzt[35].

Die Lehre von der Staatsgewalt als dem „imperium" sagt nur etwas über das Wesen der Staatsgewalt aus, aber nichts über Rechtsbeziehungen, die nicht unmittelbar Ausfluß der Staatsgewalt sind. Wenn Jellinek argumentiert: Staatsgewalt sei „imperium" — „imperium" sei Befehlsgewalt — befehlen könne man aber nur Personen, so läßt er dabei den Unterschied zwischen unmittelbarer und mittelbarer Rechtsbeziehung unbeachtet; das Moment des „imperium", der Befehl an die Person, kann durchaus in der aus der unmittelbaren sich ergebenden mittelbaren Rechtsbeziehung enthalten sein, während sich die unmittelbare Beziehung auf eine Sache richtet.

Um die besondere öffentlich-rechtliche Sachherrschaft geht es bei den hier untersuchten Regelungen aber; eine Parallele zum zivilrechtlichen Sachenrecht wäre auch nur insoweit anzunehmen[36].

Ähnlich gründet *Fleiner*[37] seine ablehnende Meinung darauf, daß Subjekt verwaltungsrechtlicher Verhältnisse nur der Staat und ein Privater sein könnten. Das öffentliche Recht kenne daher nur persönliche Rechtsbeziehungen. Diese Ansicht ist — wenn auch unausgesprochen — ebenfalls Ausfluß der aus der Staatslehre übernommenen „imperium"-Theorie. Auch zeigt sich im Zusammenhang damit wieder eine zu enge Anwendung des Grundsatzes der Personalgebundenheit allen Rechts, insbesondere in bezug auf das Verwaltungsrecht. Wie bereits dargelegt[38], bleibt dieser Grundsatz unangetastet auch bei einer Anerkennung unmittelbarer Person/Sache-Beziehungen mit daraus folgenden (mittelbaren) personalen Beziehungen; insoweit gilt für das öffentliche Recht nichts anderes[39].

---

[35] Auch H. *Krüger*, der — a.a.O., S. 820 ff. — die strikte Unterscheidung von „imperium" und „dominium" vertritt, hält eine Unterstellung zumindest der öffentlichen Sachen unter ausschließlich öffentlich-rechtliche Normen für erforderlich (a.a.O., S. 329 ff.). Das bedeutet aber öffentlich-rechtliche unmittelbare Sachherrschaft.

[36] Vgl. *v. Gerber*, Grundzüge, a.a.O., S. 66 f. mit Anm. 2: das staatsrechtliche Sachenrecht hat „nicht die geringste Verwandtschaft mit privatrechtlichen Sachenrechten", es hat keinen „eigentumlichen materiellen Inhalt". — Den Unterschied zwischen den Auswirkungen des allgemeinen Hoheitsrechts und der besonderen öffentlich-rechtlichen Berechtigungen verkennt *Niehues*, Dinglichkeit, s. unten § 10, III.

[37] Institutionen, S. 149.

[38] Siehe oben, S. 57.

[39] Das ist heute weitgehend anerkannt, vgl. *Klinger*, VwGO, § 43 C I 1 a (m. w. H.); *Menger*, System, S. 235, der unter einem öffentlichen Rechtsverhältnis „die durch einen konkreten Sachverhalt aktualisierte normierte Be-

§ 7: Die Möglichkeit dinglicher Rechte im öffentlichen Recht

Der Möglichkeit einer unmittelbaren Sachbeziehung könnte im öffentlichen Recht nur das Merkmal der Über- und Unterordnung entgegenstehen, weil dieser qualitative Unterschied zur Gleichordnung nur auf Rechtssubjekte anwendbar ist. Dieses Merkmal, das in vielen öffentlich-rechtlichen Verhältnissen festgestellt werden kann, kann jedoch keine allgemeine, für sämtliche öffentlich-rechtlichen Verhältnisse bestimmende Geltung beanspruchen. Es gibt eben auch Beziehungen im öffentlichen Recht, die dieses Merkmal nicht aufweisen: als Beispiel seien genannt der öffentlich-rechtliche Vertrag und öffentlich-rechtliche Gleichordnungsverhältnisse zwischen Trägern öffentlicher Verwaltung. Deshalb ist eine Verallgemeinerung hier unzulässig, insbesondere auch die Erhebung dieses Merkmals zu grundsätzlicher Bedeutung durch die Subjektionstheorie[40]. Die nur tatsächlich häufige Erscheinung der Über-/Unterordnung ist nicht geeignet, eine unmittelbare Sachbeziehung im öffentlichen Recht von vornherein auszuschließen. Diese unmittelbare Sachbeziehung bezeichnen wir auch im öffentlichen Recht als „Rechtsbeziehung" (= Rechtsverhältnis i. w. S.) im Gegensatz zu den „Rechtsverhältnissen" (i. e. S.).

Andere spezifisch öffentlich-rechtliche Umstände, die einer prinzipiellen Anerkennung unmittelbarer Sachbeziehungen im öffentlichen Recht entgegenstehen könnten, sind nicht ersichtlich[41].

2. Der Anerkennung öffentlich-rechtlicher dinglicher Rechte steht auch nicht der Grundsatz des numerus clausus dinglicher Rechte entgegen, der für das zivilrechtliche Sachenrecht ausgebildet und bedeutsam ist. Dieser Grundsatz bedeutet nicht eine Konservierung der Zahl dinglicher Rechte nach dem Stand bei Schaffung des BGB. Er schließt nicht einmal im Bereich des Zivilrechts die Anerkennung neuer, im Gesetz bisher nicht geregelter dinglicher Rechte aus[42]. Vielmehr beschränkt er nur die Privatautonomie dahin, neue Rechtsverhältnisse an Sachen ohne gesetzliche Grundlage mit dinglicher Wirkung auszustatten[43]; er beschränkt jedoch nicht den Gesetzgeber in seiner Freiheit, gesetzlich neue rechtliche Konstruktionen einzuführen. Wie dieser neue privat-

---

ziehung zwischen Rechtssubjekten untereinander bzw. zwischen Rechtssubjekten und Sachgütern" versteht; vgl. auch *Lassar*, Grundbegriffe, S. 7 ff., 13.

[40] Das muß auch *Forsthoff*, Lehrbuch, S. 108, anerkennen, der im übrigen die Subjektionstheorie vertritt; siehe auch oben S. 34 f.

[41] Unmittelbare Sachbeziehungen im öffentlichen Recht werden anerkannt u. a. von: *Niehues*, Dinglichkeit, S. 79 ff.; *Wolff*, VerwR I, S. 186; *Menger*, System, S. 235; *v. Turegg*, MDR 1952, S. 150 f.; *Klinger*, VwGO, § 43 Anm. C 1 1 a; *Schunck-De Clerck*, VwGO, § 43 Anm. 2 b; auch bereits *Lassar*, Grundbegriffe, S. 7, 13 und *Tezner*, Privatrechtstitel, AöR Bd. 9, S. 325 (376).

[42] z. B. dingliche Anwartschaftsrechte, vgl. *Raiser*, Dingliche Anwartschaften.

[43] Vgl. dazu *Raiser*, a.a.O., S. 54 ff. m. w. H. in Anm. 129 (S. 55).

rechtliche dingliche Rechte schaffen kann — z. B. das Dauerwohnrecht nach dem WEG vom 15. 3. 1951 —, so stünde das Prinzip der geschlossenen Zahl dinglicher Rechte auch der gesetzlichen Regelung öffentlich-rechtlicher dinglicher Rechte nicht entgegen[44].

Ein Ausschluß einer derartigen öffentlich-rechtlichen Regelung läßt sich auch nicht daraus herleiten, daß jedenfalls die grundsätzliche sachenrechtliche Regelung in den §§ 854 ff. BGB enthalten ist und neue dingliche Rechte nur in Anlehnung an diese Regelung geschaffen werden könnten, also nur solche privatrechtlicher Art. Gegen diese Argumentation spricht zunächst, daß jedenfalls der Bundesgesetzgeber nicht ein für alle Mal an diese Regelung gebunden ist, da es sich um die Regelung in einem einfachen Bundesgesetz handelt, für das die Regel „lex posterior derogat legi priori" gilt. Aber selbst für den Landesgesetzgeber ist die Regelung der §§ 854 ff. BGB — was für die hier interessierenden landesgesetzlichen Regelungen der Baulasten und des hmb EntG bedeutsam ist — nicht eine derart abschließende, daß eine öffentlich-rechtliche Sachherrschaft nicht eingeführt werden könnte. Aus den Art. 55, 181 und 3 EGBGB ergibt sich, daß auf dem Gebiet des öffentlichen Rechts dem Landesgesetzgeber — soweit ihm für eine Materie die Gesetzgebungskompetenz nach den Art. 70 ff. GG zusteht — die Möglichkeit, die Herrschaft über Sachen auch öffentlich-rechtlich zu regeln und damit öffentlich-rechtliche dingliche Rechte einzuführen, nicht genommen ist[45]. Durch die genannten Vorschriften ist es ihm nur untersagt, privatrechtliche Normen für die Herrschaft über Sachen zu erlassen. Nur für den privatrechtlichen Bereich ist die nach dem Kodifikationsprinzip bestehende Möglichkeit, die Herrschaft über Sachen abschließend zu regeln, durch das Bürgerliche Gesetzbuch wahrgenommen worden, jedoch nicht für den öffentlich-rechtlichen Bereich[46].

Der Anerkennung öffentlich-rechtlicher dinglicher Rechte steht somit weder der Grundsatz des numerus clausus dinglicher Rechte noch die sachenrechtliche Regelung des BGB entgegen. Da auch sonstige grundsätzliche Hindernisse für die Zulassung öffentlicher dinglicher Rechte nicht ersichtlich sind[47], stellt sich jetzt die Frage, ob die eingangs untersuchten Regelungen die als wesentlich erkannten dinglichen Merkmale der unmittelbaren Sachbeziehung und der zuordnend gewährten Sachherrschaft aufweisen.

---

[44] a. A. jedoch *Seyfried*, Zum Begriff der Baulast, BW VerwBl. 1966, 149 (150).

[45] Vgl. dazu BGH, Urt. v. 30. 4. 1953 — III ZR 377/51 — Bd. 9, 373 (382) und insbes. BVerwG, Urt. v. 26. 5. 1967 — IV C 95. 65 — DÖV 1968, 130 (131); Wegegesetz-Ausschuß, Anlage, S. 3 ff.; jetzt auch BVerfG, Urt. v. 18. 12. 1968, 1 BvR 638/64 u. a., NJW 1969, 309.

[46] BVerwG, DÖV 1968, 131.

[47] Siehe auch unten § 10. Das BVerfG bejaht die Möglichkeit eines „öffent-

§ 8: Die unmittelbare Sachbeziehung

I. Die Sachbeziehung nach den §§ 8 ff. hmb EntG

Konstruiert § 8 hmb EntG die öffentliche Last als unmittelbare Beziehung des Trägers öffentlicher Verwaltung zum Grundstück? Es empfiehlt sich, auch hier von dem Gedanken auszugehen, daß die Unmittelbarkeit dann gegeben ist, wenn die Beziehung zur Sache nicht durch die Leistungspflicht eines anderen Rechtssubjekts vermittelt wird, d. h. auch dann bestehen bleibt, wenn mögliche „Vermittler" aus dem Rechtsverhältnis ausscheiden[1]. Dieses Kriterium läßt sich nicht aus dem einzelnen, abstrakt formulierten Rechtssatz ablesen, sondern erweist sich erst in seiner Konkretisierung durch aktuell vollzogene Rechtsbeziehung des Zurechnungssubjekts zur Sache. Wird die Unmittelbarkeit hier festgestellt, so ist der Rückschluß erlaubt, daß sie bereits im abstrakten Rechtssatz angelegt ist[2].

Die öffentliche Last entsteht *an* den betroffenen Grundstücken, diese werden durch die öffentliche Last *belastet* (vgl. z. B. §§ 8 Abs. 1, 13 Abs. 1 hmb EntG); Hauptinhalt der Last ist die Nutzung des Grundstücks für die Verkehrseinrichtung (§ 9 Abs. 1 S. 1 a.a.O.): Im Vordergrund der Regelung steht also nicht die Verpflichtung einer Person zu einer Leistung, sondern der „Zugriff" auf die *Sache* unter Zurückdrängung sonstiger an der Sache Berechtigter[3]. Als mögliche „Vermittler" der Beziehung des Trägers öffentlicher Verwaltung zur Sache kommen auch hier nur der Eigentümer oder sonstige an der Sache Berechtigte in Betracht[4]. Letztere können aber das Entstehen der Last und damit auch ihren Fortbestand nicht beeinflussen, da die Regelung gerade auf ihre Ausschaltung gerichtet ist, soweit sie der in Aussicht genommenen Nutzung entgegenstehen[5]; sie scheiden als Vermittler aus. Aber auch der Eigentümer kann nicht vermittelnder Leistungspflichtiger sein, da die öffentliche Last nach § 8 Abs. 1 a.a.O. an den betroffenen Grundstücken entsteht, ohne daß es darauf ankommt, ob sie herrenlos sind oder nicht; ferner erlischt die Last nicht durch Eigentumsaufgabe: Sinn der Regelung des hmb EntG ist es gerade, das Nutzungsrecht der Freien und Hansestadt Hamburg unabhängig

---

lichen Eigentums", vgl. Urt. vom 18. 12. 1968, 1 BvR 638/64 u. a., NJW 1969, 309.

[1] Vgl. oben S. 57.
[2] Vgl. dazu auch *Menger*, System, S. 235.
[3] Die Zurückdrängung dokumentiert sich in der Entschädigungsregelung: für den Eigentümer § 13 i. V. m. § 11 Abs. 1 Nr. 1, für sonstige Berechtigte § 12 i. V. m. § 11 Abs. 1 Nr. 2 hmb EntG.
[4] Über das „Ausscheiden" Außenstehender siehe bereits oben S. 58.
[5] Vgl. § 10 Abs. 1 hmb EntG.

von privatrechtlichen Vorgängen dauernd zu sichern, weshalb die Erlöschensgründe der öffentlichen Last in § 8 Abs. 3 a.a.O. abschließend aufgezählt sind.

Scheidet aber der Eigentümer als Vermittler der Rechtsbeziehung zur Sache aus, so kann hier auch keine sog. Bestimmung des Leistungsverpflichteten durch Grundeigentum vorliegen, die bei Duldungspflichten häufig eingreift[6]. Eine Bestimmung des Rechtsträgers durch Grundeigentum scheidet schon deshalb aus, weil dieser hier durch § 9 Abs. 1 S. 1 und Abs. 2 hmb EntG rechtssatzmäßig bestimmt ist. Aber auch der Verpflichtete wird nicht „durch Grundeigentum bestimmt". Bei diesen — auch subjektiv dinglich genannten — Rechten muß es sich um Leistungspflichten und Rechtsverhältnisse handeln, die gegenüber dem Eigentum selbständig sind[7]. Eine derartige selbständige Pflicht liegt nicht vor, wenn — wie hier — nur die Duldungspflicht hinsichtlich von Einwirkungen auf das Eigentum durch den Berechtigten in Frage steht, die unselbständige Folge des Rechts am Grundstück ist[8]. Das Charakteristische der subjektiv dinglichen Rechte wird gerade darin gesehen, das Grundstück *über* die Leistungspflicht des Eigentümers dienstbar zu machen, nicht in der Möglichkeit des Berechtigten, auf das pflichtenbestimmende Grundstück einzuwirken[9]. Es schafft nicht wie das objektiv dingliche Recht eine unmittelbare Beziehung zwischen Person und Sache[10]. Von einer vermittelnden Leistungspflicht ist das Nutzungsrecht hier aber — wie gezeigt — nicht abhängig.

Die öffentliche Last nach den §§ 8 ff. hmb EntG ist daher als unmittelbare Beziehung des Trägers öffentlicher Verwaltung zu den betroffenen Grundstücken konstruiert. Dafür spricht auch, daß sie die früher üblichen privatrechtlichen Dienstbarkeiten ersetzen soll.

II. Die Sachbeziehung nach den Baulastregelungen

Bei den Baulastregelungen der Landesbauordnungen ergibt sich zunächst für eine unmittelbare Sachbeziehung nichts aus dem Wortlaut des Gesetzes — im Gegenteil: die Worte „Verpflichtungen zu einem ihre Grundstücke betreffenden Tun, Dulden oder Unterlassen" und

---

[6] Vgl. dazu die Schrift von *Westermann*, Die Bestimmung des Rechtssubjekts durch Grundeigentum; siehe auch unten § 13 I.

[7] *Westermann*, a.a.O., S. 12 — „Subjektiv dinglich" (a.a.O., S. 8) im Unterschied zu den „objektiv dinglichen" Rechten, den im strengen Sinne dinglichen Rechten.

[8] *Westermann*, a.a.O., S. 29.

[9] *Westermann*, a.a.O., S, 60.

[10] *Westermann*, a.a.O., S. 59 f.

„Baulasten sind auch gegenüber dem Rechtsnachfolger wirksam"[11] scheinen auf eine personalrechtliche Leistungspflicht des Grundstückseigentümers hinzuweisen und damit auf eine allenfalls mittelbare Beziehung des Trägers öffentlicher Verwaltung zur Sache, deren weitere Vermittlung durch die Rechtsnachfolger gesetzlich besonders bestimmt werden mußte. Auf eine derartige Interpretation des Wortlauts ist jedoch gerade in diesem Fall kein Verlaß. Es ist zu beachten, daß die Baulastregelungen Rechtssätze des verfahrensrechtlichen Teils der jeweiligen Landesbauordnungen sind und in erster Linie die Übernahme, die Begründung dieser Beziehungen regeln. Es ließe sich daraus der Schluß ziehen, daß die Rechtsfigur der Baulast im materiell-rechtlichen Sinne von den Landesbauordnungen gar nicht geregelt, sondern vorausgesetzt wird. Hinzu kommt, daß es viele öffentlich-rechtliche Rechtssätze gibt, die nicht ohne weiteres die zugrundeliegende Konstruktion erkennen lassen, weil im Vordergrund ihrer Regelungen personale Berechtigungen und Verpflichtungen aus der Sicht des letztlich Betroffenen stehen, die Ausfluß und Folge einer zugrundeliegenden unmittelbaren Sachbeziehung sein können.

Diese gesetzgeberische Eigenart hat ihren legitimen Grund in einem rechtsstaatlich-liberalen Denken: für den einzelnen hat die Frage, wieweit er Eingriffe des Staates in seine Freiheitssphäre dulden muß und wieweit nicht, überragende Bedeutung gegenüber einer vielleicht wünschenswerten Kongruenz zwischen Gesetzeswortlaut und zugrundeliegender Rechtskonstruktion[12]. Berücksichtigt der Gesetzgeber dieses Interesse bei der Formulierung, so darf jedoch die juristische Aufhellung dieser Normen nicht am äußeren Wortlaut stehen bleiben. Allein aus dem Wortlaut der Baulastvorschriften läßt sich daher die rechtliche Konstruktion nicht ablesen, die Frage nach einer unmittelbaren Sachbeziehung nicht beantworten.

Es stellt sich daher auch hier die Frage, ob eine mögliche Beziehung des Trägers öffentlicher Verwaltung zum Grundstück durch einen Leistungspflichtigen vermittelt wird. Als Vermittler scheiden zunächst alle „außenstehenden" Rechtssubjekte aus[13]. Aber auch die sonstigen am Grundstück dinglich Berechtigten vermitteln die Sachbeziehung nicht: das Gesetz regelt ausdrücklich nur personale Pflichten des Eigentümers gegenüber dem Träger öffentlicher Verwaltung, nicht aber

---

[11] § 99 Abs. 1 BauO NW; ebenso die Landesbauordnungen von Baden-Württemberg, Berlin und Schleswig-Holstein, siehe oben § 1.
[12] Vgl. dazu *Wolff*, VerwR. I S. 253; *Niehues*, Dinglichkeit, S. 95. — Diese Kongruenz scheint mir gegeben zu sein im Falle der §§ 8 ff. hmb EntG — vgl. insbes. § 9 Abs. 1 und § 9 Abs. 3 a.a.O. — und des G. vom 29. 12. 1922, betr. die Erhaltung der Kriegsgräber (RGBl. I, 1923, S. 25), § 3.
[13] Vgl. oben S. 58.

der sonstigen Berechtigten, was erforderlich wäre, wenn sie die Beziehung vermittelten. Es kann daher allenfalls der Grundstückseigentümer „Vermittler" sein.

Zur Beantwortung dieser Frage muß vom Sinn und Zweck der Baulastregelungen ausgegangen und das danach gewonnene Ergebnis an den gesetzlichen Vorschriften gemessen werden, ob es mit ihnen vereinbar ist. Sinn der Baulastregelungen ist es, Ausnahmeregelungen dadurch zu ermöglichen, daß die baubeschränkenden Vorschriften auf anderem als dem gesetzlich an sich vorgesehenen Wege eingehalten werden, und diese abgewandelte Erfüllung der Vorschriften sicherzustellen; bei grundsätzlicher Einhaltung der bauordnungsrechtlichen Vorschriften soll ihre Anwendung im Einzelfall — insbesondere zwischen benachbarten Grundstücken — variiert werden können, ohne daß dadurch bauordnungswidrige Zustände entstehen[14]. Dem entspricht die früher praktizierte Sicherung durch (privatrechtliche) Dienstbarkeiten, an deren Stelle die Baulasten getreten sind[15].

Mit diesem gesetzgeberischen Zweck wäre es unvereinbar, wenn der Bestand der Baulast von der Existenz eines („verpflichteten") Grundstückseigentümers abhängig wäre. Ein einmal entstandenes Baulastverhältnis würde mit der Dereliktion des Grundstücks enden. Selbst wenn man den Begriff „Rechtsnachfolger" in den Baulastregelungen[16] dahin auslegen wollte, daß auch ein originärer Erwerber (z. B. durch Aneignung[17]) darunter fällt, bestünde während der Zeit, in der das Grundstück herrenlos ist, keine Baulast und somit ein bauordnungswidriger Zustand. Erst mit der Aneignung des Grundstücks entstünde die Baulastverpflichtung — bei obiger Auslegung — neu in der Person des Aneignenden. Der Begriff „Rechtsnachfolger" hat jedoch eine feststehende inhaltliche Bedeutung im Sinne eines abgeleiteten Erwerbs[18]. Die Erstreckung der Baulastregelung auf den Rechtsnachfolger würde somit nicht einmal den Fall der Aneignung umfassen: die Möglichkeit bauordnungswidriger Zustände wäre in nicht unerheblichem Umfang gegeben.

Schließlich ist noch folgende Fallgestaltung zu bedenken: Verpachtet ein „baulastverpflichteter" Eigentümer sein Grundstück mit der Befugnis, neue Gebäude zu errichten, so erscheint es fraglich, ob der Pächter

---

[14] Vgl. Begründung zum EHBauO, Verhandlungen 1968, S. 177.

[15] Der bayerische Landesgesetzgeber sieht auch weiterhin die privatrechtlichen dinglichen Rechte als angemessenes Sicherungsmittel für diese Fälle an, s. *Mang-Simon*, Bayerische Bauordnung, Art. 7, Anm. 19.

[16] Vgl. z. B. § 99 Abs. 1 Satz 2 BauO NW.

[17] Der durch Aneignung eintretende Rechtserwerb ist nach allgemeiner Ansicht ein originärer, kein abgeleiteter, vgl. *Palandt-Degenhart*, § 958 Anm. 1.

[18] Vgl. Stichwort „Rechtsnachfolge" in: Lexikon des Rechts, Bd. 1, I/413.

an die persönliche (!) Baulastpflicht des Eigentümers gebunden ist; zumindest wäre er es dann nicht mehr, wenn das Grundstück derelinquiert worden und die Baulast damit (zunächst) erloschen ist.

Aus allem erhellt, daß der Sinn und Zweck der Baulastregelung nur erreicht wird, wenn eine unmittelbare Beziehung des Trägers öffentlicher Verwaltung zur Sache besteht, wenn die Baulast das Grundstück selbst ergreift — nur dann ist die erforderliche Unabhängigkeit von der Person des Eigentümers und damit die dauernde Sicherung der Ausnahmeregelung gewährleistet. Dem steht nicht entgegen, daß zur Begründung der Baulast die entsprechende Willenserklärung des Eigentümers erforderlich ist[19]: diese Entstehungsvoraussetzung schließt ebensowenig wie bei den privatrechtlichen dinglichen Rechten — z. B. den Dienstbarkeiten — die unmittelbare Sachbeziehung aus. Diese ist zwar auch hier keine ursprüngliche, sondern eine aus dem Recht des Eigentümers verselbständigt abgeleitete: „Verselbständigt" bedeutet aber, daß sie, einmal geschaffen, von diesem Eigentumsrecht unabhängig ist.

Die aus dem Sinn und Zweck der Baulastregelung gewonnene Erkenntnis, daß der Baulast eine unmittelbare Sachbeziehung zugrundeliegen muß, steht nicht im Widerspruch zum Wortlaut der gesetzlichen Baulastvorschriften, wenn man sie als Regelung des Verfahrens bei der Übernahme und der sich aus der unmittelbaren Beziehung des Trägers öffentlicher Verwaltung zur Sache ergebenden Sekundärbeziehungen zwischen diesem und dem Eigentümer der Sache versteht[20]. Es ist dies eine Folge doppelter unmittelbarer Sachbeziehung — auch der Eigentümer steht in unmittelbarer Beziehung zur Sache —, die zur Regelung des Verhältnisses der beiden zu derselben Sache in Beziehung stehenden Subjekte zwingt[21].

Das Verhältnis von zugrunde liegendem dinglichen Recht und daraus folgender „Verpflichtung" kommt in einem rechtlich ähnlichen Sachverhalt noch deutlicher zum Ausdruck: Durch das Reichsgesetz vom 29. 12. 1922[22] wurde an Grundstücken, auf denen sich Kriegsgräber befanden, ein dauerndes Ruherecht als öffentliche Last begründet, sofern die Grundstücke nicht im Eigentum des Reichs oder der Länder standen (§ 3 Abs. 1 und 2 des Gesetzes). Obwohl diese öffentliche Last

---

[19] Vgl. § 99 Abs. 1 S. 1 BauO NW: „Durch Erklärung gegenüber der Bauaufsichtsbehörde können Grundstückseigentümer ..."

[20] Dazu näher unten S. 79 f.

[21] Durch die beiderseitige Beziehung zu derselben Sache wird ein Rechtsverhältnis zwischen den Beziehungssubjekten geschaffen, vgl. dazu *Menger*, System, S. 235 — *Lassar*, Grundbegriffe, S. 13, bezeichnet die Ge- und Verbote richtig als „Folgeerscheinung" der öffentlichen Sachherrschaft.

[22] Gesetz über die Erhaltung der Kriegsgräber aus dem Weltkrieg vom 29. 12. 1922, RGBl. I 1923, S. 25.

als eine „Belastung des Grundstücks" bezeichnet wurde (§ 3 Abs. 3 a.a.O.), lautet § 3 Abs. 2 Satz 2 des Gesetzes: „Sie (die öffentliche Last) besteht in der Verpflichtung ..." Dieser Satz beschreibt den Inhalt der (dinglichen!) Last in seiner Auswirkung auf die Sphäre des Grundeigentümers im Verhältnis zu dem aus der Last berechtigten Land.

Ebenso verhält es sich im Falle der Baulasten: Der Wortlaut verdeutlicht die aus der zugrundeliegenden unmittelbaren Sachbeziehung folgenden Wirkungen für das Verhältnis des Grundeigentümers zum Träger öffentlicher Verwaltung. Er legt damit aber nicht die Rechtsnatur der Baulast im Sinne einer Leistungspflicht fest. Es kann daher der Literaturmeinung nicht gefolgt werden[23], die nur den Wortlaut der Baulastvorschriften beachtet, die zugrundeliegende unmittelbare Sachbeziehung aber unberücksichtigt läßt und daher die Baulasten auch nur als persönliche Verpflichtungen auffaßt.

Auch die gesetzliche Bestimmung, daß die Baulasten gegenüber Rechtsnachfolgern wirken, braucht der hier vertretenen Auslegung nicht zu widersprechen, wenn man ihr nur deklaratorische Bedeutung zumißt. Gerade wenn der Gesetzeswortlaut nicht die zugrundeliegende Rechtskonstruktion sichtbar werden läßt, sondern die sich aus ihr ergebenden Rechte und Pflichten in den Vordergrund rückt, ist auch ein Hinweis über die weitere Wirkung dieser Rechte und Pflichten erforderlich. Dies ist deutlich geworden in der Begründung zu § 71 des Entwurfs des hmb Wassergesetzes (= § 72 des Gesetzes)[24]: zu dieser Vorschrift, die einen ähnlichen Ausspruch über die Wirkung gegenüber Rechtsnachfolgern enthält, heißt es in der Entwurfsbegründung, sie solle klarstellen (!), daß die Verpflichtungen auf den Erwerber übergehen[25].

§ 9: Die Sachzuordnung

Sind somit die Baulasten und die öffentliche Last nach dem hmb EntG als unmittelbare Beziehung des Trägers öffentlicher Verwaltung zur Sache konstruiert, so stellt sich jetzt die weitere Frage, ob der Inhalt dieser Rechte das für das zivilrechtliche dingliche Recht als wesensbestimmend erkannte inhaltliche Merkmal der „durch Zuordnung gewährten Sachherrschaft" aufweist[1].

---

[23] *Gädtke, Scheerbarth, Gerne, Seyfried*, vgl. oben § 7 I mit Anm. 21—24.
[24] Verhandlungen 1959, S. 900.
[25] Vgl. auch § 2 Abs. 1 Sächsisches Allgemeines Baugesetz i. d. F. vom 20. 8. 1932: „... haften als öffentliche Lasten auf den Grundstücken ... und gehen *daher* ohne weiteres auf den Rechtsnachfolger über."
[1] Siehe oben § 6 a. E.

§ 9: Die Sachzuordnung

I. Unterschiede zur privatrechtlichen Zuordnung

Zuordnungsträger kann, da wir uns auf dem Gebiet des öffentlichen Rechts befinden, nur ein Subjekt hoheitlicher Gewalt sein, das rechtssatzmäßig bestimmt ist[2], während auf dem Gebiet des Privatrechts jedes Rechtssubjekt Zuordnungssubjekt sein kann. Diese Abweichung entspricht dem grundsätzlichen Unterschied zwischen privatem und öffentlichem Recht, läßt aber den Inhalt der dinglichen Merkmale und die Frage ihrer Übereinstimmung im Bereich des privaten und des öffentlichen Rechts unberührt.

Eine weitere Abweichung folgt aus der grundsätzlich unterschiedlichen Funktion von privatem und öffentlichem Recht. Während eine Sachzuordnung auf Privatrechtsebene immer eine (Voll- oder Teil-)Eingliederung der Sache in das Vermögen des Zuordnungssubjekts bedeutet, die Sachzuordnung hier auf die vermögensrechtlichen Interessen des Privatrechtssubjekts ausgerichtet ist[3], werden die Träger öffentlicher Verwaltung nicht um irgendwelcher öffentlicher *Vermögens*interessen willen berechtigt. Öffentliches Recht dient der Regelung öffentlicher Aufgaben, die von den Trägern öffentlicher Verwaltung durchzuführen sind. Dieser Zielrichtung müßten auch die Rechtssätze entsprechen, die öffentlich-rechtliche dingliche Berechtigungen zugunsten eines Trägers öffentlicher Verwaltung enthalten; auch sie wären inhaltlich dieser Funktion untergeordnet. Dadurch wird das Merkmal der „durch Zuordnung gewährten Sachherrschaft" als solches nicht beeinflußt, nur die Zielrichtung ändert sich: der Ausrichtung der privatrechtlichen Sachzuordnung auf die Vermögensinteressen der Privatrechtssubjekte entspricht auf dem Gebiet des öffentlichen Rechts eine Ausrichtung auf die öffentlichen Aufgaben des Trägers öffentlicher Verwaltung als des Zuordnungssubjekts. Eine öffentlich-rechtliche Sachzuordnung muß somit Zuordnung in den Aufgabenbereich des Trägers öffentlicher Verwaltung sein[4].

Die Fragestellung ist also dahin zu präzisieren, ob die Regelungen über die Baulasten und die öffentliche Last des hmb EntG durch Zuordnung einer Sache in den Aufgabenbereich des jeweiligen Trägers öffentlicher Verwaltung diesem eine Herrschaft über die Sache einräumen.

---

[2] Im Sinne der hier vertretenen Subjektstheorie; vgl. auch *Niehues*, Dinglichkeit, S. 94 f., 97.
[3] Vgl. oben S. 59 Anm. 31.
[4] Vgl. dazu *Niehues*, Dinglichkeit, S. 98.

II. Der Inhalt der öffentlichen Last des hmb EntG

Der Inhalt ist in § 9 Abs. 1 des Gesetzes dahin umschrieben, daß der Träger öffentlicher Verwaltung „berechtigt ist, eine unterirdische Verkehrsanlage zu bauen, dauernd innezuhaben und zu nutzen sowie die zur Unterhaltung erforderlichen Arbeiten durchzuführen". Diese Inhaltsbeschreibung läßt sich zusammenfassen als das Recht, das Grundstück für Zwecke der unterirdischen Verkehrsanlage zu nutzen. Die Nutzung des Grundstücks ist eine Eigentümerbefugnis als Teil des dinglichen Vollrechts „Eigentum". Das Nutzungsrecht steht dem Träger öffentlicher Verwaltung allein zu, es wird ihm durch die öffentliche Last zugeführt[5], und zwar zur Wahrnehmung ihm obliegender öffentlicher Aufgaben der Daseinsvorsorge[6]. Die Zurückdrängung des Eigentümers und damit die Tatsache der unmittelbaren Herrschaft des Trägers öffentlicher Verwaltung über die Sache — es liegt, wie oben dargelegt, keine Vermittlung des Rechts durch den Eigentümer vor — wird auch daran deutlich, daß nach § 9 Abs. 1 Satz 4 des Gesetzes die Widmung der auf Grund der öffentlichen Last gebauten Verkehrsanlage nicht der Zustimmung des Grundeigentümers bedarf: nach ganz herrschender Meinung ist z. B. die Widmung eines Weges zum Gemeingebrauch nur möglich, wenn der Träger öffentlicher Verwaltung entweder Eigentümer des Grundstücks ist, über den der Weg verläuft, oder sonst eine dingliche Berechtigung an dem Grundstück besitzt, die die Eröffnung des Gemeingebrauchs erlaubt (nämlich insoweit eine unmittelbare Sachherrschaft innehat) oder der (private) Grundstückseigentümer zustimmt[7]. Wenn der Träger öffentlicher Verwaltung hier weder Eigentümer des Grundstücks ist, noch die Zustimmung des Grundeigentümers zur Widmung erforderlich ist, so folgt daraus, daß der Träger öffentlicher Verwaltung bereits durch die öffentliche Last eine (beschränkte) unmittelbare Sachherrschaft erlangt hat, die ihn zur Widmung berechtigt.

---

[5] Es besteht eine unmittelbare Beziehung der Trägers öffentlicher Verwaltung zur Sache, der Grundeigentümer „vermittelt" nicht die Nutzung, er wird dieser Befugnis enthoben.

[6] Vgl. oben § 4, IV.

[7] Vgl. *Schallenberg*, Die Widmung, S. 69 ff., 75; *Wolff*, VerwR I, § 56 IV a, S. 383; *Forsthoff*, Lehrbuch, S. 356; *Maunz*, Hauptprobleme, S. 255 f. (zum pr. Recht); siehe aber auch § 2 Abs. 2 BFStrG, wonach auch der rechtlich gesicherte Besitz am Grundstück genügen soll. — Eine Widmungsbefugnis an herrenlosen Sachen ohne zugrundeliegende dingliche Berechtigung ist nicht anzuerkennen, diese muß immer geschaffen werden (a. A. offenbar *Niehues*, a.a.O., S. 86). Die Berechtigung kann privatrechtlicher oder öffentlich-rechtlicher Natur sein, entscheidend ist die eingeräumte Herrschaftsmacht; wie hier: *Maunz*, a.a.O., S. 266 f.; a. A. *Schallenberg*, a.a.O., S. 70. Der öffentlich-rechtlichen Berechtigung ist aber der Vorzug zu geben.

§ 9: Die Sachzuordnung

Ein weiteres Anzeichen für eine öffentlich-rechtliche Sachzuordnung ist darin zu sehen, daß das Gesetz Rechtsverhältnisse *an der Sache* regelt — im Sinne einer Ordnung der Beziehungen zur Sache —, nicht jedoch Handlungsbefehle erteilt. Eine derartige Zustandsregelung ist aber, worauf Niehues besonders hinweist[8], ein charakteristisches Zeichen für eine Sachzuordnungsregelung.

Aus allen angeführten Punkten ergibt sich, daß die §§ 8 ff. hmb EntG die betroffenen Grundstücke einem Träger öffentlicher Verwaltung zur Wahrnehmung öffentlicher Aufgaben der Daseinsvorsorge zuordnen und ihm eine (beschränkte) unmittelbare Herrschaft über sie einräumen.

III. Der Inhalt der Baulastregelungen

Welches ist nun allgemein der Inhalt der Baulastregelungen? Wie bereits angedeutet[9], besteht hier die Schwierigkeit, daß die gesetzlichen Regelungen die *Auswirkungen* für den einzelnen Grundeigentümer in den Vordergrund rücken, nicht Funktion und Konstruktion der Baulasten. Um dennoch den Inhalt bestimmen zu können, muß auf den Zusammenhang der Baulasten mit dem Bauordnungsrecht zurückgegriffen werden.

Die Baulastvorschriften sind ein Teil des Bauordnungsrechts[10], nicht nur formell als Bestandteil der Landesbauordnungen, sondern auch materiell, da sie Mittel zur Modifizierung anderer bauordnungsrechtlicher Vorschriften sind. Das Bauordnungsrecht[11] regelt als Teil des allgemeinen Baurechts diejenigen öffentlichen Aufgaben, die umschrieben werden können mit dem Begriff „Schutz vor Gefahren", die von Bauwerken ausgehen können, und Wahrnehmung sonstiger öffentlicher Interessen in bezug auf Baugrundstücke, wie der (ästhetischen) Baugestaltung, der Ordnung der Bebauung (Bauwich usw.) u. a.

Diesen aus dem Interesse des Gemeinwohls folgenden Aufgaben stehen die Interessen des privaten Grundstückseigentümers gegenüber, der sein Recht, mit dem Grundstück nach Belieben zu verfahren (§ 903 BGB), es also auch nach Belieben zu bebauen, möglichst ungestört ausüben möchte. Die Interessen der Allgemeinheit können — das folgt aus der Natur der Sache — nur durchgesetzt werden, wenn die Art und

---

[8] a.a.O., S. 99 f.
[9] Siehe oben § 8, II.
[10] Vgl. zur Drei-Gliederung — Planungsrecht, Bodenordnungsrecht, Bauordnungsrecht — *Scheerbarth*, Bauordnungsrecht, S. 1 ff. (m. w. H.); *Wolff*, VerwR III S. 112 f.; siehe auch oben S. 16 Anm. 2.
[11] Vgl. zum folgenden *Niehues*, Dinglichkeit, S. 109 ff.

Weise der Ausübung der Eigentümerbefugnisse nicht erst nachträglich an diesen Allgemeininteressen gemessen und geprüft werden müssen, sondern, um die Schaffung vollendeter Tatsachen zu vermeiden[12], die Ausübung präventiv zu Kontrollzwecken verhindert und nur im Rahmen der Allgemeininteressen zugelassen wird. Da die Bautätigkeit Ausübung des Eigentumsrechts am Grundstück ist[13], werden zu diesem Zweck durch das Bauordnungsrecht sämtliche Baugrundstücke dem Aufgabenbereich des Trägers öffentlicher Verwaltung generell zugewiesen[14], und damit diesem eine entsprechende (generelle) „Sachherrschaft"[15] eingeräumt. Behördliche Entscheidungen auf diesem Gebiet enthalten deshalb primär nicht persönliche Handlungspflichten in bezug auf die Sache, sondern eine Zustandsregelung der Sache selbst. Dem entspricht es, daß die Baugenehmigungen „ad rem" ergehen und besagen, daß dem Bauvorhaben auf dem Baugrundstück Hindernisse aus dem zur Zeit geltenden öffentlichen Recht nicht entgegenstehen[16]. Plastisch ausgedrückt: die der Bauaufsichtsbehörde präventiv eingeräumte „Sachherrschaft" tritt im Umfang der Genehmigung zugunsten der Eigentümerbefugnisse zurück[17].

---

[12] Zum „Grundsatz der Erhaltung bestehender Werte" — insbesondere in Notzeiten — vgl. *Zopfs*, Dienstbarkeiten, S. 45 (m. w. H. in Anm. 4).

[13] Der Grundsatz der Baufreiheit wird auf Art. 14 GG gestützt von *Zinkahn-Bielenberg*, BBauG, Anm. 143 vor §§ 40 ff.; *Westermann*, Festschrift Nipperdey, Bd. 1, S. 768 f. (m.w.H.); auf Art. 2 und 14 GG von *Wolff*, VerwR III, S. 112; *Kersten*, BayVBl. 1961, 233 f.; *Haselau*, DÖV 1965, 451.

[14] Insoweit kann der Ansicht von *Niehues*, a.a.O., S. 109 f., nicht gefolgt werden, der von einer Zuordnung der Bauwerke (!) ausgeht. Niehues verkennt hier die grundlegende Bedeutung des Bauordnungsrechts als eines Teils des *Bodenrechts*: die Bebauung ist Ausübung einer aus dem Grundeigentum fließenden Eigentümerbefugnis, vgl. *Zinkahn-Bielenberg*, BBauG-Vorbem. 143 vor §§ 40 ff.; siehe auch vorige Anmerkung.

[15] So sinngemäß *Niehues*, a.a.O., S. 109 ff., der die Merkmale der „unmittelbaren Sachbeziehung" und der „Zuordnung der Sache" im Bauordnungsrecht zu erkennen meint. Ob es sich hier wirklich um „Sachherrschaft" handelt (i. S. eines dinglichen Rechts), soll unten § 10 näher untersucht werden. Vgl. insbes. S. 86. Der Begriff wird hier zunächst unkritisch benutzt.

[16] Vgl. statt aller: *Wolff*, VerwR III S. 117; ferner die Nachweise bei *Niehues*, a.a.O., S. 110 Anm. 3. — Die Baugenehmigung bezieht sich auf die Sache, das Grundstück — „sachbezogene Erlaubnis": *Wolff*, a.a.O. —, sie verliert ihre Wirksamkeit nicht bei einem Wechsel des Eigentümers, s. *Forsthoff*, Lehrbuch, S. 185. Gegen einen „dinglichen" Charakter der Baugenehmigung: *Scholz*, Bauerlaubnis, Verw-Archiv 24, 208 ff.

[17] Rechtsfigur des (präventiven) Verbots mit Erlaubnisvorbehalt (vgl. dazu BVerfGE 20, 155; *H. Krüger*, DÖV 1958, 673 ff.; kritisch: *Friauf*, Verbot, JuS 1962, 422 ff.). Ähnlich *Niehues*, a.a.O., S. 128 Anm. 1. — Ob so gesehen überhaupt noch von einer „Baufreiheit" gesprochen werden kann, erscheint zweifelhaft: höchstens im Sinne eines Anspruchs darauf, daß die öffentlich-rechtliche „Sachherrschaft" zurücktritt, soweit den Baugesetzen Genüge getan wird; das ist aber fast eine verliehene Bebaubarkeit; vgl. dazu *Brohm*, Rechtsschutz, S. 69 (m. w. H.); *Zinkahn-Bielenberg*, BBauG, Vorbem. 143 ff. vor §§ 40 ff.

§ 9: Die Sachzuordnung

Will man mit Niehues hier von einer Sachzuordnung im Sinne des Sachenrechtsmerkmals sprechen, so ist es zumindest erforderlich, diese als „generelle" von der unten zu behandelnden „speziellen" zu unterscheiden[18]. Das Bauordnungsrecht kann dann als eine Summe von Rechtssätzen aufgefaßt werden, die eine „generelle Sachzuordnung" an einen Träger öffentlicher Verwaltung enthalten.

Die Baulasten sind Mittel, die Einhaltung des Bauordnungsrechts in abgewandelter Anwendung sicherzustellen; sie knüpfen eine unmittelbare Beziehung zwischen der Sache und dem Träger öffentlicher Verwaltung. Es handelt sich um eine Ergänzung des allgemeinen Bauordnungsrechts durch Begründung besonderer Rechte für die Bauaufsichtsbehörde. Die Einwirkungsmöglichkeit des Trägers öffentlicher Verwaltung auf das Grundstück soll durch die Baulast gegenüber dem Normalfall gesteigert werden, der Eigentümer des belasteten Grundstücks wird in seinen Befugnissen über das allgemein geltende Maß hinaus zurückgedrängt zugunsten der vom Träger öffentlicher Verwaltung wahrzunehmenden öffentlichen Interessen. Eine derartige Zuwendung eines Teils der Eigentümerbefugnisse an den Berechtigten ist aber gerade das Kennzeichen für eine Sachzuordnung, für eine dingliche Rechtsbeziehung[19]. Das stimmt auch überein mit der Auslegung des Wortlauts der Baulastvorschriften, die zu dem Ergebnis kam, daß die Baulasten auf das Eigentumsrecht einwirken, dieses beschränken[20]. Die „Beschränkung" ist in der besonderen Sachzuordnung zu sehen. Im Unterschied zur „generellen Sachzuordnung" des allgemeinen Bauordnungsrechts kann die durch die Baulast erfolgende Sachzuordnung als „spezielle" bezeichnet werden[21]. Wenn demgegenüber der Wortlaut der Baulastvorschriften von einer „Verpflichtung zu einem Tun, Dulden oder Unterlassen" spricht, so steht dies der Annahme einer Sachzuordnung nicht entgegen. Die Zuordnung der Sache an den Träger öffentlicher Verwaltung ist nur eine beschränkte, sie läßt die daneben bestehende Zuordnung der Sache in das Vermögen des privaten Eigentümers unberührt[22]; es konkurrieren privatrechtliche und öffent-

---

[18] Als „generell" wird hier eine Sachzuordnung bezeichnet, die nicht auf die Sachherrschaft an einem bestimmten, konkreten Grundstück abstellt, sondern die alle derzeitigen und künftigen Baugrundstücke erfaßt. *Niehues*, Dinglichkeit, behandelt fast ausschließlich Erscheinungen solcher generellen Zuordnung, vgl. auch unten § 10, I.
[19] *Westermann*, Bestimmung, S. 59, 60.
[20] Vgl. oben § 3 III.
[21] Zum Unterschied vgl. unten § 10, S. 81 ff.; *Lassar*, Grundbegriffe, S. 13: die Verwaltung übe im Wegerecht „in Beziehung auf die unterworfene Sache spezialisierte Herrschaftsmacht" aus.
[22] Die Sache steht also in einem mehrfachen Zuordnungsverhältnis: Zuordnung auf Grund privatrechtlichen Eigentums, generelle Zuordnung nach

lich-rechtliche Sachherrschaft. Ähnlich wie bei doppelter privatrechtlicher Sachherrschaft (Eigentum/Nießbrauch; Eigentum/Grunddienstbarkeit) führt auch hier das Nebeneinander mehrfacher Sachherrschaft zu Regelungen des Verhältnisses der Herrschaftsberechtigten zueinander in bezug auf die gemeinsam beherrschte Sache. Bei den „Verpflichtungen zu einem Tun, Dulden oder Unterlassen" handelt es sich also um aus der dinglichen Doppelzuordnung sich ergebende Sekundärbeziehungen, die zwar als solche personalbezogen sind (sie richten sich gegen das andere Zuordnungssubjekt), aber im Gegensatz zu rein personalen Leistungspflichten einen dinglichen Entstehungsgrund aufweisen. Sie haben somit eine Ähnlichkeit etwa mit den Regelungen, die für das Verhältnis des Nießbrauchers zum Grundstückseigentümer bestehen (§§ 1030, 1036 f. BGB u. a.)[23].

Der Umstand, daß diese personalbezogenen Beziehungen mit dinglichem Entstehungsgrund im Vordergrund der gesetzlichen Regelung stehen, hindert nicht die Erkenntnis, daß die Baulasten, die ein Sicherungsmittel *für* Ausnahmeregelungen sind, diese also nicht selbst darstellen[24], materiell-rechtlich eine Sachzuordnung enthalten[25]. Dafür spricht auch, daß die Baulasten die bisherige Praxis, diese Fälle durch zivilrechtliche Dienstbarkeiten zu regeln, ablösen sollen. Durch die zivilrechtlichen Dienstbarkeiten war dem Träger öffentlicher Verwaltung eine unmittelbare Sachherrschaft eingeräumt worden; die Änderung des Sicherungsmittels hatte ihren Grund in der Erkenntnis, daß öffentlich-rechtliche Tatbestände auch öffentlich-rechtlich zu regeln seien, es sollte dadurch nicht die Sachherrschaft aufgegeben werden.

Als Ergebnis bleibt festzuhalten, daß die öffentliche Last des hmb EntG und die Baulasten eine Sachzuordnung, eine unmittelbare Sachherrschaft zum Inhalt haben.

---

allgemeinem Bauordnungsrecht, spezielle Zuordnung nach dem Recht der Baulasten.

[23] Der von *Niehues*, a.a.O., S. 123, in diesem Zusammenhang aufgeführte Herausgabeanspruch des Eigentümers gegen den unrechtmäßigen Besitzer (§ 985 BGB) ist zwar ein aus dem dinglichen Recht abgeleiteter Anspruch, unterscheidet sich aber von den hier behandelten Fällen dadurch, daß der Besitzer zwar tatsächliche Herrschaft ausübt, aber keine zuordnend gewährte rechtliche Herrschaft; er ist als Verpflichteter nicht gleichzeitig Zuordnungssubjekt hinsichtlich der Sache; ungenau auch *Wolff*, VerwR I, S. 245.

[24] Vgl. *Zopfs*, Dienstbarkeiten, S. 50.

[25] a. A. insbes. *Seyfried*, Zum Begriff der Baulast, BW VerwBl. 1966, S. 150, der nur die vordergründig geregelten Beziehungen sieht und die Baulast nur als Abwehranspruch des Hoheitsträgers gegen den Eigentümer auffaßt; unklar auch *Gerne*, Art. „Baulastenbuch", S. 210, der einerseits von der persönlichen Natur der Verpflichtungen, andererseits von der „Sicherung der dinglichen Wirkung" der Verpflichtungen durch die Eintragung spricht. Vgl. auch oben § 8 a. E.

§ 10: Öffentlich-rechtliche dingliche Rechte und öffentlich-rechtliche Sachbeziehungen

Eine unmittelbare Beziehung zu Sachen läßt sich im Bereich des öffentlichen Rechts nicht nur bei den Baulasten und der öffentlichen Last des hmb EntG feststellen, sondern auch bei zahlreichen anderen Rechtsverhältnissen, insbesondere der Befugnis des Trägers öffentlicher Verwaltung im Bauplanungs- und Bauordnungsrecht und allgemein im Polizei- und Ordnungsrecht, die rechtlichen Verhältnisse gewisser Sachen zu ordnen. Zu nennen sind hier etwa die Berechtigung, die bauliche Nutzbarkeit der Grundstücke eines Gebietes zu planen, Verkehrsflächen für den Gemeingebrauch zu widmen, ferner die polizeiliche Aufgabe, Gefahren für die öffentliche Sicherheit und Ordnung abzuwehren, die von dem Zustand von Sachen ausgehen. Diese Maßnahmen sind gekennzeichnet durch ihre unmittelbare Beziehung auf die jeweilige Sache, ohne das Vorhandensein einer vermittelnden Leistungspflicht zu erfordern. Es handelt sich um Einwirkungsbefugnisse der Subjekte hoheitlicher Gewalt auf Sachen ohne Rücksicht auf Personen[1].

Diese Beispiele legen es nahe, sie zusammen mit der Baulast und der öffentlichen Last des hmb EntG als öffentlich-rechtliche dingliche Rechte anzusehen[2]. Es ist jedoch bereits oben die Sachbeziehung und Sachzuweisung nach allgemeinem Bauordnungsrecht als „generelle" von der „speziellen" der Baulastregelungen unterschieden worden. Im folgenden soll diese Unterscheidung präzisiert werden und auf weitere Differenzierungen zwischen den Baulasten und der öffentlichen Last des hmb EntG einerseits und den Fällen z. B. des Bauplanungs- und Bauordnungsrechts andererseits ausgedehnt werden.

I. „Generelle" und „spezielle" Sachzuordnung

Die Unterscheidung ist zunächst auf Grund der unterschiedlichen Begründung der Sachbeziehungen gerechtfertigt. Die „generelle Sachbeziehung" z. B. des Bauplanungsrechts erfolgt durch Gesetz und erfaßt sämtliche Baugrundstücke des Geltungsbereichs des Gesetzes. Die Herrschaft des Trägers öffentlicher Verwaltung ist hier im Prinzip eine —

---

[1] *Niehues*, Dinglichkeit, S. 80; siehe aber auch unten III.

[2] *Niehues*, a.a.O., S. 104 ff., zählt sie in diesem Sinne zu einem „öffentlichen Sachenrecht"; *Wolff*, VerwR I, unterscheidet seit der 7. Aufl., S. 246, inerhalb einer Kategorie „dingliche Berechtigungen" solche, die *Inhalt* einer verwaltungsrechtlichen Zuordnung sind, und solche, die *auf Grund* einer doppelten Sachzuordnung bestehen; s. dazu unten III.

bis zu den Grenzen des Wesensgehalts des Eigentums — unbeschränkte[3], nur durch Selbstbeschränkung gemäß den jeweiligen gesetzlichen Bestimmungen eine umfangmäßig begrenzte.

Die „spezielle Sachzuordnung" der Baulasten ist zwar gesetzlich geregelt, erfolgt aber konkret durch öffentlich-rechtliche Willenserklärung des jeweiligen Grundstückseigentümers[4]. Wichtiger Unterschied ist, daß die Zuordnung für jeden Einzelfall mit besonderem Inhalt erfolgen muß. Es handelt sich um besondere Einzelberechtigungen des Trägers öffentlicher Verwaltung.

Ein weiterer — noch wesentlicherer — Unterschied, der die rechtliche Natur der Sachzuordnungen betrifft, wird aus folgenden Beispielen deutlich: (1) Wird eine Baugenehmigung gemäß dem allgemeinen Bauordnungsrecht erteilt, so tritt die (generelle) „Sachherrschaft"[5] des Trägers öffentlicher Verwaltung an dem betroffenen Grundstück zugunsten der Eigentümerbefugnis zurück, ihrer Ausübung wird der Weg geöffnet. Dies entspricht dem Zweck, nur präventiv die Einhaltung der Allgemeininteressen sicherzustellen. Wird das genehmigte Gebäude nicht errichtet und verfällt die Baugenehmigung[6] oder wird das Gebäude später wieder abgerissen, so ist die (generelle) „Sachherrschaft" des Trägers öffentlicher Verwaltung nicht etwa durch Ausübung und Verzicht „verbraucht", sondern sie lebt ohne weiteres wieder auf — für ein neues (auch entsprechendes) Bauvorhaben ist eine neue Genehmigung erforderlich —, woraus zu schließen ist, daß das „Zurücktreten" der öffentlichen „Sachzuordnung" kein Untergehen, sondern nur ein Außer-Kraft-treten, ein „Ruhen" der (generellen) „Sachherrschaft" bedeutet.

(2) Die entsprechende Fallgestaltung bei der Baulast wäre folgende: Die Bauaufsichtsbehörde verzichtet mangels öffentlichen Interesses — das auf Grund der Ausnahmegenehmigung errichtete Gebäude ist z. B. abgerissen worden — auf die Baulast (vgl. § 108 Abs. 3 LBO BW). Will der ursprünglich durch die Baulast begünstigte Grundstückseigentümer erneut abweichend vom allgemeinen Bauordnungsrecht bauen, so lebt hier die (spezielle) Sachherrschaft nicht wieder auf, sie muß vielmehr durch Neubegründung der Baulast erneut eingeräumt werden.

Ferner ist ein bedeutsamer Unterschied darin zu sehen, daß in den Fällen des Bauplanungs- und Bauordnungsrechts der Berechtigung des Trägers öffentlicher Verwaltung keine besondere Verpflichtung der

---

[3] Vgl. dazu H. *Krüger*, Die Bestimmung des Eigentumsinhalts, Schack-Festschrift, S. 72 ff.
[4] Siehe oben S. 38.
[5] Zum Gebrauch dieses Begriffs vgl. oben S. 78 Anm. 15.
[6] Vgl. etwa § 166 Abs. 1 BauO NW.

§ 10: Öffentlich-rechtliche dingliche Rechte und Sachbeziehungen

mittelbar betroffenen Privatpersonen entspricht, sondern der Berechtigung nur die *allgemeine* Pflicht gegenübersteht, hoheitliche Maßnahmen im Rahmen der Gesetze zu befolgen. Demgegenüber entsteht durch die Berechtigung aus der Baulast oder der öffentlichen Last des hmb EntG eine *besondere* spiegelbildliche Verpflichtung auf seiten des betroffenen einzelnen Grundeigentümers, die über die allgemeine Pflicht im obigen Sinne hinausgeht.

II. Folgerungen

Diese Unterschiede zeigen — insbesondere im Hinblick auf eine Parallele zum zivilrechtlichen Sachenrecht — folgendes:

1. Die „spezielle" Sachherrschaft ist eine vom Eigentumsrecht *abgeleitete* Einzelberechtigung, sie löst die entsprechende Eigentümerbefugnis aus dem Vollrecht heraus; ein Verzicht auf die Baulast bewirkt kein „Ruhen" dieser Sachherrschaft, sondern — wie bei zivilrechtlichen dinglichen Rechten — eine Wiedereingliederung dieser Herrschaftsbefugnis in das Vollrecht. Das Merkmal der „Ableitung aus dem Vollrecht" ist — zumindest was die beschränkt dinglichen Rechte angeht — als weiteres (formelles) Sachenrechtsmerkmal anzuerkennen. Es gibt zivilrechtlich keine beschränkt dinglichen Rechte, die nicht aus dem Vollrecht abgeleitet wären. Sie stellen sich alle dar als eine Verselbständigung einzelner Eigentümerbefugnisse. Für den Bereich des öffentlichen Rechts hat dieses Merkmal Bedeutung insbesondere für die Abgrenzung von sonstigen auf Sachen bezogenen Regelungen, die einer originären Einwirkungsbefugnis entstammen. Damit zeigt die „spezielle" Sachzuordnung der Baulasten (gleiches gilt für die öffentliche Last des hmb EntG) deutlich die Parallele zur zivilrechtlichen beschränkten Sachherrschaft.

Die „generelle Sachherrschaft" ist dagegen keine abgeleitete, sondern eine *originäre* Berechtigung des Trägers öffentlicher Verwaltung[7], die Ausfluß der Staatsgewalt ist[8] als das Recht, das zulässige Verhalten der Staatsbürger zu regeln, hier insbesondere Inhalt und Schranken des privaten Eigentums zu bestimmen (Art. 14 Abs. 1 S. 2 GG). Diese Berechtigung beruht auf einer „Globalregelung", die jeweils sämtliche Grundstücke des Gebietes erfaßt, und steht insoweit „über" dem Eigentumsrecht, nicht in einem Verhältnis, das dem der beschränkt dinglichen Rechte zum Vollrecht entspricht.

---

[7] *Stritter*, Praktische Bedeutung, S. 10, unterseidet diese beiden Arten der Sachzuordnung nicht, sondern behandelt nur die letztere („generelle" S.). Die aus der Zustimmung zur Widmung folgende Sachherrschaft gehört entgegen Stritter zur „speziellen Sachherrsfchaft"; s. auch unten § 11 IV.

[8] Zum Wesen der Staatsgewalt siehe sogleich unten.

2. Die „spezielle" Sachzuordnung dient einem konkreten, einzelnen Unternehmen des Staates, wie sich auch daran zeigt, daß die Baulast nur für einen konkreten Baufall übernommen werden kann[9], die Last des hmb EntG nur im Falle eines einzelnen, bestimmten Bauvorhabens (Planfeststellung) entsteht[10]. Baulasten und öffentliche Last des hmb EntG sollen die rechtlichen Verhältnisse des jeweilig betroffenen Grundstücks dem besonderen öffentlichen Interesse an diesem Grundstück anpassen. Eine allgemeine (Global-)Regelung, die selbst unmittelbar auf die rechtlichen Verhältnisse der Grundstücke einwirkt[11], würde diesem beschränkten öffentlichen Interesse nicht gerecht werden; dieses Interesse, das je auf ein einzelnes Grundstück gerichtet ist, erfordert eine Einzelregelung. Diese steht in der Begründung eines (öffentlich-rechtlichen) dinglichen Rechts an dem Grundstück bereit, das den Erfordernissen des Einzelfalles angepaßt werden kann. Die Sachbeziehung und Sachzuordnung werden bei den Baulasten und der öffentlichen Last des hmb EntG deshalb auch nicht durch Gesetz, sondern durch Einzelakt geschaffen, nämlich durch konstitutive Willenserklärung bzw. Verwaltungsakt[12].

3. Ist die Grundlage der „generellen Herrschaft" eine originäre, nicht-abgeleitete Berechtigung — wie z. B. im Planungsrecht — so kann diese nach dem oben Ausgeführten nicht dinglicher Natur sein im Sinne des Zivilrechtsbegriffs. Als Grundlage kommt nur die Staatsgewalt in Betracht.

Diese ist im Sinne der Staatslehre zwar „imperium", nicht „dominium", also „eigentumsfrei" (H. Krüger)[13]; das bedeutet aber nicht, daß sich die Staatsgewalt nur in direkten Geboten und Verboten an die Staatsbürger äußern kann, Einwirkungen auf die rechtlichen Verhältnisse der Sachen — insbesondere des Grund und Bodens — dagegen unterbleiben müssen oder nur durch „personale Vermittlung" vorgenommen werden könnten. Vielmehr sind durchaus auch Regelungen möglich, die die Eigenschaften von Sachen bestimmen (z. B. die Eigentumsfähigkeit von Sachen), ihre zulässige Verwendung regeln usw. Daß Staatsgewalt „imperium" ist, besagt nämlich nur, daß sie nicht eine Eigentumsbeziehung zum Staatsgebiet zur Voraussetzung hat; die „imperium"-Lehre ist gerade entwickelt worden, um alle privatrechtlichen Eigentumsvorstellungen aus dem Begriff der Staats-

---

[9] Siehe oben S. 32 f.
[10] Siehe oben S. 44 ff.
[11] Wie z. B. im Planungsrecht, das die Grundstücke unmittelbar und generell der Planungshoheit unterstellt.
[12] Siehe oben S. 38 (Baulasten) und S. 44 f. (öffentliche Last).
[13] Vgl. dazu H. *Krüger*, Allg. Staatslehre, S. 821 f. und oben S. 65 f.

§ 10: Öffentlich-rechtliche dingliche Rechte und Sachbeziehungen 85

gewalt auszumerzen[14]. Dessenungeachtet bleiben aber die Verhältnisse der Güter der Außenwelt — der Sachen — staatlicher Regelung, und damit der Staatsgewalt, unterworfen[15]. Dieses „Unterworfen-sein" äußert sich auf seiten des Staates nun aber nicht als Sachherrschaft im Sinne des Zivilrechts, nämlich als — insoweit — ausschließliche Herrschaft: auch soweit staatliche Regelungsbefugnis besteht, gibt es privatrechtliche Sachherrschaft, und erstere ist nicht von letzterer abgeleitet; zwei umfassende Vollherrschaften (privatrechtliche und öffentlich-rechtliche) können aber begrifflich nicht gleichzeitig an *einer* Sache bestehen[16]. Die staatliche Regelungsbefugnis ist eben ein „aliud", eine „Herrschaft" auf einer anderen Ebene[17], zwischen ihr und der privatrechtlichen Sachherrschaft besteht keine Konkurrenz im Sinne mehrfacher Zuordnung auf gleicher Ebene.

Hierin ist auch der Grund zu sehen für den oben angeführten Unterschied, daß z. B. die Baulasten zu einer besonderen Verpflichtung des Grundeigentümers führen, die Fälle der „generellen Sachherrschaft" dagegen sich nur in der allgemeinen Pflicht zum Gesetzesgehorsam auswirken: Baulasten und öffentliche Last des hmb EntG stellen Sachzuordnungen dar, die mit der Sachzuordnung des Eigentums auf gleicher Ebene stehen, zwischen beiden besteht ein Konkurrenzverhältnis aus doppelter Zuordnung derselben Sache auf gleicher Ebene an verschiedene Zuordnungssubjekte. Bei den Fällen „genereller Sachherrschaft" liegt diese Aufteilung der im Eigentum angelegten Gesamtherrschaft an zwei Zuordnungssubjekte auf gleicher Ebene nicht vor. Sie sind vielmehr Sachbeziehungen auf anderer Ebene, die das Eigentumsrecht überlagern. Es sollte daher nicht von einer „Sachherrschaft" in diesen Fällen gesprochen werden.

Typisches Merkmal beschränkt dinglicher Rechte ist aber ihre Konkurrenz mit dem Vollrecht, von dem sie abgeleitet sind. Da von öffentlich-rechtlichen (beschränkt) dinglichen Rechten nur gesprochen werden kann, sofern eine grundsätzliche Wesensgleichheit mit den zivilrechtlichen dinglichen Rechten besteht[18], können die Fälle „genereller Sachherrschaft" nicht hierzu gerechnet werden, da sie weder aus dem

---

[14] H. *Krüger*, a.a.O., S. 821 f., vgl. zur Entwicklung auch *Hamel*, Wesen des Staatsgebiets, S. 58 ff., 87 ff.
[15] Vgl. dazu auch oben § 7, II.
[16] So ausdrücklich BGH, U. v. 30. 4. 1953 — III ZR 377/51 — Bd. 9, S. 373 (382); auch *Lassar*, Grundbegriffe, S. 14.
[17] „Ebene" im Sinne von „Herrschaftsebene": ist die Grundlage verschiedener „Herrschaft" identisch — z. B. als unmittelbare Sachherrschaft bei Eigentum und den abgeleiteten Rechten —, so liegt die gleiche „Herrschaftsebene" vor. Davon zu unterscheiden ist der Begriff der unterschiedlichen „Rechtsebene" als privatrechtliche bzw. öffentlichrechtliche Ebene.
[18] Siehe dazu bereits oben S. 53.

Vollrecht abgeleitet sind noch jenes typische Konkurrenzverhältnis aufweisen.

Es handelt sich somit um Regelungen, die sich auf Sachen beziehen und — hier — die rechtlichen Eigenschaften des Grund und Bodens bestimmen[19], aber kein Sachzuordnungsverhältnis im eigentlichen Sinne voraussetzen oder schaffen. Während sich die Staatsgewalt als ursprüngliche, übergeordnete Macht gegenüber dem privaten Eigentum äußert, indem sie seinen Inhalt und seine Schranken bestimmt, ja einen Gegenstand überhaupt erst für eigentumsfähig erklärt[20], sind die öffentlich-rechtlichen dinglichen Rechte als begrenzte Rechte an fremder Sache aufzufassen, die erst aus dem Vollrecht abgeleitet werden und sozusagen einen „Zuwachs" an Macht für den Staat darstellen, indem ein Teil der vom Staat grundsätzlich den Privaten überlassenen Herrschaftsmacht[21], zwar nicht generell, aber doch im Einzelfall ihm zugeordnet wird.

Richtiger ist es daher, im Falle der auf Grund der Staatsgewalt erfolgenden Sachregelungen nicht von einer „Sachherrschaft" im Sinne des (zivilrechtlichen) Sachenrechtsbegriffs zu sprechen, sondern nur von einer „Sachbezogenheit" derartiger Rechtssätze und statt von öffentlich-rechtlichen dinglichen Rechten nur von „öffentlich-rechtlichen Sachbeziehungen".

4. Der Unterschied zwischen „öffentlich-rechtlichen Sachbeziehungen" und „öffentlich-rechtlichen dinglichen Rechten" kann nur aus dem Ursprung der jeweiligen Regelung hergeleitet werden. Das öffentlich-rechtliche dingliche Recht setzt das (privatrechtliche) Vollrecht[22] nach Inhalt und Umfang voraus, von diesem wird ein Teil abgespalten und verselbständigt. Verbliebenes Vollrecht und beschränkt dingliches Recht stehen dann grundsätzlich nebeneinander in einem Konkurrenzverhältnis. Demgegenüber liegt der Ursprung der „öffentlich-rechtlichen Sachbeziehung" in einer das gesamte Vollrecht „Eigentum" überlagernden Befugnis, die u. U. — wie bei der Planungsbefugnis — den Inhalt des Vollrechts erst bestimmt oder ihm Schranken

---

[19] Vgl. auch *Beenken*, Überprüfbarkeit, S. 39, 41.

[20] H. *Krüger*, Bestimmung, Schack-Festschrift, S. 74.

[21] Eigentum als „Ermächtigung" zu privater Herrschaft und zur Machtbildung, vgl. dazu: H. *Krüger*, a.a.O., S. 71 (er weist hier zu Recht auf das — insbes. unter sozialstaatlichen Gesichtspunkten — Erfordernis der staatlichen Inhaltsbestimmung und Grenzziehung hin).

[22] Es werden hier nur die öffentlichrechtlichen beschränkt dinglichen Rechte behandelt. Ob — bei Anerkennung eines öffentlichen Eigentums — auch öffentliche dingliche Rechte am Vollrecht „öffentliches Eigentum" zugunsten eines zweiten Trägers öffentlicher Verwaltung denkbar sind, sei dahingestellt.

setzt — nicht im Sinne einer Beschränkung des Vollrechts, sondern als einer das Vollrecht erst konkretisierenden Macht.

Das Verhältnis der öffentlich-rechtlichen dinglichen Rechte zu öffentlich-rechtlichen Sachbeziehungen ist ein ähnliches wie das der Enteignung zur Eigentumsbindung in bezug auf das Eigentumsrecht. Der Unterschied wird hier darin gesehen[23], daß die Eigentumsbindung eine generelle Festlegung der Herrschaftsmöglichkeiten des einzelnen über bestimmte Sachen darstellt und das Grundrecht des Art. 14 Abs. 1 S. 1 GG nicht eigentlich einschränkt, sondern als Eigentum nur das gelten kann, was die Normierung an Möglichkeiten inhaltlich zuerkennt bzw. von der Schrankenziehung unberührt läßt; demgegenüber trifft die Enteignung auf eine voll anerkannte Vermögensposition, die sie als solche in keiner Weise in Frage stellt, aber aus besonderen Erfordernissen durch einen Ersatzanspruch ersetzt. Ähnlich ist das Verhältnis der hier untersuchten Rechtsinstitute: das dingliche Recht setzt eine als Eigentum anerkannte Rechtsposition voraus, von der nachträglich ein Teil abgespalten und verselbständigt wird, während die öffentlich-rechtliche Sachbeziehung das Eigentumsrecht auf Grund Hoheitsrechts überlagert, es aber wie die Eigentumsbindung nicht eigentlich angreift.

Mit anderen Worten: die öffentlichen dinglichen Rechte „verkürzen" das Eigentum, die öffentlichen Sachbeziehungen jedoch nicht; verfügbares Eigentum ist im letzten Fall überhaupt nur, was diese Regelungen zulassen. Daraus kann gefolgert werden: öffentlich-rechtliche Sachbeziehungen haben höchstens die Wirkungen einer Bestimmung von Inhalt und Schranken des Eigentums (i. S. des Art. 14 Abs. 1 S. 2 GG), nie aber von Enteignungen; dagegen stellt die Begründung öffentlich-rechtlicher dinglicher Rechte u. U. eine Enteignung dar, wenn die Rechte hoheitlich begründet werden und vom Betroffenen ein Sonderopfer verlangen[24].

Zur Klarstellung sei noch folgendes betont: Die Unterscheidung der öffentlich-rechtlichen Sachbeziehungen von den öffentlich-rechtlichen dinglichen Rechten darf nicht zu der Annahme verleiten, erstere gehörten deshalb zu den obligatorischen Leistungspflichten. Im Gegensatz zum Zivilrecht ist für das öffentliche Recht vielmehr neben obligatorischen Leistungspflichten und dinglichen Rechten eine dritte Kategorie anzunehmen, die hier „öffentlich-rechtliche Sachbeziehungen"

---

[23] Vgl. zum folgenden: W. *Weber*, Eigentum u. Enteignung, S. 347, 351, 369; *Scheuner*, Grundlagen, S. 100; *Bender*, Sozialbindung, NJW 1965, 1297.

[24] Zu den Enteignungstheorien s. *Kimminich*, BK, Art. 14 Anm. 46—58; *Zinkahn-Bielenberg*, BBauG, Anm. 147 ff. vor §§ 40 ff.; *Wolff*, VerwR I, S. 428 ff.; auch *Stödter*, Öffentlich-rechtliche Entschädigung, S. 190 ff.

genannt wird. Sie steht zwar den dinglichen Rechten insoweit nahe, als die Einwirkung auf die Sachverhältnisse keiner „personalen Vermittlung" bedarf, unterscheidet sich jedoch aus den oben dargelegten Gründen wesentlich von ihnen.

III. Kritik der Literaturmeinungen

1. Diesen Unterschied zwischen öffentlich-rechtlichen dinglichen Rechten und öffentlich-rechtlichen Sachbeziehungen übersieht *Niehues*, der in seinen Beispielen für Rechtssätze eines öffentlichen Sachenrechts[25] diese beiden Fälle vermengt. Während das Wege- und Wasserrecht, die auch Niehues anführt, z. T. öffentlich-rechtliche dingliche Berechtigungen in dem hier als „spezielle Sachzuordnung" verstandenen Sinne aufweisen, handelt es sich in den übrigen Beispielen, insbesondere beim Planungs- und allgemeinen Bauordnungsrecht nur um eine „Sachbezogenheit"[26], aber nicht um „sachenrechtliche Normen" i. S. einer Parallele zum bürgerlichen Sachenrecht[27], die aber Niehues gerade nachweisen will[28].

Insbesondere sind Umschreibungen für dingliche Rechtsbeziehungen wie: „Einwirkungsbefugnisse der Subjekte hoheitlicher Gewalt auf Sachen ohne Rücksicht auf Personen"[29] zu allgemein gehalten und geeignet, die erforderliche Unterscheidung zu verdecken. Ebenso ist Niehues' Ansicht, Entstehungsgrund einer konkreten Sachbeziehung im öffentlichen Recht könne *nur* das Vorhandensein der Sache selbst oder das Eintreten bestimmter Umstände sein, nicht aber die Vornahme eines realen oder rechtsgeschäftlichen Akts wie im Zivilrecht[30], zu wenig differenziert. Gerade die Beispiele der Baulasten und der öffentlichen Last des hmb EntG haben das Gegenteil bewiesen.

Unter Beachtung der hier als erforderlich erkannten Unterscheidungen sollte als ein „öffentliches Sachenrecht", das eine Parallele zum Zivilrecht bilden könnte, nur die Gesamtheit der Rechtssätze bezeichnet werden, die die Voraussetzungen und Wirkungen solcher „speziellen Einzelzuordnungen" regeln, aber nicht die hier als „öffentlich-rechtliche Sachbeziehungen" bezeichneten Fälle[31]. Eine Zusammen-

---

[25] Dinglichkeit, S. 105—120.
[26] Eine Prüfung sämtlicher Einzelbeispiele, die Niehues anführt, soll hier unterbleiben; wichtig ist die grundsätzliche Unterscheidung.
[27] Kritisch auch: *Beenken*, Überprüfbarkeit, S. 39, 43 f., bezüglich der Bebauungspläne: er sieht in ihnen bloße „Sachbestimmungen".
[28] a.a.O., S. 2.
[29] *Niehues*, a.a.O., S. 80, ebenso S. 85.
[30] *Niehues*, a.a.O., S. 73, 74.
[31] Zu einem derartigen öffentlichen Sachenrecht würde auch das Institut

§ 10: Öffentlich-rechtliche dingliche Rechte und Sachbeziehungen

fassung wäre nur möglich, wenn man den Begriff „öffentliches Sachenrecht" nicht in dieser Weise eng an das Zivilrecht anlehnt, sondern darunter nur die Gesamtheit der Rechtssätze verstehen will, die eine unmittelbare Sachbeziehung aufweisen, ohne daß weitere Gemeinsamkeiten erfordert würden.

2. Auch die Differenzierung, die *Wolff* bei den „dinglichen Verpflichtungen oder Berechtigungen" vornimmt, kann nicht restlos befriedigen[32]. Er unterscheidet danach, ob die Berechtigungen den *Inhalt* einer verwaltungsrechtlichen Sachzuordnung bilden oder *auf Grund* einer doppelten Sachzuordnung zwischen den beteiligten Sachzuordnungsträgern bestehen[33]. In die erste Gruppe reiht er im wesentlichen solche Beispiele ein, die hier zu den öffentlich-rechtlichen Sachbeziehungen gezählt werden, erwähnt dort allerdings auch die verwaltungsrechtlichen Dienstbarkeiten, zu denen die Baulasten gehören sollen[34]. Richtig gesehen ist dagegen der Unterschied, daß den Berechtigungen der ersten Gruppe — abgesehen von den Baulasten — nur die allgemeine Pflicht, die Gesetze zu beachten, gegenübersteht (die Berechtigungen bestehen „nicht unmittelbar gegenüber bestimmten Dritten"), während in der zweiten Gruppe den Berechtigungen besondere Einzelverpflichtungen entsprechen, die den dinglichen Ansprüchen und Verpflichtungen des Privatrechts ähneln[35].

Die Darstellung bei Wolff zeigt jedoch deutlich, daß hier zwei verschiedene Dinge miteinander verglichen werden und zu Unrecht unter einen gemeinsamen Oberbegriff gebracht werden. In der ersten Gruppe behandelt Wolff die „öffentlich-rechtlichen Sachbeziehungen" selbst und beschreibt ihren Inhalt, während es sich bei der zweiten Gruppe um die mittelbaren Beziehungen handelt, die aus dem zugrundeliegenden dinglichen Recht erwachsen. Beide Erscheinungen als „dinglich" zu bezeichnen, ist nicht möglich, schon gar nicht können die öffentlich-rechtlichen Sachbeziehungen zur Abgrenzung von den öffentlich-rechtlichen dinglichen Rechten „dingliche Berechtigungen im *engeren* Sinne" genannt werden. Die Darstellung unter dem Gesichtspunkt der sich für den Bürger letztlich ergebenden Rechte und Pflichten[36] hindert

---

„öffentliches Eigentum" gehören, sofern ein solches anerkannt wird; vgl. z. B. § 4 hmb WegeG und dazu Sten. Bericht, Anlage zum Protokoll, S. 3 ff.; BVerwG, DÖV 1968, 130 f.; zum hmb Deichordnungsgesetz jetzt BVerfG, Urt. v. 18. 12. 1968, 1 BvR 638/64 u. a., NJW 1969, 309.

[32] VerwR I, S. 246 (§ 40 III c, 2).

[33] Seit der 7. Aufl., in der Vorauflage, behandelte *Wolff* als „dinglich" nur die Berechtigungen der 2. Gruppe (a.a.O., 6. Aufl., S. 217).

[34] *Wolff*, a.a.O., S. 246 und 259.

[35] Siehe auch oben S. 83.

[36] Eine an sich zulässige Methode, siehe oben § 8, II.

hier, die zugrundeliegenden Rechtskonstruktionen zu erkennen. Aus den erkannten Unterschieden sind die erforderlichen systematischen Konsequenzen nicht gezogen worden.

§ 11: Die öffentlich-rechtliche Sachherrschaft

Unmittelbare Sachbeziehung, Sachzuordnung an einen Träger öffentlicher Verwaltung und Ableitung der Herrschaft aus dem Vollrecht als die wesentlichen Merkmale eines dinglichen Rechts sind damit für die Baulast und die öffentliche Last nach dem hmb EntG nachgewiesen. Beide Rechtsfiguren können als öffentlich-rechtliche dingliche Rechte bezeichnet werden. Die gesetzliche Vorschrift der Baulastregelungen, daß die „Verpflichtungen" auch gegenüber dem Rechtsnachfolger wirksam sind[1], hat sich damit als rein deklaratorisch erwiesen[2].

Da an den betroffenen Grundstücken sowohl im Falle der Baulasten als auch der öffentlichen Last nach dem hmb EntG das privatrechtliche Eigentum des Grundstückseigentümers fortbesteht, würde die Qualifizierung beider Rechtsfiguren als öffentlich-rechtliche (beschränkt) dingliche Rechte zu der Annahme führen, daß hier privatrechtliche und öffentlich-rechtliche dingliche Rechte miteinander konkurrieren, privatrechtliche und öffentlich-rechtliche Sachherrschaft an derselben Sache besteht[3]. Die Auswirkungen, die sich aus dieser Konkurrenz ergeben würden, sind im folgenden zu untersuchen.

I. Das Wesen öffentlich-rechtlicher Sachherrschaft

Es ist bestritten worden, daß ein Privater durch öffentlich-rechtliche Willenserklärung einem Träger öffentlicher Verwaltung eine öffentlich-rechtliche Sachherrschaft einräumen könne, weil dies dem Satz „nemo plus iuris transferre potest quam ipse habet"[4] widersprechen würde[5]. Daran ist zunächst richtig, daß ein Privater ein öffentlich-rechtliches dingliches Recht jedenfalls nicht nach Belieben bestellen

---

[1] z. B. § 108 Abs. 1 Satz 2 LBO BW.

[2] Vgl. auch oben § 8 a. E.

[3] Von der Möglichkeit einer derartigen Konkurrenz gehen z. B. aus: BGH, Urt. v. 30. 4. 53, III ZR 377/51, BGHZ 9, 373 (382 ff.); BVerwG, Urt. v. 26. 5. 67, IV C 95.65, DÖV 1968, 130 ff.; *Krause*, Gemeingebrauch, S. 35; *Wolff*, VerwR I, S. 385 (§ 57 I a 2); *Lassar*, Grundbegriffe, S. 37; wohl auch *Maunz*, Das Recht der öffentlichen Sachen, S. 9; *Holland-Cunz*, Gebrauch öffentlicher Wege, S. 22 ff., 25; *Guba*, Grundlagen, S. 54; widersprüchlich *Merten*, Gutgläubiger Erwerb, S. 46 ff. bzw. S. 11 f.

[4] *Ulpian*, D. 50, 17, 54.

[5] *Schallenberg*, Die Widmung, S. 70.

§ 11: Die öffentlich-rechtliche Sachherrschaft

kann; ihm kann eine derartige Verfügungsbefugnis über dem öffentlichen Recht angehörende Rechte und Pflichten nicht zugestanden werden. Dem würde der Grundsatz entgegenstehen, daß das öffentliche Recht als Sonderrecht von gesetzlicher Regelung abhängig ist[6]. Im übrigen geht die Berufung auf den oben zitierten römisch-rechtlichen Satz aber fehl; sie offenbart eine mangelnde Klarheit über das Wesen öffentlich-rechtlicher Sachherrschaft, wie sich aus folgendem ergibt.

1. Sowohl bei der privatrechtlichen als auch bei der öffentlich-rechtlichen Sachherrschaft geht es um *rechtliche* Herrschaft über eine Sache, nicht um Unterschiede der tatsächlichen Herrschaftsausübung. „Rechtliche Herrschaft" bedeutet rechtlich geregelte und damit rechtlich anerkannte, gegen Eingriffe geschützte Herrschaft. Sachherrschaft wird erst rechtlich interessant und relevant durch die normative Regelung, die die Sache in bestimmter Weise zuordnet und damit erst rechtlich geschützte Herrschaftsbefugnis verleiht. Dabei ist der Begriff der Sachherrschaft als solcher ein allgemeinrechtlicher Begriff, er gehört keinem der beiden Rechtsbereiche allein an[7]. Welcher Art die Zuordnung ist und welchen rechtlichen Grundsätzen sie unterliegt, richtet sich nach den sie regelnden Normen. Die öffentlich-rechtliche Sachherrschaft unterliegt allein öffentlich-rechtlicher Regelung, die (auch analoge) Anwendung zivilrechtlicher Normen ist ausgeschlossen; privatrechtliche Sachherrschaft unterliegt allein privatrechtlicher Regelung. Ob privatrechtliche oder öffentlich-rechtliche Sachherrschaft vorliegt, ist danach zunächst ein Unterschied der die Sachherrschaft regelnden Rechtssätze. Da ferner öffentlich-rechtliche Normen stets ausschließlich einen Träger öffentlicher Verwaltung — in seiner Funktion als Sonderrechtssubjekt, nicht als Privatrechtsträger — berechtigen, folgt daraus, daß stets ein solches Subjekt öffentlich-rechtlicher Sachherrschaft sein muß, daß öffentlich-rechtliche Sachherrschaft als Herrschaftsmacht in der Hand eines Trägers öffentlicher Verwaltung im Interesse öffentlicher Aufgaben und Zwecke zu verstehen ist.

Demgegenüber ist die Funktion der die Sachherrschaft regelnden privatrechtlichen Rechtssätze darin zu sehen, daß die Interessen der einander gleichgeordneten Privatrechtssubjekte in bezug auf die Güter der Außenwelt abgegrenzt werden.

---

[6] *Wolff*, VerwR I, S. 94 (§ 22 III a); auch BGHZ 9, 373 (382): „denkbar, daß die *Rechtsordnung* ... öffentlich-rechtliche Herrschaft normiert ..."

[7] Vgl. auch *Maunz*, Hauptprobleme, S. 132 Anm. 278 a. E. (S. 133), der den Eigentumsbegriff als allgemein-rechtlichen Begriff ansieht; ähnlich W. *Jellinek*, VerwR, S. 508; auch *Guba*, Grundlagen, S. 47 f. („absolutes Eigentum"); anders G. *Jellinek*, VerwArchiv Bd. 5, S. 311: das öffentliche Eigentum sei eine Unterform des privatrechtlichen Eigentums.

Der Unterschied zwischen privatrechtlicher und öffentlich-rechtlicher Sachherrschaft kann somit folgendermaßen formuliert werden: *Privatrechtlich* ist die Sachherrschaft, wenn sie der Abgrenzung der (Vermögens-)Interessen des einzelnen gegenüber anderen Privatrechtssubjekten dient und daher dem Privatrecht untersteht; sie kann nur in den Formen der vom Gesetzgeber geregelten (beschränkt) dinglichen Rechte des Zivilrechts auftreten. *Öffentlich-rechtliche* Sachherrschaft liegt vor, wenn einem Träger öffentlicher Verwaltung als Sonderrechtssubjekt (beschränkte) Herrschaftsmacht zur Wahrnehmung öffentlicher Aufgaben verliehen ist, die dann allein den Normen des öffentlichen Rechts unterliegt; sie ist ebenfalls nur möglich, soweit sie gesetzlich vorgesehen und geregelt ist[8].

2. In beiden Fällen wird aber übereinstimmend Herrschaftsmacht zuordnend gewährt; die Frage ist nur „wem" und „zu welchem Zweck". Nur hierauf bezieht sich der Unterschied zwischen privatrechtlicher und öffentlich-rechtlicher Regelung der Sachherrschaft.

Diese Beziehung verkennt G. *Jellinek*, wenn er[9] das öffentliche Eigentum als Unterart des privatrechtlichen Eigentums versteht, weil es für das Wesen des Eigentums (= Sachherrschaft) gleichgültig sei, in welcher Richtung — privat- oder gemeinwirtschaftlich — es ausgeübt werde. Es geht hier aber nicht um *wirtschaftliche* Aspekte, sondern darum, welcher *Rechts*ordnung die Sachherrschaft unterstellt wird, und damit, welcher rechtlichen Funktion sie dienen soll. Die öffentlich-rechtliche Ordnung kann nicht als Unterfall der privatrechtlichen aufgefaßt werden; sie ist die speziellere nur in bezug auf die berechtigten bzw. verpflichteten Subjekte.

Privatrechtliche und öffentlich-rechtliche Sachherrschaft stehen damit nicht im Verhältnis eines rechtlichen aliud zueinander, sondern unterscheiden sich — ausgehend von einer gemeinsamen Grundlage — nur nach dem Zuordnungssubjekt — und damit der Zuordnungsfunktion — und den sie regelnden Rechtssätzen[10]. Diese Unterschiede er-

---

[8] Hier geht es nur um eine beschränkte öffentlich-rechtliche Sachherrschaft. Ob eine umfassende öffentlich-rechtliche Sachherrschaft als „öffentliches Eigentum" zu bezeichnen und zu behandeln wäre, sei dahingestellt; vgl. dazu: BGHZ 9, 373 (382 ff.); BVerwG, DÖV 1968, 130 ff.; ferner: Sten. Berichte Anlage zum Protokoll, S. 3 ff.; jetzt auch BVerfG, Urt. v. 18.12.1968, 1 BvR 638/64 u. a., NJW 1969, 309.

[9] VerwArchiv Bd. 5, S. 311.

[10] Vgl. auch O. *Mayer*, VerwR II, 3, S. 72: „In Wahrheit bleibt das Wesen des Eigentums, die umfassende rechtliche Macht über die Sache, unverändert bestehen. Die Regeln für die Ordnung der sich daran knüpfenden Beziehungen werden allein gewechselt" (zur Umwandlung öffentlich-rechtlichen in privatrechtliches Eigentum; widersprüchlich zu a.a.O., S. 40: zwischen Eigentümer und Sache bestehe keine rechtlich geordnete Beziehung).

lauben aber einen Übergang von der einen Art der Sachherrschaft zur anderen, m. a. W.: vom Vollrecht (Privat-) „Eigentum" abgetrennte Sachherrschaftsbefugnis kann — bei Vorliegen einer entsprechenden öffentlich-rechtlichen gesetzlichen Regelung — in der Hand eines Sonderrechtssubjekts zu einem öffentlich-rechtlichen beschränkt dinglichen Recht werden[11].

Wenn überhaupt eine freiwillige Begründung öffentlich-rechtlicher dinglicher Rechte durch Private, also eine „Übertragung" derartiger Herrschaftsbefugnisse, möglich ist — was sogleich zu prüfen ist —, so steht der eingangs zitierte römisch-rechtliche Satz einer solchen Übertragung nicht entgegen; seine Anwendung geht hier fehl, weil er auf den Unterschied zwischen privatrechtlicher und öffentlich-rechtlicher Sachherrschaft nicht paßt. Unter obiger Voraussetzung könnte daher auch ein Privater eine auf die Begründung öffentlich-rechtlicher Sachherrschaft gerichtete öffentlich-rechtliche Willenserklärung abgeben, soweit diese Möglichkeit gesetzlich vorgesehen ist[12].

II. Begründung öffentlich-rechtlicher dinglicher Belastungen

Ist es möglich, öffentlich-rechtliche dingliche Belastungen durch öffentlich-rechtliche Willenserklärungen eines Privaten zu begründen? Die hier untersuchten Regelungen sehen vor, daß die Baulasten durch konstitutive öffentlich-rechtliche Willenserklärung des jeweiligen Grundstückseigentümers begründet werden und die öffentliche Last des hmb EntG auch durch öffentlich-rechtlichen Vertrag entstehen kann[13]. In beiden Fällen würde der Grundstückseigentümer zusätzliche Belastungen freiwillig übernehmen, und zwar — wegen ihrer dinglichen Rechtsnatur — mit Wirkung auch gegen seine Rechtsnachfolger.

1. Es ist allgemein anerkannt, daß im öffentlichen Recht ein jeder für sich Pflichten und Beschränkungen jedenfalls dann über das allgemeine Maß hinaus übernehmen kann, wenn dies gesetzlich vorgesehen ist[14]. Eine Besonderheit könnte nun aber darin liegen, daß hier dingliche Belastungen auch die Rechtsnachfolger der Übernehmer in ihren Eigentumsbefugnissen beschränken sollen.

---

[11] Anders bei den nur „sachbezogenen" öffentlich-rechtlichen Normen: Hier fehlt die abgeleitete Herrschaftsmacht.
[12] Wie hier: *Maunz*, Hauptprobleme, S. 266; auch *Schallenberg*, a.a.O., S. 70 f., räumt diese Möglichkeit für den von ihm als „Sonderfall" bezeichneten § 3 RLG ein.
[13] Vgl. § 99 Abs. 1 BauO NW bzw. § 8 Abs. 1 Satz 2 hmb EntG.
[14] *Fleiner*, Institutionen, S. 169; W. *Jellinek*, VerwR, S. 199 f.; *Bürger*, Verpflichtung, S. 41 f.; *Wolff*, VerwR I, § 42 III b 5, S. 260.

Fleiner[15] hat den Grundsatz aufgestellt, daß jede freiwillig übernommene Pflicht den allein binde, der sie sich aufgebürdet habe; eine Nachfolge in die Pflicht finde nur auf Grund einer besonderen gesetzlichen Vorschrift statt. Während die Baulastvorschriften zwar — deklaratorisch — einen solchen gesetzlichen Ausspruch enthalten, weisen die §§ 8 ff. hmb EntG ihn nicht auf. Steht die Ansicht Fleiners damit der Qualifizierung jener Rechtsfiguren als öffentlich-rechtlicher dinglicher Rechte oder der Möglichkeit ihrer freiwilligen Begründung entgegen?

Unter „Pflicht" versteht Fleiner nach obigem nur ein personales („schuldrechtliches") Leistungsverhältnis; um dessen Wirkungen auf Dritte ausdehnen zu können, bedürfe es der gesetzlichen Vorschrift. Diese Ansicht hängt mit seiner Prämisse zusammen, das öffentliche Recht regle nur die Beziehungen zwischen dem Staat und den Privaten, nicht aber die des Staates zu Sachen als Rechtsobjekten[16]. Sie ist bereits oben[17] als zu eng abgelehnt worden. Mag die Ansicht Fleiners für reine Leistungspflichten zutreffen, so kann sie doch keine allgemeine Geltung beanspruchen auch für diejenigen Rechtsbeziehungen, deren Existenz Fleiner gerade leugnet. Wenn dingliche Rechtsbeziehungen im öffentlichen Recht an sich möglich sind und wenn es ein wesentliches Merkmal des dinglichen Rechts ist, unabhängig von einer vermittelnden Leistungspflicht zu bestehen, so folgt daraus die Wirkung dieser Rechte gegenüber Rechtsnachfolgern des ursprünglichen Grundstückseigentümers, auch ohne daß eine entsprechende besondere Gesetzesvorschrift besteht. Fleiners Ansicht, die zu Unrecht auf der Prämisse, es gebe keine dinglichen Rechtsbeziehungen im öffentlichen Recht, aufbaut, steht daher der Annahme, daß öffentlich-rechtliche dingliche Rechte auch freiwillig übernommen werden können, nicht entgegen[18].

2. Die freiwillige Verringerung der Eigentümerbefugnisse ist ebenso wie im Zivilrecht auch zugunsten eines Trägers öffentlicher Verwaltung durch verfügende öffentlich-rechtliche Willenserklärung möglich. Entgegenstehende Gründe öffentlich-rechtlicher Art sind nicht ersichtlich. Insbesondere liegt hier keine verpflichtende Willenserklärung zu Lasten Dritter vor[19], die den Rechtsnachfolger in seiner Willensfreiheit beschränken würde, sondern es handelt sich um Eigentumsbelastun-

---

[15] a.a.O., S. 171 f.; ihm folgt *Scheerbarth*, Bauordnungsrecht, S. 419.
[16] a.a.O., S. 149.
[17] S. 57 u. 66.
[18] Ebenso für den Fall der Zustimmung des Eigentümers zur Widmung eines Weges: *Merten*, Gutgläubiger Erwerb, S. 45 f.
[19] Zur Unzulässigkeit von Verträgen zu Lasten Dritter im Zivilrecht vgl. statt aller: *Larenz*, Schuldrecht I, S. 130; für das öffentliche Recht gilt nichts anderes.

gen, die das Eigentum bereits als belastetes übergehen lassen. Wenn daher in der Literatur diese Fälle unter dem Stichwort „Pflichtennachfolge" im Zusammenhang mit den Fällen der Beitragspflichten behandelt werden[20], so ist das nicht genau, weil eine „Pflichtennachfolge" streng genommen nur bei den (objektiv) dinglichen Beziehungen möglich ist. Die Geldzahlungspflichten (Anliegerbeiträge u. ä.) weisen eine Nachfolge gerade *nicht* auf: hier handelt es sich um persönliche Leistungspflichten, die mit jedem Eigentumswechsel neu entstehen[21]. Diese Rechtslage ist daher nicht mit derjenigen der öffentlich-rechtlichen dinglichen Rechte zu vergleichen.

Die auf die Begründung öffentlich-rechtlicher dinglicher Rechte gerichtete Willenserklärung ist öffentlich-rechtlicher Art, da sie ausschließlich gegenüber einem Träger öffentlicher Verwaltung abzugeben ist und auf einen öffentlich-rechtlichen Gegenstand gerichtet ist[22].

Nach allem können öffentlich-rechtliche dingliche Rechte durch öffentlich-rechtliche Willenserklärung eines Privaten begründet werden, sofern diese Rechte eine gesetzliche Regelung erfahren haben.

III. Konkurrenzfragen

In den meisten Fällen wird eine Konkurrenz mehrerer Herrschaftsrechte privatrechtlicher und öffentlich-rechtlicher Natur an derselben Sache bestehen, so daß sich die Frage nach dem Rangverhältnis dieser Rechte stellt. Gegenüber dem privatrechtlichen Eigentum gebührt dem öffentlich-rechtlichen beschränkt dinglichen Recht der Vorrang schon aus Gründen der Spezialität der beschränkt dinglichen Rechte gegenüber dem Vollrecht[23]. Dieser Spezialitätsgrundsatz gilt wie für privatrechtliche Rechte untereinander auch für das Verhältnis zwischen privatrechtlichem Vollrecht und öffentlich-rechtlichem beschränkten Recht, da für seine Anwendung die gemeinsame Grundlage der umfassenden bzw. beschränkten Sachherrschaft entscheidend ist, die Rechtsnatur der Rechtssätze, die die sachenrechtliche Beziehung regeln, dagegen keine Rolle spielt. Auf den Grundsatz des Vorrangs des öffentlichen Rechts gegenüber dem Privatrecht braucht insoweit nicht zurückgegriffen zu werden[24, 25].

---

[20] W. *Jellinek*, VerwR, S. 195 ff. (Pflichten-Nachfolge kraft Dinglichkeit); *Wolff*, VerwR I, S. 261 (sachbezogene Pflichtennachfolge).
[21] Vgl. dazu auch unten § 13. — *Wolff*, der a.a.O., § 40 II c (S. 245 ff.), die persönlichen Pflichten mit Bestimmung durch Sachbeziehung und die dinglichen Verpflichtungen unterscheidet, vermengt sie hier — S. 261 — wieder.
[22] Vgl. *Forsthoff*, Lehrbuch, S. 192.
[23] BGHZ 9, 373 (383).
[24] Anders: BGHZ 9, 373 (383).
[25] Dagegen ist dieser Grundsatz anwendbar im Verhältnis der „öffent-

Gegenüber älteren oder gleichzeitig bestellten privatrechtlichen beschränkt dinglichen Rechten ist ein Vorrang des öffentlich-rechtlichen beschränkt dinglichen Rechts auf Grund eben dieser Öffentlichrechtlichkeit nicht anzunehmen. Vielmehr müssen diese Rechte — sofern sie dem öffentlich-rechtlichen entgegenstehen — freiwillig oder durch Enteignung beseitigt werden[26].

IV. Exkurs: Die Zustimmung zur Widmung eines Weges

An dieser Stelle kann eine Verbindungslinie zum Recht der öffentlichen Sachen gezogen werden. Im Zusammenhang mit der Zustimmung des Grundeigentümers zur Widmung seines Grundstücks zum öffentlichen Weg wird in der Literatur im allgemeinen ausgeführt, durch diese Zustimmung werde er (und seine Rechtsnachfolger!) verpflichtet, die Benutzung des Weges im Rahmen des Gemeingebrauchs zu dulden, sein Privateigentum werde im Umfang der durch die Widmung eingetretenen öffentlichen Zweckbindung des Weges zurückgedrängt usw.[27] Solche und ähnliche Ausführungen umschreiben zwar die eingetretene Wirkung der Widmung ziemlich genau, sie lassen aber eine klare rechtliche Erfassung dieser Vorgänge vermissen. Eine befriedigende rechtliche Konstruktion ist jedoch von der hier vertretenen Auffassung öffentlich-rechtlicher dinglicher Rechte aus möglich: Danach erscheint die „Zustimmung" des Eigentümers zur Widmung als die auf Begründung einer öffentlich-rechtlichen Sachherrschaft des Trägers öffentlicher Verwaltung gerichtete öffentlich-rechtliche Willenserklärung[28].

Die Zustimmung ist nicht Bestandteil der Widmung, sondern Voraussetzung[29]; sie soll die erforderliche Sachherrschaft einräumen, ohne die die Verwaltung die Widmung nicht vornehmen darf, da diese in

---

lichen Sachbeziehungen" zur privatrechtlichen Sachzuordnung; vgl. auch *Niehues*, Dinglichkeit, S. 127, der die „öffentlichen Sachbeziehungen" allerdings zu den dinglichen Rechten zählt.

[26] Die an fremder Sache dinglich Berechtigten können insoweit nicht schlechter stehen als der Eigentümer, vgl. *Forsthoff*, Lehrbuch, S. 356, Anm. 7; *Wolff*, VerwR I, S. 383 (§ 56 IV a 1); *Krause*, Gemeingebrauch, S. 44; allg. Meinung.

[27] Vgl. etwa *Wolff*, VerwR I, S. 385, 387; *Krause*, Gemeingebrauch, S. 36; *Petersen*, Grundprinzipien, S. 51 ff. (58); *Zippelius*, Grundfragen, DÖV 1958, 840 ff.; auch *Holstein*, Lehre, S. 72.

[28] Den öffentlich-rechtlichen Charakter betonen: *Schallenberg*, Die Widmung, S. 70; *Forsthoff*, Lehrbuch, S. 356; *Lassar*, Grundbegriffe, S. 78; a. A. *Zippelius*, a.a.O., S. 844.

[29] Vgl. § 2 Abs. 2 BFStrG; *Schallenberg*, a.a.O., S. 70; *Krause*, a.a.O., S. 43 f.; *Wolff*, VerwR I, S. 383 (§ 56 IV a 2); *Maunz*, Hauptprobleme, S. 256; *Lassar*, a.a.O., S. 77.

§ 11: Die öffentlich-rechtliche Sachherrschaft

das privatrechtliche Eigentum eingreift. Die „öffentlich-rechtliche Sachherrschaft" hat den Umfang, wie die Widmung ihn erfordert; diese umschreibt den Inhalt des öffentlich-rechtlichen beschränkt dinglichen Rechts, nur als solches ist die Berechtigung des Trägers öffentlicher Verwaltung anzusehen. Diese Verbindung von Dinglichkeit und Widmungsvorgang wird in der Literatur nur vereinzelt behandelt, ohne daß die Konsequenzen in der rechtlichen Konstruktion gezogen werden[30]. Die widmende Verwaltung benötigt in jedem Fall eine dingliche Berechtigung an dem zu widmenden Grundstück. Das ist zwar zum Teil bestritten worden[31], zeigt sich jedoch daran, daß sie gezwungen ist, Enteignungen durchzuführen, wenn der Eigentümer freiwillig weder das Eigentum noch ein ausreichendes beschränkt dingliches Recht[32] einräumt noch die Zustimmung zur Widmung erteilt[33]. Da die Enteignung als „dingliches Zwangsgeschäft" die Zustimmung ersetzen kann, muß geschlossen werden, daß auch diese dingliche Berechtigungen schafft, denn die Enteignung darf den einzelnen nicht stärker als unbedingt erforderlich belasten[34], der Verwaltung also auch nicht mehr Rechte verschaffen, als diese zur Durchführung ihrer öffentlichen Aufgaben benötigt. Die Widmung erfolgt dann nur in Ausübung der sich aus dem öffentlich-rechtlichen beschränkt dinglichen Recht ergebenden Berechtigung. Danach stellt sich schließlich das „Zurückweichen" des Privateigentums vor der öffentlichen Zweckbindung genau genommen als Vorrang des beschränkt dinglichen Rechts vor dem Vollrecht dar[35].

---

[30] Vgl. *Schallenberg*, a.a.O., S. 72, der von einer „Verdinglichung der Zustimmung" im zivilrechtlichen Sinne spricht; *Merten*, Gutgläubiger Erwerb, S. 46: die Widmung sei „sachenrechtlich, dinglich wirkend"; ähnlich *v. Almsick*, Rechtsstellung, S. 6, 53, 61.

[31] *Forsthoff*, a.a.O., S. 356, Anm. 6 — anders aber im Text (S. 356): die Zustimmung stelle eine öffentlichrechtliche Belastung des Grundstücks dar; *Maunz*, a.a.O., S. 257: Verdinglichung der Zustimmung sei nicht erforderlich. — Auch der oft gebrauchte Begriff „privatrechtliche Verfügungsmacht" (vgl. *Wolff*, a.a.O., S. 383; *Niehues*, Dinglichkeit, S. 113; *Petersen*, Grundprinzipien, S. 20; auch OVG Lüneburg, NJW 1970, 75) ist insoweit nicht eindeutig; nach § 2 Abs. 2 BFStrG soll allerdings auch der Besitz des Grundstückes genügen.

[32] De lege ferenda sollte die sachenrechtliche Berechtigung des Trägers öffentlicher Verwaltung nicht als privatrechtliches, sondern als öffentlich-rechtliches dingliches Recht ausgestaltet werden; nur so ist eine Kongruenz zwischen Funktion und Form der Berechtigung zu erreichen; vgl. auch H. *Krüger*, Allg. Staatslehre, S. 331 ff.; *Haas*, DVBl. 1962, 653.

[33] Allg. Meinung, vgl. *Wolff*, a.a.O., S. 383; *Schallenberg*, a.a.O., S. 69 f.; *Petersen*, a.a.O., S. 21; § 19 Abs. 1 BFStrG.

[34] Prinzip des geringstmöglichen Eingriffs, vgl. dazu z. B. BVerfG, Urt. v. 11. 6. 58, BVerfGE 7, 377 (405 ff.); Urt. v. 21. 2. 62, BVerfGE 14, 19 (23 f.); Beschl. v. 15. 12. 65, BVerfGE 19, 342 (348 ff.); Beschl. v. 3. 5. 66, BVerfGE 20, 45 (49 f.); Teilurt. v. 5. 8. 66, BVerfGE 20, 162 (198 ff.).

[35] Der hier vertretenen Auffassung kommen nahe: *Lassar*, Grundbegriffe, S. 13, 37, 39 f., 78; *Merten*, Gutgläubiger Erwerb, S. 42, 44, 46; *Krause*, Gemein-

Diese Konstruktion erklärt auch ohne Schwierigkeiten die Tatsache, daß die Rechtsnachfolger des Zustimmenden an die Zustimmung gebunden sind. Demgegenüber erscheinen die Konstruktionsversuche in der Literatur ziemlich gekünstelt: so wird zum Teil angenommen, die Zustimmung räume der Verwaltung eine privatrechtliche, nicht-dingliche Verfügungsgewalt ein, deren privatrechtlich an sich mögliche Beseitigung durch eine auch den Rechtsnachfolger treffende öffentlich-rechtliche Beschränkung ausgeschlossen werde[36]. Diese Konstruktion ist ohne Not kompliziert und wird dennoch den Gegebenheiten nicht gerecht, denn worin soll diese zusätzliche „Beschränkung" gesehen werden? Für die Scheu, in der Zustimmung eine Übertragung dinglicher Herrschaftsmacht zu sehen[37], besteht kein Anlaß. Allerdings wird öffentlich-rechtliche Sachherrschaft begründet, keine privatrechtliche, wie sich schon daran zeigt, daß die Formen privatrechtlicher dinglicher Rechte nicht eingehalten sind.

§ 12: Definition des Begriffs des öffentlich-rechtlichen beschränkt dinglichen Rechts

Nachdem die wesentlichen Merkmale eines öffentlich-rechtlichen dinglichen Rechts erörtert worden sind und es sich gezeigt hat, daß keine Bedenken bestehen, derartige Rechte im Bereich des öffentlichen Rechts anzuerkennen, kann für diese Rechte folgende Definition versucht werden:

Öffentlich-rechtliche beschränkt dingliche Rechte sind öffentlich-rechtlicher Regelung unterliegende unmittelbare Sachbeziehungen, die einem Träger öffentlicher Verwaltung eine aus dem Eigentum abgeleitete beschränkte Sachherrschaft einräumen.

§ 13: Zum Begriff „dinglich" in der Literatur

Handelt es sich bei den Baulasten und der öffentlichen Last nach dem hmb EntG um öffentlich-rechtliche dingliche Rechte, so stellt sich die Frage, ob der Rechtsnatur nach eine Übereinstimmung mit einer Reihe anderer Vorschriften besteht, die ebenfalls in einem Zusammenhang mit dem Grundeigentum stehen, die gesetzliche Bezeichnung

---

gebrauch, S. 35; *Wolff*, VerwR I, S. 385, 387 (unklar aber S. 383); auch *Holland-Cunz*, Gebrauch öffentl. Wege, S. 22 f., 25. Nach OVG Lüneburg, NJW 1970, 75 f. begründet die *Widmung* die „öffentlich-rechtliche Sachherrschaft" der Verwaltungsorgane: das ist unrichtig, denn die Sachherrschaft ist *Voraussetzung* einer zulässigen Widmung.

[36] *Maunz*, Hauptprobleme, S. 256 f.

[37] Vgl. *Forsthoff*, Lehrbuch, S. 356 Anm. 6: keine dingliche Wirkung, da Befreiung von Formerfordernissen.

„Last" tragen und in der Literatur zum Teil als dingliche Rechte angesehen werden. Als Beispiel sei die Vorschrift des § 134 Abs. 2 BBauG über den Erschließungsbeitrag angeführt. Die Rechtsnatur dieses Beitrags, der als „öffentliche Last auf dem Grundstück" ruht, ist umstritten: während die einen[1] der öffentlichen Last einen dinglichen Charakter zusprechen, handelt es sich nach anderen[2] um eine persönliche Schuld des Grundstückseigentümers; nach einer dritten Ansicht[3] steht neben der persönlichen Haftung des Eigentümers eine (fortbestehende) dingliche Haftung des Grundstücks[4].

Über den Begriff „dinglich" besteht in der Literatur im übrigen keine Einstimmigkeit. So spricht z. B. W. *Jellinek*[5] von einer Pflichtennachfolge kraft Dinglichkeit, die dann vorliege, „wenn das Pflichtobjekt irgendwie mit dem Eigentum an einer Sache, insbesondere einem Grundstück, wechselt". Als Beispiele nennt er die Pflicht des Eigentümers, die Sache in polizeimäßigem Zustand zu halten, und den § 2 des Sächsischen Allgemeinen Baugesetzes (ohne Einschränkung). Ähnlich nennt *Forsthoff*[6] Rechte und Pflichten dann dinglich, wenn sie nicht dem Eigentümer als Person, sondern dem jeweiligen Eigentümer zustehen[7]. Diese Beispiele zeigen die große Anwendungsbreite des Begriffs „dinglich". Es stellt sich die Frage, ob in den genannten Fällen tatsächlich dingliche Rechte und Pflichten in dem obengenannten Sinne vorliegen, insbesondere, ob die genannten öffentlichen Lasten öffentlich-rechtliche dingliche Rechte darstellen. Das soll für den Erschließungsbeitrag nach § 134 Abs. 2 BBauG untersucht werden.

I. Das Beispiel des Erschließungsbeitrages

Charakteristisches Merkmal einer dinglichen Rechtsbeziehung ist auch im Bereich des öffentlichen Rechts die Unmittelbarkeit der Sachbeziehung, die rechtlich geregelte Beziehung des Rechtsträgers zur Sache wird nicht durch eine andere Person (Leistungsverpflichteten) vermittelt.

---

[1] z. B. *Meyer-Stich-Tittel*, Bundesbaurecht, § 134 BBauG, Anm. 2; *Sauermann*, Einordnung, DVBl. 1964, 509 (privatrechtliche dingliche Belastung).
[2] *Schmidt*, Handbuch, S. 145 f.; *Finkler*, Erschließungsrecht, S. 133.
[3] *Zeller*, ZVG, § 10 Anm. 37; ebenso W. *Jellinek*, VerwR, S. 198 f.; *Hatschek-Kurtzig*, Lehrbuch, S. 275 für § 15 pr. Fluchtliniengesetz.
[4] Ähnliche gesetzliche Vorschriften finden sich z. B. in § 111 LAG; § 20 FlurbG; § 64 Abs. 3 BBauG; § 10 Abs. 6 KAG BW u. a.
[5] VerwR, S. 195 f.
[6] Lehrbuch, S. 185.
[7] Vgl. auch Hamb. OVG., Urt. v. 14. 10. 48 — Bf. 23/48 —, VerwRspr. Bd. 1, S. 222 (228) zur „verdinglichten" Mitgliedschaft in einem Wasserverband. — Zum Begriff der Dinglichkeit bei *Wolff*, VerwR I, siehe oben S. 89.

B. I. Der dingliche Charakter der Regelungen

Der Erschließungsbeitrag wird von den Gemeinden zur Deckung ihres anderweitig nicht gedeckten Aufwands für Erschließungsanlagen erhoben[8]. Der beitragsfähige, nicht gedeckte Aufwand wird auf die durch die Anlage erschlossenen Grundstücke verteilt[9]. Beitragspflichtig ist derjenige, der im Zeitpunkt der Zustellung des Beitragsbescheides Eigentümer des Grundstücks ist[10].

Im Vordergrund der Regelung steht damit die Verpflichtung zur Geldzahlung, nicht eine Einwirkungsbefugnis auf das Grundstück. Sie ist auf die Beschaffung von Geldmitteln gerichtet, nicht auf die Erlangung einer Herrschaftsmacht. Die Zahlungspflicht als solche hat mit dem Grundstück nur insoweit etwas zu tun, als der Leistungspflichtige durch eine Beziehung zu diesem Grundstück (Eigentum) bestimmt wird. Diese formale Zuständigkeitsbestimmung ist aber ohne Einfluß auf die Rechtsnatur und den Inhalt der Zahlungspflicht. Der aus der Beitragspflicht Berechtigte tritt nicht seinerseits in eine Beziehung zum Grundstück, die Beitragspflicht ist daher keine dingliche Pflicht, sondern eine persönliche Leistungspflicht. Dingliche Berechtigung (Grundeigentum) und schuldrechtliches Verhältnis (persönliche Leistungspflicht) stehen selbständig nebeneinander und sind nur dergestalt verbunden, daß das Pflichtsubjekt des letzteren durch das Berechtigungssubjekt der ersteren bestimmt wird[11]. Es liegt eine „Subjektbestimmung durch Grundeigentum" vor[12]. Mit der oben behandelten Form der Dinglichkeit haben diese und ähnliche Vorschriften gemeinsam, daß sie Rechte begründen, die einen Grundstückseigentümer betreffen, aber unabhängig von einem Wechsel der Person des Eigentümers sind. Während jedoch die (objektiv) dinglichen Rechte eine unmittelbare Beziehung zur Sache herstellen, diese selbst ergreifen und auch an einer herrenlosen Sache bestehen bleiben, wird bei der Subjektbestimmung durch Grundeigentum nicht die Sache in das Rechtsverhältnis materiell einbezogen, sondern das (selbständige) Rechtsverhältnis an das Grundstück gebunden[13]. Als persönlich Leistungsverpflichteter haftet der Schuldner mit seinem gesamten Vermögen einschließlich des Grundstücks.

---

[8] § 127 Abs. 1 BBauG.
[9] § 131 Abs. 1 BBauG.
[10] § 134 Abs. 1 Satz 1 BBauG.
[11] Vgl. § 134 Abs. 1 Satz 1 BBauG.
[12] Vgl. dazu insbes. *Westermann*, Die Bestimmung des Rechtssubjekts durch Grundeigentum; er gebraucht für diese Erscheinung auch den Begriff „subjektiv dingliche Rechte", vgl. S. 8 a.a.O.; siehe auch oben § 8, I.
[13] *Westermann*, a.a.O., S. 60 f.; ihm folgend *Niehues*, Dinglichkeit, S. 77 f.

II. Die Bezeichnung als „öffentliche Last"

Wird diese Rechtslage modifiziert durch Bestimmung der Leistungspflichten zu „öffentlichen Lasten"? Derartige Bestimmungen ergehen im Hinblick auf § 10 Abs. 1 Nr. 3 ZVG, um die Erfüllung der Leistungspflicht sicherzustellen; das Grundstück soll auch bei einem Eigentümerwechsel nicht aus der Haftung entlassen werden. Diese Haftung besteht fort, nicht nur, wenn der Eigentümer wechselt, also ein neuer an die Stelle des alten tritt, sondern auch, wenn das Grundstück herrenlos wird, es handelt sich mithin um eine dingliche Belastung des Grundstücks, um ein dingliches Sicherungs-(Verwertungs-)recht des Trägers öffentlicher Verwaltung[14]. Diese dingliche Sicherung tritt nur zur persönlichen Verpflichtung hinzu, läßt diese aber unberührt, an ihrem Rechtscharakter ändert sich nichts. Es handelt sich um *zwei* Rechtsverhältnisse, die auseinandergehalten werden müssen. Persönliche Verpflichtung und dingliche Haftung stehen hier zwar nebeneinander[15], die dingliche Haftung hat jedoch nur Hilfsfunktion, sie ist nicht der primäre Anlaß der gesetzlichen Regelung und ist abhängig vom Bestehen einer Leistungspflicht[16], wobei allerdings Leistungsschuldner und Grundstückseigentümer nicht identisch zu sein brauchen (vgl. auch § 120 a RAO).

Neben den öffentlich-rechtlichen (objektiv) dinglichen Rechten stehen somit die öffentlich-rechtlichen persönlichen Leistungspflichten, die in rein persönliche und in persönliche mit Subjektbestimmung durch Grundeigentum und in solche mit und ohne dingliche Sicherung unterteilt werden können[17, 18].

---

[14] So auch die überwiegende Ansicht: *Tipke-Kruse*, Abgabenordnung, § 120 a Anm. 1; *Becker-Riewald-Koch*, Reichsabgabenordnung, § 120 a Anm. 1; Zeller, ZVG, § 10 Anm. 37; *Ernst-Friede*, Aufbaugesetz NW, S. 194; *Westermann*, a.a.O., S. 33; vgl. ferner *Spohr*, StW 41, 329 ff.; *Fischer*, Rechtliche Gestaltung, NJW 1955, 1583; *v. Turegg-Kraus*, VerwR., S. 191; siehe auch PrOVG 71, 146.

[15] *Westermann*, a.a.O., S. 8, 33.

[16] Vor der Heranziehung durch Beitragsbescheid besteht kein dingliches Verwertungsrecht, allenfalls eine „Pflichtigkeit" des Grundstücks (*Peters*, Lehrbuch, S. 145). — Anders bei den Baulasten und der öffentl. Last des hmb EntG: hier ist die Beherrschung des Grundstücks primäres Ziel.

[17] *Wolff*, VerwR I, S. 245, bezeichnet die persönlichen Leistungspflichten mit Subjektbestimmung durch Grundeigentum als „reale Verpflichtungen" — dieser Ausdruck scheint auf einen (nicht vorhandenen) inhaltlichen Unterschied zu sonstigen Leistungspflichten hinzudeuten und ist deshalb zu vermeiden.

[18] Der Meinungsstreit, ob die öffentlich-rechtliche Last nach § 2 Allg. BauG Sachsen dinglichen Charakter hatte, beruhte im wesentlichen darauf, daß die hier dargestellten Unterschiede und das Wesen der Baulast nicht beachtet wurden: Dinglichen Charakter hatte nur die Übernahme der Baubeschränkungen, die sonstigen Verpflichtungen (Anliegerbeiträge u. ä.) waren

Zweiter Abschnitt

Weitere gemeinsame Merkmale und Definition eines Oberbegriffs

§ 14: Der Zweck der gesetzlichen Regelungen

Die Frage nach dem Sinn und Zweck der gesetzlichen Regelungen zielt ab auf die Funktion der Rechtssätze, als des besonderen Zwecks im Rahmen des allgemeinen des öffentlichen Rechts. Von dieser Funktion her muß auch die Zweckmäßigkeit der Konstruktion, das Angepaßtsein der Konstruktion an die Funktion beurteilt werden.

I. Funktion und Zweck der Regelungen

Die Funktion eines öffentlich-rechtlichen Rechtssatzes erweist sich daran, welchem öffentlichen Interesse, welchem Bedürfnis der Allgemeinheit er zu dienen bestimmt ist. Denn die öffentliche Verwaltung, die durch die öffentlich-rechtlichen Rechtssätze berechtigt oder verpflichtet wird, verfolgt keine Eigeninteressen, sondern ist gebunden an die Wahrung und Förderung des öffentlichen Interesses, des Gemeinwohls.

1. Die öffentliche Last nach dem hmb EntG soll den Bau unterirdischer Verkehrsanlagen ermöglichen; sie dient damit einer im öffentlichen Interesse liegenden Aufgabe der Daseinsvorsorge. Für diese öffentliche Aufgabe wird dem privaten Grundeigentümer eine Leistung (i. w. S.) abverlangt, ein Teil seines Vermögens in Anspruch genommen. Der Grundeigentümer muß diesen Vermögensbestandteil zur Verfügung stellen, weil die Verwaltung zur Erfüllung dieser öffentlichen Aufgabe gerade auf ihn angewiesen ist und er nicht ersetzt[1] werden kann[2]. Allgemein formuliert besteht die Funktion der §§ 8 ff. hmb EntG somit darin, für eine im allgemeinen Interesse liegende öffentliche Aufgabe die erforderlichen sachlichen Mittel zu beschaffen, soweit sie sich als unvertretbare im Vermögen Privater befinden[3].

---

persönliche Leistungspflichten mit Subjektbestimmung durch Grundeigentum und dinglicher Sicherung. Vgl. zum Meinungsstreit: (dinglich) *Apelt*, Industriebelastung, S. 137 ff.; Sächs. OVG 1, 128, 132; 2, 305, 307 f.; 6, 335, 337; andererseits: *Fleiner*, Institutionen, S. 152 ff., 155 mit Anm. 28; Sächs. OVG, st. Rspr. ab Urt. v. 17. 1. 1912, Jhrb. 18, 122 ff.; differenzierend *Krüger*, Baurechtl. Verpflichtungen, Fischers Ztschr. 42, 319.

[1] Unersetzbar und damit unvertretbar i. S. des Zivilrechts wird er spätestens mit der Unanfechtbarkeit des Planfeststellungsbeschlusses.

[2] Die Fage, ob der Verwaltung bei der Festlegung der Linienführung der Verkehrsanlage ein weitgehendes Planungsermessen einzuräumen ist, ist

§ 14: Der Zweck der gesetzlichen Regelungen

Ähnlich liegt es bei den Baulasten. Die Verwaltung bedarf des zusätzlichen beschränkten Herrschaftsrechts über das Grundstück, um ihrer im öffentlichen Interesse liegenden Aufgabe der Wahrung der baulichen Ordnung genügen zu können. Auch in diesem Fall ist das erforderliche Mittel nur durch eine Inanspruchnahme, eine Leistung des privaten Grundeigentümers zu erlangen. Die Funktion der Baulastvorschriften ist daher prinzipiell die gleiche wie die der §§ 8ff. hmb EntG: Beschaffung der für die Verwaltungsaufgaben erforderlichen Mittel.

Der Unterschied zwischen den beiden Regelungen, der sich in der Art der Begründung der Lasten ausdrückt — zwangsweise hoheitlich (i. d. R.) bei der öffentlichen Last des hmb EntG, ausschließlich durch freiwillige konstitutive Willenserklärung bei der Baulast —, hat seinen Grund in der verschiedenen Intensität des öffentlichen Bedürfnisses an der Erlangung des Rechts: bei der Baulast ist es Folge einer Abweichung vom Gesetz im Einzelfall, die auch unterbleiben kann; bei der öffentlichen Last des hmb EntG liegt dagegen ein primär öffentliches Bedürfnis vor, das nicht verzichtbar ist. Der Unterschied liegt also nicht in einer verschiedenen Funktion begründet, diese ist vielmehr bei beiden Regelungen gleich.

2. Neben der besonderen Funktion der Rechtsinstitute spielt für ihre nähere Ausgestaltung der mit ihnen verfolgte rechtspolitische Zweck eine Rolle. Dieser ist bei den Baulasten darin zu sehen, Abweichungen von den gesetzlichen Baurechtsvorschriften im Einzelfall zu ermöglichen, um eine wirtschaftlichere Ausnutzung des knapper werdenden, zur Bebauung geeigneten Grund und Bodens zu erreichen, ohne dabei die vom Gesetz im öffentlichen Interesse gezogenen Schranken der Bebaubarkeit außer Kraft zu setzen[4]. Es handelt sich daher in der Regel um Fälle, in denen den gesetzlichen Anforderungen auf anderem als vom Gesetz an sich vorgesehenem Wege Genüge getan wird. Diesem rechtspolitischen Zweck stand das öffentliche Interesse an der Einhaltung der baurechtlichen Schranken gegenüber. Es mußte sichergestellt werden, daß nicht auf dem Umweg über die Ausnahmeregelung gesetzliche Beschränkungen umgangen werden.

---

umstritten: vgl. (bejahend) OVG Hamburg, Urt. v. 4.3.65, EPIR I, 3, S. 1 ff.; VGH Mannheim, Urt. v. 15.6.64, DVBl. 1965, 607; andererseits (weitergehende Nachprüfung): BayVGH, BayVBl. 1965, 276; *Kopp*, Grenzen, DÖV 1966, 317 ff.

[3] Als Güter- oder Rechtsbeschaffungsvorgang durch hoheitlichen Einzelakt kann hierin eine sog. „klassische" Enteignung liegen, vgl. BayVGH, VerwRspr. 16, 469 (475); *Forsthoff*, Lehrbuch, S. 131. — Zur Frage der Bemessung der Entschädigung vgl. *Dittus*, Bemessung, NJW 1965, 718 (722), m. w. H. (nur bei Verkehrswertminderung; diese ist identisch mit dem „Vermögensnachteil" des § 10 Abs. 1 S. 1 hmb. EntG).

[4] Begründung zur BauO NW, Landtag NW, 4. Wahlp., Drucks. 327, S. 95; Begründung zum EBHBauO, Verhandlungen 1968, S. 177, 213.

Für die öffentliche Last des hmb EntG läßt sich das Verhältnis rechtspolitischer Zweck / öffentliches Interesse dahin umschreiben, ein gesichertes Nutzungsrecht für den Träger öffentlicher Verwaltung zu gewährleisten und dabei den privaten Grundeigentümer so wenig wie möglich in der eigenen Nutzung des Grundstücks zu beeinträchtigen[5].

II. Die Zweckmäßigkeit der gewählten Rechtsform

Im Hinblick auf dieses Spannungsverhältnis zwischen Funktion der Rechtsinstitute, rechtspolitischem Zweck und im öffentlichen Interesse liegendem Sicherungsbedürfnis ist die Zweckmäßigkeit der gewählten Form eines öffentlich-rechtlichen dinglichen Rechts zu beurteilen.

1. Als Alternative kommen zivilrechtliche Institute in Betracht, und zwar — des Sicherungsbedürfnisses wegen — private dingliche Rechte, die Dienstbarkeiten.

a) Grunddienstbarkeiten scheiden als Ersatz für die öffentliche Last nach dem hmb EntG aus, weil sie nur zugunsten herrschender Grundstücke bestellt werden können, ein solches aber in den im zweiten Teil des hmb EntG behandelten Fällen nicht vorhanden ist.

Auch für die den Baulasten zugrunde liegenden Tatbestände paßt die Grunddienstbarkeit nicht. Sie könnte nur zwischen den beteiligten Grundstückseigentümern bestellt werden, die Bauaufsichtsbehörde, die für die Einhaltung der bauordnungsrechtlichen Vorschriften zu sorgen hat, hätte keine rechtliche Möglichkeit, den Bestand der Grunddienstbarkeit zu gewährleisten. Eine Umgehung gesetzlicher Vorschriften wäre nicht auszuschließen[6].

---

[5] Vgl. oben S. 41 — Die Entwurfsbegründung zum hmb EntG (Verhandlungen 1962, S. 461), daß die öffentliche Last den Eigentümer in der Beleihungsfähigkeit des Grundstücks weniger belaste als eine privatrechtliche Dienstbarkeit, überzeugt allerdings nicht unter Wertgesichtspunkten: auch die öffentliche Last mindert u. U. den Verkehrswert des Grundstücks erheblich und führt dann zu einem geringeren Beleihungswert. Der Vorteil der öffentlichen Last liegt aber entscheidend darin, daß das Nutzungsrecht in einem Akt an mehreren Grundstücken begründet werden kann, was von erheblicher Bedeutung für die Durchführung der Bauarbeiten ist; ferner in der Angleichung der Rechtsform an die Funktion der Belastung. Im übrigen ergibt sich natürlich ein psychologischer Vorteil, indem die erste Rangstelle des Grundbuchs für Beleihungszwecke frei bleibt.

[6] Auch ein Zusatz im Grundbuch, daß eine Löschung oder Veränderung nur mit Zustimmung der Bauaufsichtsbehörde vorgenommen werden dürfe — wie früher z. T. praktiziert, vgl. *Kretzschmar*, Hofgemeinschaft, S. 13, *Zopfs*, Dienstbarkeiten, S. 10 m. w. H. — ist nicht eintragungsfähig, s. *Mang-Simon*, BayBauO, Art. 7 Anm. 19; er würde den Sachenrechtstyp unzulässig ändern. Das KG hat in einem Beschluß v. 9. 2. 1939 (DR 1939, S. 463) eine derartige Eintragung in zwei selbständige Rechte zugunsten des Nachbarn und des Staates umgedeutet.

§ 14: Der Zweck der gesetzlichen Regelungen

b) Eine beschränkt persönliche Dienstbarkeit könnte in den von der Baulast erfaßten Fällen dieses Rechtsinstitut nicht ersetzen, weil es sich hier um die Regelung öffentlich-rechtlicher Tatbestände handelt; die Ausnahmen bzw. Abweichungen von der gesetzlichen Regel sollen aus Gründen des öffentlichen Interesses gesichert werden. Auch die Träger öffentlicher Verwaltung können sich zwar des Privatrechts zur Verfolgung bestimmter öffentlicher Aufgaben bedienen[7], wie das Beispiel der Daseinsvorsorge zeigt. Auch diese Tatbestände werden aber heute nach der sog. Zweistufentheorie[8] in einen öffentlich- und einen privatrechtlichen Teil zerlegt, was die Tendenz erkennen läßt, dem öffentlichen Recht Angehöriges auch öffentlich-rechtlich zu regeln und zu behandeln. Während es sich bei den Fällen der Zweistufentheorie aber i. d. R. um leistende Verwaltung handelt, liegen hier Tatbestände der ordnenden Verwaltung vor, die erst recht rein öffentlich-rechtlich zu behandeln sind. Diese Tatbestände können daher nicht Gegenstand einer beschränkt persönlichen Dienstbarkeit sein[9]. Die Anwendung zivilrechtlicher Institute auf rein öffentlich-rechtliche Tatbestände ist nur als Notbehelf so lange zulässig, wie keine geeigneten öffentlich-rechtlichen Institute zur Verfügung stehen[10].

Derartige Hindernisse würden im Falle der öffentlichen Last des hmb EntG nach überwiegender Meinung nicht entgegenstehen.

Die Anlage von unterirdischen Verkehrsanlagen stellt eine Aufgabe der sog. Daseinsvorsorge dar, die in Formen des Privatrechts ausgeführt werden kann und auch häufig ausgeführt wird[11]. Auch die Auferlegung einer solchen Dienstbarkeit im Enteignungswege wäre möglich[12]. Entscheidend gegen die Anwendung dieses privatrechtlichen Instituts spricht aber, daß die Funktion der öffentlichen Last in der

---

[7] Vgl. dazu *Zopfs*, a.a.O., S. 28 ff., dem aber im Ergebnis nicht zugestimmt werden kann.

[8] *Forsthoff*, Lehrbuch, S. 189 f.; *Wolff*, VerwR I, S. 95 (m. w. H.); für das Subventionsrecht vgl. *Ipsen*, Öffentliche Subventionierung Privater, DVBl. 1956, insbes. S. 602 ff. (604 m. w. H.).

[9] *Staudinger-Ring*, Kommentar, § 1090 Anm. 5 m. w. H.; *Füßlein*, DVBl. 1965, 271; *Hirsch*, Baulasten, S. 23 f. (Anm. 10); *Kretzschmar*, a.a.O., S. 15. a. A.: *Zopfs*, a.a.O., S. 31 f., für den Fall, daß öffentlich-rechtliche Institute nicht zur Verfügung stehen: de lege ferenda empfiehlt auch er die Anwendung von Baulasten (S. 49).

[10] a. A. der bayerische Senat, der die Ansicht vertritt, diese Tatbestände könnten mit den Mitteln des bürgerlichen Rechts geregelt werden, s. *Mang-Simon*, BayBauO, Anm. 19 zu Art. 7 (dort auch über die Schwierigkeiten der Sicherung). — Die Baulast kann daher niemals eine *Alternative* zur Dienstbarkeit sein (*Seyfried*, BW VerwBl. 1966, 150) — aber im umgekehrten Sinne, nämlich daß die Dienstbarkeit die Baulast nicht ersetzen kann.

[11] *Forsthoff*, Lehrbuch, S. 340; *Wolff*, VerwR I, § 23 II b, S. 99 f. („Verwaltungsprivatrecht"); *Siebert*, Festschrift, S. 219.

[12] Vgl. statt aller: *Brügelmann-Pohl*, BBauG, § 86 Anm. 4 a ee.

Mittelbeschaffung für eine öffentliche Aufgabe liegt und dem Träger öffentlicher Verwaltung eine beständige, sichere Nutzung verschaffen soll. Aus Gründen gebotener Kongruenz von Funktion und Struktur erfordert eine derartige Dienstbarmachung im öffentlichen Interesse öffentlich-rechtliche Rechtsformen, die hier als öffentlich-rechtliches dingliches Recht bereitgestellt werden[13].

2. Funktion, rechtspolitischem Zweck und Sicherungsbedürfnis entspricht nach allem am besten ein öffentlich-rechtliches dingliches Recht, das das betreffende Grundstück dem Träger öffentlicher Verwaltung — beschränkt — zuordnet.

Im Ergebnis kann als weiteres gemeinsames Merkmal der untersuchten Regelungen ihr Zweck angesehen werden, der darin zu sehen ist, durch Inanspruchnahme von Privatgrundstücken die erforderlichen sachlichen Mittel für im allgemeinen Interesse liegende öffentliche Aufgaben zu beschaffen.

§ 15: Definition eines Oberbegriffs

Hat sich nach den bisherigen Untersuchungen gezeigt, daß die Rechtsfiguren der Baulast und der öffentlichen Last nach dem hmb EntG einige wesentliche Gemeinsamkeiten aufweisen, so kann ein für beide Rechtsfiguren passender Oberbegriff definiert werden als: dingliches Recht, das einem Träger öffentlicher Verwaltung eine beschränkte öffentlich-rechtliche Sachherrschaft zum Zweck der Durchführung seiner öffentlichen Aufgaben und deren Sicherung einräumt.

---

[13] Vgl. auch *Stern*, Die öffentliche Sache, VVDStRL 21, 183 ff. (214).

DRITTER TEIL

Die öffentliche Grundlast und das Rechtsinstitut der öffentlichen Last

Nachdem im ersten Teil der Untersuchung zwei Rechtsfiguren, die die gesetzliche Bezeichnung „Last" tragen, dargestellt wurden und der zweite Teil dem Versuch galt, Gemeinsamkeiten beider Regelungen — insbesondere ihre dingliche Rechtsnatur — aufzufinden, die für sie charakteristisch sind und die Definition eines Oberbegriffs erlaubten, soll im folgenden versucht werden, diese Regelungen in die Systematik des öffentlichen Rechts unter verschiedenen Gesichtspunkten einzuordnen.

Zum einen ist eine nähere Einordnung im Hinblick auf die Dinglichkeit der Regelungen erforderlich. Wie sich zeigen wird, sind in der verwaltungsrechtlichen Literatur bisher schon verschiedene Versuche unternommen worden, öffentlich-rechtliche Beschränkungen des Eigentumsrechts am Grund und Boden zu systematisieren. Ob die hier interessierenden Regelungen in diese Systembildungen passen oder ob für sie ein neuer Systembegriff gefunden werden muß, wird zu untersuchen sein (1. Abschnitt).

Darüber hinaus legt die gesetzliche Bezeichnung der eingangs untersuchten Regelungen als „Last" es nahe, sie mit dem „Rechtsinstitut der öffentlichen Last" in Verbindung zu bringen. Das erfordert zunächst eine Klarstellung des Begriffs, um prüfen zu können, ob die Baulasten und die öffentliche Last des hmb EntG Erscheinungsformen dieses Rechtsinstituts sind. In einem 2. Abschnitt wird daher zunächst das Rechtsinstitut der öffentlichen Last dargestellt, wie es in Gesetz, Rechtsprechung und Lehre herausgebildet wurde; anschließend wird geprüft, ob die hier interessierenden Regelungen die Merkmale dieses Instituts aufweisen.

Erster Abschnitt

Systematische Einordnung der Regelungen

Die bisherige Untersuchung hat gezeigt, daß es sich bei den vom Gesetzgeber als „Last" oder „öffentliche Last" bezeichneten Rechtsfiguren der Baulasten und der öffentlichen Last des hmb EntG um dingliche öffentlich-rechtliche Berechtigungen der Träger öffentlicher Verwaltung handelt. Sie bedürfen jetzt einer näheren Einordnung in die verwaltungsrechtliche Systematik.

Während zur rechtssystematischen Einordnung der öffentlichen Last des hmb EntG Literaturmeinungen noch nicht vorliegen, werden die Baulasten in der verwaltungsrechtlichen Literatur sehr unterschiedlich den einzelnen Rechtsinstituten zugerechnet: *Apelt* ordnet sie beim Rechtsinstitut der öffentlichen Last ein, während W. *Jellinek* sie zu den öffentlich-rechtlichen Eigentumsbeschränkungen durch Einzelakt zählt[1]. Ebenso verhält es sich bei zahlreichen gesetzlichen Regelungen, die den untersuchten sehr ähnlich sind: so gehören die ortsstatutarischen Bauverbote nach § 12 pr. Fluchtliniengesetz und die Leinpfadlast — beide den hier untersuchten Regelungen ähnlich — nach *Otto Mayer* zu den auferlegten öffentlichen Dienstbarkeiten"[2], nach W. *Jellinek* zu den „gesetzlichen Eigentumsbeschränkungen"[3].

Es gibt nur wenige Rechtsinstitute, die in der Verwaltungsrechtswissenschaft für die Einordnung dieser Rechtsbeziehungen herausgearbeitet wurden; die Typik öffentlich-rechtlicher dinglicher Rechtsbeziehungen ist noch wenig ausgebildet. Von *Otto Mayer* stammen die „Öffentlich-rechtliche Eigentumsbeschränkung" und die „auferlegte öffentliche Dienstbarkeit" als selbständige Institute[4]; *Holstein* hat seine Lehre von den Verwaltungspflichtigkeiten[5] geschaffen, die Gesetzgebung hat schließlich in § 1 des Industriebelastungsgesetzes den Begriff „Hypothek des öffentlichen Rechts" gebildet, die nach Ansicht des Reichsgerichts ein eigenes Rechtsinstitut darstellen soll[6]. Wie diese Beispiele zeigen, hat sich zumindest die Benennung der Institute weitgehend an die aus dem Zivilrecht bekannten Formen gehalten. Dies erklärt sich zum Teil daraus, daß die Zivilrechtswissenschaft als ältere selbständige Disziplin über die ausgeprägteren Systeme und Begriffe verfügt, die die Verwaltungsrechtswissenschaft dann entliehen hat. Im Einzelfall mag auch die rechtliche Ausgestaltung eine genügende Ähnlichkeit aufweisen[7], die eine Übernahme des Begriffs rechtfertigt. Im folgenden soll geprüft werden, ob die Baulasten und die öffentliche Last des hmb EntG in eines der genannten Rechtsinstitute eingeordnet

---

[1] *Apelt*, Industriebelastung, S. 137; W. *Jellinek*, VerwR, S. 415.

[2] VerwR II, 3., S. 111 f.

[3] VerwR, S. 411 f.

[4] VerwR II, 3., S. 107 ff., 118 ff.

[5] Die Lehre von der öffentlich-rechtlichen Eigentumsbeschränkung, S. 94 ff.

[6] RG, Urt. v. 13. 1. 1930, RGZ 127, 130 (134 f.).

[7] Abgesehen von der verschiedenen Rechtsebene — Privatrecht / öffentliches Recht —, vgl. auch O. *Mayer*, VerwR I, 3., S. 114.

werden können oder ob sie Ausprägungen eines neuen Typs öffentlicher dinglicher Rechte sind.

§ 16: Die Lehre von der öffentlich-rechtlichen Eigentumsbeschränkung

I. Das Rechtsinstitut bei Otto Mayer

Die „öffentlich-rechtliche Eigentumsbeschränkung" ist bei *Otto Mayer* eines der Rechtsinstitute, die er zum System eines öffentlichen Sachenrechts zusammenfaßt[1]. Ausgangspunkt ist für Mayer hier ebenso wie bei zahlreichen anderen seiner Rechtsinstitute eine Parallele zum bürgerlichen Recht. Hatte er zunächst die öffentlich-rechtliche Dienstbarkeit in Analogie zum gleichnamigen Zivilrechtsinstitut herausgearbeitet[2], so stellt er neben diese die öffentlich-rechtliche Eigentumsbeschränkung entsprechend dem Gegensatz von Dienstbarkeit und Eigentumsbeschränkung, wie er ihn auch im Zivilrecht zu erkennen glaubt. Gerade aus dieser Anlehnung an das zivilrechtliche Institut der Eigentumsbeschränkung im Gegensatz zur Dienstbarkeit sollen die von ihm ins Auge gefaßten Einzelfälle ihre Einheitlichkeit gewinnen[3].

Während die Dienstbarkeit ein für den Berechtigten *begründetes* Recht an dem Grundstück darstellt, das das Eigentumsrecht beschränkt und zurückdrängt, soll die Grundlage der Eigentumsbeschränkung in einer dem Eigentum „allgemein und im voraus anhängenden Schwäche" liegen[4]. Diese unterschiedliche Grundlage der Institute wird zu ihrem formenden Element, denn auch die öffentlichen Dienstbarkeiten wären nach Mayer „ihrer Natur nach" berechtigt, „den Namen einer Eigentumsbeschränkung zu führen"[5]; allerdings einer Beschränkung, die ein einzelnes bestimmtes Grundstück belastet, nicht wie die öffentlich-rechtliche Eigentumsbeschränkung das Eigentum generell als immanente Schwäche trifft[6]. Ist die Grundlage der Eigentumsbeschränkung dem Eigentum aber immanent, so bedürfen sie keiner gesetzlichen Grundlage mehr, wenn auch das Maß der Eingriffe häufig durch Gesetz bestimmt sei. Eingriffe in das Eigentum seien daher innerhalb der Grenzen der Freiheit des Eigentums möglich, die durch eine all-

---

[1] VerwR II, 3., S. 118 ff.
[2] a.a.O., S. 107 ff.
[3] a.a.O. (1. Aufl.), S. 178.
[4] a.a.O. (3. Aufl.), S. 118.
[5] a.a.O., S. 118.
[6] Vgl. a.a.O., S. 113 Anm. 12, und 2. Aufl., S. 207.

gemeine gesellschaftliche Anschauung, wie sie in der Rechtshandhabung der Behörden erkennbar werde, gezogen seien[7].

Ein derart abgegrenztes Rechtsinstitut eröffnet weite Anwendungsmöglichkeiten. Mayer nennt im wesentlichen drei Gruppen:
a) Eingriffe im Rahmen eines öffentlich-rechtlichen Nachbarrechts[8], z. B. Gefährdung der Häuser längs der Straße durch Ausschachtungen für städtische Einrichtungen;
b) Rechte zum Betreten eines Grundstücks in Ausübung eines öffentlichen Amtes, so für polizeiliche Hilfskräfte u. a.[9];
c) Inanspruchnahme der Grundstücke zur Anbringung verschiedener Vorrichtungen, wie Straßenschilder, Hausnummern, Briefkästen[10]. In allen Fällen soll den betroffenen Eigentümern kein Abwehrrecht zustehen, allenfalls nur eine Billigkeitsentschädigung[11].

II. Kritik

Das Rechtsinstitut der öffentlich-rechtlichen Eigentumsbeschränkung hat von allen Schöpfungen Otto Mayers wohl die geringste Zustimmung in Literatur und Rechtsprechung gefunden[12]. Die Kritik richtete sich insbesondere gegen die Annahme, die Eingriffe seien auf Grund einer dem Eigentum innewohnenden Schwäche gerechtfertigt[13]. *Holstein* hat an zahlreichen Beispielen nachgewiesen, daß die von Otto Mayer als Anwendungsfälle bezeichneten Eigentumsbeschränkungen sämtlich auf gesetzlicher Grundlage beruhen und gerade nicht auf Verwaltungsübung oder ähnlichem: so z. B. für das Recht, öffentliche Straßen und Wege für Telegraphenlinien in Anspruch zu nehmen, nach § 1 Telegraphenwegegesetz; für das Recht aus § 17 Postgesetz 1871 u. a.[14]. Die Verteidigung Mayers, er habe als Grundlage in erster Linie das Gesetz genannt, das nur durch ungeschriebenes Recht ergänzt werde[15], geht

---

[7] a.a.O., S. 120.
[8] a.a.O., S. 121 ff.
[9] a.a.O., S. 126 ff.
[10] a.a.O., S. 129 f.
[11] Vgl. a.a.O., S. 120, 121, 122.
[12] Ablehnend insbes.: *Holstein*, Lehre, pss.; *Fleiner*, Institutionen, S. 332 ff.; *W. Jellinek*, VerwR, S. 412 f.; *Hatschek-Kurtzig*, Lehrbuch, S. 506 ff.; *Forsthoff*, Lehrbuch, S. 319 f. (mit Anm. 2, S. 319 f.); aus der Rechtsprechung z. B. Sächs. OVG, Jhrb. 33, S. 301 ff.; 35, S. 114 ff. — wie O. Mayer aber *Herrnritt*, Grundlehren, S. 398 ff.
[13] *Holstein*, Lehre, S. 18 ff.; *Forsthoff*, a.a.O., S. 320, auch *W. Jellinek*, a.a.O., S. 412.
[14] a.a.O., S. 27 ff. (insb.: 29, 34, 36, 39, 41) u. passim.
[15] Buchbesprechung, AöR 42 (1922), S. 383 (vgl. auch VerwR II, 3., S. 120).

am Kern der Frage vorbei: denn die „Ergänzung" durch ungeschriebenes Recht ist bei Mayer nicht als ein Hinzutreten zu gesetzlichen Vorschriften gedacht, sondern als eine zweite selbständige Quelle für das Maß dieser Beschränkungen. Er hält dieses ungeschriebene Recht sogar für geeigneter, weil „schmiegsamer und wandelbarer", als die gesetzlichen Vorschriften[16]. Das bedeutet aber, daß dieses Gewohnheitsrecht — als Schwäche dem Eigentum immanent — Grundlage der Eingriffe sein kann.

War diese Ansicht schon zu Mayers Zeit nicht haltbar, so kann ihr erst recht heute nicht gefolgt werden: Einwirkungen auf das Eigentum sind nach heutiger Rechtslage nur nach gesetzlicher Ermächtigung zulässig[17]. Wenn man Mayers Rechtsinstitut in dieser Weise beschränken wollte, bliebe aber weder eine materielle noch eine formelle Abgrenzung zur auferlegten öffentlich-rechtlichen Dienstbarkeit übrig: in beiden Fällen läge eine gesetzlich auferlegte Eigentumsbeschränkung vor, wie auch Mayer selbst andeutet[18]. Damit ist aber nichts über den Inhalt der Beschränkung gesagt, es entsteht kein materiell bestimmtes Rechtsinstitut, wie es hier für die Baulast und die öffentliche Last des hmb EntG gesucht wird. Die Lehre von der öffentlich-rechtlichen Eigentumsbeschränkung liefert daher keine brauchbare Abgrenzung für öffentlich-rechtliche dingliche Rechte.

§ 17: Die Lehre von der öffentlich-rechtlichen Dienstbarkeit

I. Der Begriff bei Otto Mayer

Auch das Rechtsinstitut der öffentlich-rechtlichen Dienstbarkeit ist so, wie es Eingang in die verwaltungsrechtliche Literatur gefunden hat, eine Schöpfung *Otto Mayers* und gehört zu seinem System eines öffentlichen Sachenrechts. Schon vor Otto Mayer war allerdings der Begriff der öffentlich-rechtlichen Wegeservitut bekannt[1]. Auch v. Sarwey[2] führte den Begriff einer öffentlich-rechtlichen Servitut ein. Es handelte sich dabei aber um vereinzelt gebliebene Benennungen, die nur das Vorliegen einer Duldungspflicht zum Ausdruck bringen sollten.

---

[16] VerwR II, 3., S. 120.
[17] Art. 14 Abs. 1 S. 2 und Abs. 3 GG; vgl. statt aller: *Forsthoff*, Lehrbuch, S. 319.
[18] VerwR II, 3., S. 118.
[1] Besonders in Bayern; sie sollen aber nicht öffentlich-rechtlicher Natur gewesen sein; *Lerche*, Rechtsschutz, DVBl. 1955, 286; vgl. auch *Maunz*, Hauptprobleme, S. 162; *Zippelius*, Grundfragen, DÖV 1958, 844.
[2] Das öffentliche Recht, S. 377 f.

Ein Rechtsinstitut der öffentlich-rechtlichen Dienstbarkeiten hat dagegen erst Otto Mayer geschaffen.

Er stellt es in zwei verschiedenen Formen vor: als auferlegte öffentlich-rechtliche Dienstbarkeit[3] und als Dienstbarkeit der öffentlichen Sache, das ist die beschränkte Zugehörigkeit einer Sache zum Staat, die es ihm gestattet, sie einem öffentlichen Zweck zu widmen[4]. Der Unterschied zwischen beiden ist formeller Natur, im Entstehungsvorgang begründet: Während die Dienstbarkeit der öffentlichen Sache auf verschiedene Art — etwa durch Enteignung oder auf Grund vertraglicher Übereinkunft — entstehen könne, sei die auferlegte öffentlich-rechtliche Dienstbarkeit — wie der Name sagt — an einen einseitigen hoheitlichen Begründungsakt gebunden; während letztere von ihrem Ursprung her dem öffentlichen Recht angehöre, könne erstere auch als privatrechtliche entstehen und werde dann erst mit der Widmung zur öffentlich-rechtlichen[5]. Inhaltlich handelt es sich in beiden Fällen um eine teilweise (beschränkte) öffentlich-rechtliche Herrschaft des Staates über die Sache, die das Eigentumsrecht insoweit zurückdränge. Es handele sich um Belastungen des Grundstücks, die dem jeweiligen Eigentümer — wie die bürgerlich-rechtlichen Dienstbarkeiten — Unterlassungs- oder Duldungspflichten auferlegen können[6].

In allem zeigt sich die Verwandtschaft mit dem gleichnamigen Rechtsinstitut des BGB, dem Mayer die öffentlich-rechtliche Dienstbarkeit nachgebildet hat. Der Unterschied liegt — materiell — nur darin, daß es sich hier um öffentlich-rechtliche Herrschaft, um die Inanspruchnahme des Grundstücks für ein öffentliches Unternehmen handelt[7]. Als Anwendungsfälle für das Rechtsinstitut nennt Otto Mayer: die Pflicht, vorübergehende Benutzungen des Grundstücks für die Herstellung öffentlicher Unternehmen zu dulden; Bauverbote; die Leinpfadgerechtigkeit; die Rayonservitut[8]. Der in der Auferlegung der Dienstbarkeit liegende Eingriff werde verwirklicht entweder unmittelbar durch Gesetz und Erfüllung seines Tatbestandes (so: Leinpfad- und Rayonservitut), durch Verordnung oder Satzung auf Grund gesetzlicher Ermächtigung (so: Bauverbot nach § 12 pr. Fluchtliniengesetz) oder durch Verwaltungsakt auf Grund gesetzlicher Ermächtigung, aber nie durch vertragliche Übereinkunft[9]. Begünstigt aus der Dienstbar-

---

[3] VerwR II, 3., S. 107 ff. (ausführlicher in der 2. Aufl., S. 204 ff.).
[4] VerwR II, 3., S. 48 f.
[5] a.a.O., S. 108 (2. Aufl., S. 206).
[6] a.a.O., S. 111.
[7] a.a.O., 2. Aufl., S. 205.
[8] a.a.O., 3., S. 108.
[9] a.a.O., S. 109 f. mit Anm. 3 (S. 109).

§ 17: Die Lehre von der öffentlich-rechtlichen Dienstbarkeit

keit sei immer ein bestimmtes öffentliches Unternehmen, um dessentwillen die Inanspruchnahme des einzelnen erfolge.

Auf Grund dieser Merkmale definiert Mayer die auferlegte öffentlich-rechtliche Dienstbarkeit als „einen Eingriff in die Freiheit des Eigentums, um die betroffenen Grundstücke zugunsten eines außerhalb stehenden öffentlichen Unternehmens öffentlich-rechtlich zu belasten"[10].

II. Der Begriff in Literatur und Rechtsprechung

1. Der Begriff der öffentlich-rechtlichen Dienstbarkeit hat seit Otto Mayer weitgehend Eingang in das verwaltungsrechtliche Schrifttum gefunden, insbesondere im Zusammenhang mit der Behandlung einzelner der von Mayer als Anwendungsfälle bezeichneten gesetzlichen Tatbestände. So werden überwiegend die Beschränkungen nach dem Rayongesetz[11], die Leinpfadgerechtigkeit[12] und die Bauverbote nach § 12 pr. Fluchtliniengesetz[13] als öffentlich-rechtliche Dienstbarkeiten bezeichnet. Es finden sich aber auch abweichende Meinungen: sei es, daß der Begriff in der Darstellung nicht gebraucht wird wie bei *Fleiner*, der nur die öffentliche Wegeservitut als ein mit der zivilrechtlichen Dienstbarkeit nur dem Namen nach verwandtes Rechtsinstitut erwähnt[14], und bei *W. Jellinek*, der die von Otto Mayer der öffentlich-rechtlichen Dienstbarkeit zugerechneten Fälle teils unter dem Stichwort „Eigentumsbeschränkungen durch Einzelakt", teils unter den „gesetzlichen Eigentumsbeschränkungen" behandelt[15]; sei es, daß der Begriff als ungeeignet überhaupt abgelehnt wird[16].

---

[10] a.a.O., S 108. — Die Frage, ob dieses Rechtsinstitut eine Entschädigungspflicht auslöst, spielt für seinen materiellen Gehalt keine Rolle: *Mayer* — a.a.O., S. 115 f. — billigt eine Entschädigung außer in den Fällen, in denen sie ausdrücklich gesetzlich angeordnet ist, nur zu, wenn der Eingriff im Ermessen der Verwaltung steht, aber nicht bei gesetzlich begründeter Dienstbarkeit.

[11] *v. d. Mosel*, Art. „Festungen", Handwb. Bd. 1, Sp. 713; ders., Art. „Dienstbarkeiten", Handwb. Bd. 1, Sp. 503; *Apel*, Art. „Festungen", Wörterbuch, Bd. 1, S. 769; *G. Meyer-Dochow*, Lehrbuch, S. 451, Anm. 4; *Hatschek-Kurtzig*, Lehrbuch, S. 509.

[12] *v. d. Mosel*, Art. „Dienstbarkeiten", a.a.O., Sp. 503; *Hatschek-Kurtzig*, Lehrbuch, S. 509.

[13] *Hatschek-Kurtzig*, a.a.O., S. 509; ferner die Quellenschutzbezirke nach § 3 pr. Quellenschutzgesetz. — *Friedrichs*, Bürgerliches und öffentliches Sachenrecht, AöR 40, 330, behandelt die im Text genannten Tatbestände als öffentlich-rechtliches Gegenstück zur privatrechtlichen Dienstbarkeit.

[14] Institutionen, S. 368 f.

[15] VerwR, S. 409 ff. (Rayonservitut, Quellenschutzbezirk u. a.) und S. 411 ff. (ortsstatutarische Bauverbote, Leinpfadservitut u. a.).

[16] *Holstein*, Lehre, S. 95 f.

In der neueren Literatur findet sich der Begriff bei *Wolff*. Er behandelt unter der gleichbedeutenden Bezeichnung „verwaltungsrechtliche Dienstbarkeiten"[17] dingliche Duldungs- oder Unterlassungspflichten der Grundstückseigentümer gegenüber Trägern öffentlicher Verwaltung; sie stellen bei ihm eine Untergruppe der öffentlichen Lasten im weiteren Sinne dar. Die angeführten Anwendungsfälle zeigen aber, daß Wolff diesen Begriff wesentlich weiter als Mayer versteht: er zählt hierzu auch die Fälle, die Mayer der öffentlich-rechtlichen Eigentumsbeschränkung zurechnet, ferner die Baulasten und die Berechtigung des öffentlichen Sachherrn gegenüber dem privaten Wegeeigentümer[18].

2. In der Rechtsprechung wird der Begriff der öffentlich-rechtlichen Dienstbarkeit nur sehr selten gebraucht. In einer Entscheidung aus dem Jahre 1883 hat das Reichsgericht[19] es für möglich erachtet, die Duldungspflicht des Privateigentümers hinsichtlich eines öffentlichen Siels als eine das Privateigentum beschränkende öffentlich-rechtliche Dienstbarkeit anzusehen. Die nach § 104 des hmb Baupolizeigesetzes von 1882 festgesetzten Baulinien wurden als öffentlich-rechtliche Servituten behandelt[20], auf die Vorschriften über die zivilrechtlichen Dienstbarkeiten entsprechend angewendet wurden. Eine Definition der öffentlich-rechtlichen Dienstbarkeit findet sich in einem Urteil des sächsischen OVG[21]: es handelt sich danach um „eine teilweise rechtliche Herrschaft" des Staates oder der Gemeinde „an einem im Privateigentum stehenden Grundstück zum Nutzen eines öffentlichen Unternehmens". Die Ähnlichkeit zur Darstellung Otto Mayers ist unverkennbar.

III. Zur Anwendbarkeit der Lehre

Es stellt sich die Frage, ob der Begriff der öffentlich-rechtlichen Dienstbarkeit, der — wie gezeigt — unterschiedlich benutzt wird, für öffentlich-rechtliche dingliche Rechte eine brauchbare Abgrenzung ermöglicht und ob er gegebenenfalls auf die Baulasten und die öffentliche Last des hmb EntG anwendbar ist.

Der Begriff „Dienstbarkeit" weist als zivilrechtlicher Sachenrechtsbegriff einen bestimmten, genau festgelegten Inhalt auf. Seiner Über-

---

[17] VerwR I, S. 259 (§ 42 II b) i. V. m. S. 246 (§ 40 III c 2).
[18] a.a.O., S. 259, seit der 7. Aufl.; ebenso *Salzwedel*, Diskussionsbeitrag, VVDStRL 21, 258. Dies ist die Dienstbarkeit der öffentlichen Sache i. S. Otto Mayers, s. oben S. 112. Vgl. auch die Erörterung dieses Sachverhalts oben § 11, IV.
[19] U. v. 10. 1. 1883, RGZ 8, 152 ff. (157).
[20] OLG Hamburg, Hans GZ 1889, B, S. 145; 1890, B, S. 255.
[21] U. v. 18. 3. 1903, Jahrb. 4, 148 ff. (151).

§ 17: Die Lehre von der öffentlich-rechtlichen Dienstbarkeit

nahme in das öffentliche Recht stünde dann nichts entgegen, wenn die in Betracht gezogenen Anwendungsfälle — abgesehen von den Unterschieden, die auf spezifischen Eigenheiten des Rechtsgebietes beruhen — eine inhaltliche Übereinstimmung mit den entsprechenden zivilrechtlichen Tatbeständen aufweisen würden: denn bei gleichem Inhalt ist auch eine übereinstimmende Bezeichnung erlaubt[22].

Grunddienstbarkeit und beschränkt persönliche Dienstbarkeit haben nach den Vorschriften des BGB Duldungs- und Unterlassungspflichten der Eigentümer der belasteten Grundstücke zum Inhalt[23]. Auf diese sind sie wegen der Unveränderbarkeit der Sachenrechtstypen auch beschränkt. Soweit sich nun aus doppelten Sachzuordnungsverhältnissen auf dem Gebiet des öffentlichen Rechts ausschließlich Duldungs- und Unterlassungspflichten für den einen Zuordnungsträger ergeben, wäre eine Zusammenfassung unter dem Begriff „öffentlich-rechtliche Dienstbarkeit" möglich und diese als sachenrechtliches Institut öffentlich-rechtlicher Art vielleicht anzuerkennen[24]. In diesem Sinne wird der Begriff in Literatur und Rechtsprechung auch allgemein verwendet.

Eine Ausnahme macht nur *Wolff*, der diesen Begriff auch für Regelungen benutzt, die zu einem positiven Tun verpflichten können, wie die Baulasten[25]. Für diese Regelungen paßt der Begriff der Dienstbarkeit aber nicht, denn der zivilrechtliche Begriffsinhalt würde wesentlich verändert, nämlich auf eine weitere Pflichtart ausgedehnt werden. Die Ansicht, daß es dem öffentlichen Recht freistehe, zivilrechtliche Begriffe mit verändertem, beliebigem Inhalt zu versehen[26], muß abgelehnt werden; sie trägt dem Ziel einer klaren und juristisch stilreinen Konstruktion und Systematisierung nicht Rechnung. In diesem Punkt wäre der vielfach geäußerten Kritik an der Übernahme zivilrechtlicher Begriffe in das öffentliche Recht zuzustimmen: die Veränderung des wesentlichen Begriffsinhalts könnte leicht zu sinnwidri-

---

[22] Der abweichenden Ansicht *Holsteins* — Lehre, S. 95 f. —, eine Übernahme dieses Begriffs in das öffentliche Recht unterbleibe besser ganz wegen der unterschiedlichen „Schichtung der Rechtssphären" — Gleichordnung und Über-/Unterordnung —, kann daher nicht gefolgt werden: die hierdurch bedingten Unterschiede berühren nicht den Begriffskern und finden in dem Zusatz „öffentlich-rechtlich" genügenden Ausdruck; wie hier *Schultzenstein*, JW 1916, S. 241 (für den Begriff „Dinglichkeit").

[23] §§ 1018, 1090 BGB.

[24] Dies trifft z. B. zu für die Duldungspflichten nach § 126 BBauG und für die frühere Leinpfadgerechtigkeit nach § 27 Abs. 1 prWasserG 1913.

[25] Siehe oben II.

[26] Vgl. *Maunz*, Hauptprobleme, S. 50, unter Hinweis auf Friedrichs, Bürgerliches und öffentliches Sachenrecht, AöR 40, 274: dort wird aber nur die öffentlich-rechtliche Gleichstellung oder Gleichbehandlung von nach Zivilrecht unterschiedlichen Instituten erwähnt.

gen und unerwünschten Analogien aus dem bürgerlichen Recht führen[27]. Wird also eine Übernahme zivilrechtlicher Begriffe überhaupt zugelassen, so ist sie auf im wesentlichen inhaltsgleiche Anwendungsfälle zu beschränken. Auf öffentlich-rechtliche dingliche Rechte, die den einen Zuordnungsträger zu einem positiven Tun verpflichten (können), ist der Begriff der Dienstbarkeit daher nicht anzuwenden.

Demnach könnten jedenfalls die Baulasten — entgegen der Ansicht Wolffs[28] — nicht zu den öffentlich-rechtlichen Dienstbarkeiten gezählt werden, da sie auch zu einem Handeln als Hauptpflicht den Grundeigentümer verpflichten können. Die erforderliche Kongruenz mit dem zivilrechtlichen Begriffsinhalt ist insoweit nicht gegeben.

Anderes könnte dagegen für die öffentliche Last nach dem hmb EntG gelten. Bei ihr besteht die sekundäre Hauptpflicht nur in einem Dulden oder Unterlassen, ein Handeln kann höchstens als Nebenpflicht gefordert werden[29]. Insoweit besteht eine Übereinstimmung mit der zivilrechtlichen Dienstbarkeit, die ebenfalls eine Handlungspflicht als Nebenpflicht kennt[30]. Dennoch sind erhebliche Bedenken gegen eine Anwendung des Begriffs „öffentlich-rechtliche Dienstbarkeit" allein auf die öffentliche Last des hmb EntG zu erheben. Diese Bezeichnung würde lediglich ausdrücken, daß die von ihr erfaßten Regelungen nur Duldungs- oder Unterlassungspflichten enthalten[31]. Eine weitere Parallele zur zivilrechtlichen Regelung besteht dagegen nicht, insbesondere sind die zivilrechtlichen Normen über die Dienstbarkeit im öffentlichen Recht nicht anwendbar, weil sie eine andere Funktion zu erfüllen haben und deshalb nicht passen[32]. Auf der anderen Seite müßte die Anwendung des Begriffs mit einer unterschiedlichen Einordnung von Baulasten und öffentlicher Last des hmb EntG erkauft werden, die doch — wie oben dargelegt — materiell-rechtliche Gemeinsamkeiten aufweisen und deshalb auch systematisch zusammengehören. Dieser Nachteil würde durch den „Vorteil" der Charakterisierung als Duldungs- oder Unterlassungspflicht nicht aufgewogen.

Im Grunde würde die Übernahme und Anwendung des Begriffs „Dienstbarkeit" mit dem Zusatz „öffentlich-rechtlich" auf die öffentliche Last des hmb EntG nur bedeuten, daß ein „Begriffsmantel" von

---

[27] Vgl. außer *Holstein*, Lehre, S. 95 f., auch *Kormann*, System, S. 8 f.; *Spanner*, Gutachten, S. 22 f.
[28] VerwR I, S. 259.
[29] Siehe oben S. 43.
[30] Vgl. § 1021 BGB.
[31] Ebenso: *Hatschek-Kurtzig*, Lehrbuch, S. 509; vgl. auch die Angaben oben Anm. 27.
[32] Siehe auch oben S. 91 f.

einem Rechtsgebiet in das andere übertragen wird, der öffentlich-rechtlich mit völlig neuem Inhalt zu füllen wäre. Gegenüber einem solchen „Mitschleppen" zivilrechtlicher Bezeichnungen gebührt einer eigenständigen öffentlich-rechtlichen Terminologie und Konstruktion der Vorrang, nicht als Selbstzweck, wohl aber, um neue öffentlich-rechtliche Rechtsformen nicht von vornherein ohne Entwicklungsmöglichkeit mit diesen Begriffen zu belasten. Es gilt insoweit für das Verhältnis des öffentlichen Rechts zum Zivilrecht noch immer das, was *Fritz Fleiner* bereits 1906 in anderem Zusammenhang über die Umbildung zivilrechtlicher Institute durch das öffentliche Recht bemerkte[33]: „... Durch die Emanzipation vom Zivilrecht wird die Möglichkeit zur Ausbildung derjenigen besonderen Grundsätze des öffentlichen Rechtes geschaffen, die den eigentümlichen Aufgaben und Interessen der öffentlichen Verwaltung Rechnung tragen. Solange man Gebilde, die über den Boden des Privatrechts hinausgewachsen waren, in eine zivilrechtliche Schablone hineinpreßte, hat man sie um die Freiheit zu organisatorischer Weiterentwicklung gebracht."

Der Begriff der „Dienstbarkeit" mit seinem aus dem Zivilrecht stammenden Bedeutungsinhalt wird den hier untersuchten Regelungen öffentlich-rechtlicher Art nicht voll gerecht. Einer Bezeichnung der öffentlichen Last des hmb EntG als Dienstbarkeit ist allenfalls im Sinne eines „Unterbegriffs" zuzustimmen; die Übereinstimmung dieser Regelung mit den Baulasten erfordert jedoch eine für beide Regelungen gemeinsame Einordnung, die durch den Begriff „öffentlich-rechtliche Dienstbarkeit" nicht geschaffen wird.

§ 18: Die Lehre von den Verwaltungspflichtigkeiten

I. Darstellung der Lehre

An die Stelle der von ihm kritisierten und abgelehnten Lehre Otto Mayers von der öffentlich-rechtlichen Eigentumsbeschränkung und öffentlich-rechtlichen Dienstbarkeit will *Holstein* ein „System der Verwaltungspflichtigkeiten des Eigentums" setzen[1]. Ausgangspunkt ist ihm die Erkenntnis, daß in allen Regelungen, die Otto Mayer unter die beiden genannten Rechtsinstitute subsumiert, ein „Wirksamwerden der Verwaltung am Eigentum" vorliegt, eine Inpflichtnahme des Eigentums zugunsten der staatlichen Gemeinschaft. Hierin komme die eine Seite der deutschrechtlichen Formung des Eigentumsbegriffs zum Aus-

---

[33] *Fleiner*, Umbildung, S. 9 f.
[1] Die Lehre von der öffentlich-rechtlichen Eigentumsbeschränkung, S. 94 ff. (96 ff.).

druck, nämlich die „wesenhafte Pflichtigkeit des Eigentums": Eigentum sei nicht nur Recht, sondern auch Pflicht, und diese sei ihm immanent. Die grundsätzliche Pflichtigkeit könne aber nur durch eine gesetzliche Vorschrift zur Pflicht konkretisiert werden[2].

Diese Pflichten, und damit das Wirksamwerden der Verwaltung, können in dreifacher Form auftreten: bestimmte Handlungen der Verwaltung in bezug auf das Eigentum zu dulden; selbst bestimmte Handlungen zu unterlassen oder diese vorzunehmen. Da Grundlage eine dem Eigentum immanente Pflichtigkeit ist, werde der Verpflichtete nicht persönlich, sondern sachlich bestimmt, es handele sich also um sekundäre, aus dem Eigentum entspringende Pflichten[3].

Die Verwaltungspflichtigkeiten unterteilt Holstein in die Kategorien der Allgemeinpflichtigkeiten und der Sonderpflichtigkeiten, entsprechend der unterschiedlichen Art, wie die Pflichtigkeiten konkretisiert werden: durch eine (z. B. polizeirechtliche) Generalnorm — Allgemeinpflichtigkeit — oder durch Einzelkompetenzen der besonderen Verwaltungszweige — Sonderpflichtigkeit —[4]. Erstere betreffen alle Grundstücke, z. B. als Pflicht, das Grundstück im polizeimäßigen Zustand zu erhalten, letztere nur einzelne oder eine Gruppe von Grundstücken, so die Rayonpflichtigkeit, die Leinpfadpflichtigkeit, die Fluchtlinienpflicht u. a. Die Sonderpflichtigkeiten werden weiter nach der Form der aktuellen Pflichtbegründung unterschieden: ob dies unmittelbar durch Gesetz (Leinpfadpflicht), durch Ortsstatut auf Grund Gesetzes (Fluchtlinien) oder durch Einzelakt auf Grund Gesetzes geschieht (Rayonbeschränkungen)[5].

II. Kritik der Lehre Holsteins

1. Holsteins Lehre von den Verwaltungspflichtigkeiten überzeugt nicht. Sie führt nicht zu einer geeigneten Systematisierung der von ihm angezogenen Einzelfälle und zu einer Abgrenzung der öffentlich-rechtlichen dinglichen Rechte von den Sachbeziehungen. Das System der Verwaltungspflichtigkeiten soll zwar Otto Mayers Rechtsinstitute der öffentlich-rechtlichen Dienstbarkeit und Eigentumsbeschränkung als eine sachgerechtere Einteilung ersetzen, es kommt aber über eine Zusammenfassung dieser Institute nicht hinaus[6], vereinigt vielmehr

---

[2] a.a.O., S. 96 f.
[3] a.a.O., S. 97.
[4] a.a.O., S. 97 f.
[5] a.a.O., S. 98 ff.
[6] Vgl. auch die (kurze) Kritik O. *Mayers* in der Buchbesprechung, AöR 42 (1922), S. 384 a. E. — Die Bezeichnung als „Pflichtigkeit" kritisiert *Hofacker*,

unter dem Begriff der „Pflichtigkeit des Eigentums" sehr unterschiedliche Erscheinungen, deren Untergliederungen in Allgemein- und Sonderpflichtigkeiten es allein aus formalen Differenzierungen der Pflichtkonkretisierung schöpft, deren materielle Unterschiede es aber unberücksichtigt läßt.

2. Eine Unterscheidung zwischen Pflichten zu einem Tun, Dulden oder Unterlassen lehnt Holstein für das öffentliche Recht ab, weil sie „einseitig von der Rechtsposition des privaten Eigentümers" ausgehe und das typisch Verwaltungsrechtliche der Tatbestände nicht berücksichtige, das in der jeweiligen Willensrichtung der Verwaltung liege[7]. Hierauf will er selbst dagegen sein System ausrichten. Den Nachweis dafür, daß die von ihm behauptete „Willensrichtung der Verwaltung" das typisch Verwaltungsrechtliche sei, und ihre Kennzeichnung im Einzelfall bleibt Holstein allerdings schuldig. Sein System gründet sich schließlich auch nicht hierauf, sondern auf die Faktoren „Pflichtigkeit des Eigentums" und „System der Verwaltungsfunktionen"[8]. Je umfassender ein derartiges System aber angelegt ist, um so unklarer und aussageschwächer werden auch seine Begriffe.

Der gerade für die systematische Unterscheidung zwischen öffentlich-rechtlichen dinglichen Rechten und öffentlich-rechtlichen Sachbeziehungen wesentliche Fortschritt der Untersuchung Holsteins gegenüber der Systematik Otto Mayers liegt darin, daß er versucht, zwischen dem zugrundeliegenden Recht und den aus ihm folgenden Sekundärpflichten zu unterscheiden[9], und letztere zu Recht nach generellen und speziellen Pflichten differenziert. Diese Erkenntnis ist jedoch nicht folgerichtig zu Ende geführt, da sie nicht nach dem Grund dieser Differenzierung fragt, der in dem unterschiedlichen materiellen Ursprung dieser Sekundärpflichten zu sehen ist — wie oben dargelegt: öffentlich-rechtliches dingliches Recht (spezielle Pflichten) bzw. öffentlich-rechtliche Sachbeziehungen (generelle Pflichten)[10] —, sondern vielmehr Allgemein- *und* Sonderpflichtigkeiten in einer generellen, dem Eigentum immanenten Pflichtigkeit angelegt sieht und als Unterscheidungskriterium nur den formalen Unterschied der Konkretisierung dieser Pflichtigkeit zur Pflicht anerkennt[11]. Dabei ähnelt die Formel der „wesen-

---

Grundrechte und Grundpflichten der Deutschen, S. 11 a. E.: es müsse von „Lasten" gesprochen werden.

[7] Lehre, S. 95.
[8] Vgl. *Holstein,* Lehre, S. 95 und 96.
[9] Die Baulastvorschriften sind ein Beispiel: im Vordergrund der Regelung steht nicht die Zuordnung an den Träger öffentlicher Verwaltung, sondern die sich daraus ergebenden Pflichten für den Privateigentümer; vgl. auch *Wolff,* VerwR I, S. 253; *Niehues,* Dinglichkeit, S. 80 (m. w. H.) und oben S. 73.
[10] Vgl. insbesondere oben § 10.
[11] *Holstein,* a.a.O., insbes. S. 98 f.

haften Pflichtigkeit des Eigentums" zu sehr dem Begriff der Sozialgebundenheit des Eigentums i. S. des Art. 14 Abs. 2 GG[12]: die Frage nach der Einordnung und dem Ursprung der zugrundeliegenden Rechte bzw. der Sekundärpflichten ist aber nicht identisch mit der Abgrenzungsproblematik zwischen Eigentumsbindung und Enteignung, wenn sich auch Parallelen ergeben mögen. Gerade die einzelaktliche Begründung gewisser Sonderpflichtigkeiten i. S. der Lehre Holsteins kann kaum als „Ausprägung der grundsätzlichen Sozialgebundenheit des Eigentums" angesehen werden.

Die Übernahme der von Holstein benutzten Begriffe könnte daher zumindest irreführend sein. Sie ist aber auch abzulehnen, weil die Begriffe eben nur die Sekundärpflichten zum Gegenstand haben, nicht die zugrundeliegenden Rechtsbeziehungen. Für die hier geforderte Einordnung und Abgrenzung öffentlich-rechtlicher dinglicher Rechte sind sie besonders deshalb ungeeignet, weil Holstein auch die Sonderpflichtigkeiten — z. B. die Beschränkungen nach dem Rayongesetz und nach § 27 pr. Wassergesetz — als dem Eigentum immanent ansieht, nicht als in einem beschränkt dinglichen Recht begründet. Die Lehre von den Verwaltungspflichtigkeiten ist daher auf öffentlich-rechtliche dingliche Rechte wie die Baulasten und die öffentliche Last des hmb EntG nicht anwendbar.

§ 19: Analogie zu sonstigen zivilrechtlichen Instituten

Von den bisher untersuchten, in der Literatur auf öffentlich-rechtliche unmittelbare Sachbeziehungen angewandten Rechtsinstituten und Systematisierungen hat sich nur die „öffentlich-rechtliche Dienstbarkeit" für einen bestimmten Kreis von Vorschriften als bedingt anwendbar erwiesen, nicht jedoch als gemeinsamer Institutsbegriff für die Baulasten und die öffentliche Last nach dem hmb EntG; es bleibt zu untersuchen, ob sich für diese Regelungen ein gemeinsames Rechtsinstitut analog sonstiger zivilrechtlicher Institute konstruieren läßt. Da es sich um öffentlich-rechtliche dingliche Rechte an Grundstücken handelt, können nur sachenrechtliche Institute des BGB als Anknüpfungspunkte in Betracht kommen, also Hypothek, Grund- und Rentenschuld oder Reallast.

---

[12] *Holstein*, Lehre, S. 98: Allgemein- und Sonderpflichtigkeiten seien „moderne Ausprägungen der grundsätzlichen Sozialgebundenheit des Eigentums".

§ 19: Analogie zu sonstigen zivilrechtlichen Instituten

I. Hypothek und Grundschuld

In der Gesetzgebung findet sich der Begriff „Hypothek des öffentlichen Rechts" in § 1 Abs. 1 des Industriebelastungsgesetzes[1]; eine als öffentliche Last ausgestaltete Grundschuld ist in § 6 der Verordnung vom 15. 10. 1923 geschaffen worden[2]. Zivilrechtlich handelt es sich bei der Hypothek und der Grundschuld um dingliche Verwertungsrechte; der Gläubiger kann sich wegen eines Geldbetrages aus dem Grundstück befriedigen[3]. Baulast und öffentliche Last des hmb EntG sind dagegen nie auf die Erlangung eines Geldbetrages gerichtet[4], sondern allenfalls auf eine Tätigkeit des Grundeigentümers, die aber nur in einem Verhalten, Handeln bestehen kann, nicht in einem „Geben" irgendwelcher Güter. Es handelt sich bei ihnen um Herrschaftsrechte, nicht um Verwertungsrechte. Schon dieser Unterschied im Inhalt der zivilrechtlichen und öffentlich-rechtlichen Regelungen verbietet es, die Begriffe „Hypothek" oder „Grundschuld" für ein die Baulasten und die öffentliche Last des hmb EntG umfassendes Rechtsinstitut zu verwenden[5].

II. Reallast

Der Begriff „öffentlich-rechtliche Reallast" wird verschiedentlich in der Literatur benutzt. So wurde die Deichlast nach den §§ 20 ff. der „Deichordnung für die Landherrenschaften der Marschlande und Bergedorf"[6] als öffentlich-rechtliche Reallast bezeichnet[7]; ferner findet sich der Begriff bei Apelt für Anliegerverpflichtungen[8].

---

[1] Gesetz über die Industriebelastung vom 30. 8. 1924, RGBl. II, S. 257 ff. § 1 Abs. 1: „Den Unternehmern der industriellen und gewerblichen Betriebe ... wird nach Maßgabe dieses Gesetzes die Last der Verzinsung und Tilgung eines Betrages von insgesamt 5 Mrd. Goldmark auferlegt. Diese Last wird durch eine Hypothek des öffentlichen Rechts (eine öffentliche Last) an erster Stelle gesichert ..."

[2] RGBl. I, S. 623. Für eine öffentliche Last i. S. des § 10 Abs. 1 Nr. 3 ZVG sprechen die Regelungen in § 6 Abs. 1 S. 2, Abs. 7 und § 10 Abs. 1 a.a.O., ebenso *Riewald*, JW 1932, S. 452. Interessant ist, daß die Deutsche Rentenbank als Berechtigte privatrechtlich organisiert war (§ 1, S. 3, a.a.O.).

[3] §§ 1113 Abs. 1, 1147, 1191 Abs. 1 BGB; vgl. dazu statt aller: *Palandt-Degenhart*, Überblick vor § 1113 Anm. 1.

[4] Anders noch die Oblasten nach § 2 des Allgemeinen Baugesetzes für Sachsen von 1900, siehe oben § 2, IV.

[5] Ob sie im übrigen auf andere Tatbestände mit dem Zusatz „öffentlich-rechtlich" Verwendung finden können, kann dahingestellt bleiben.

[6] Abgedruckt bei *Wulff*, Gesetze und Verordnungen, Bd. 2, S. 569 ff.

[7] *Wulff*, a.a.O., S. 580 Anm. 6; *Nöldeke*, Landesprivatrecht, S. 530; *Raacke*, Die Deichlast, S. 32 ff.

[8] Industriebelastung, S. 131.

Die Reallast ist als dingliches Recht ein Verwertungsrecht[9]. Es besteht aber in der Regel auch ein Anspruch auf eine positive Leistung gegenüber dem jeweiligen Eigentümer. Inhaltlich kann die Leistung im Sinne der Reallast auf ein Handeln gerichtet sein, aber nicht auf ein Unterlassen. Die (wiederkehrenden) Leistungen müssen irgendwie in Beziehung zum Grundstück stehen und aus Gründen der Vollstreckung in das Grundstück in eine Geldforderung umwandelbar sein.

Diese Skizzierung des zivilrechtlichen Inhalts der Reallast zeigt, daß auch sie dem Inhalt der Baulast nicht völlig entspricht, da diese neben Handlungspflichten auch — und das in den meisten Fällen — Duldungs- oder Unterlassungpflichten begründen kann; letztere werden aber nicht vom Begriff der Reallast umfaßt. Das gleiche gilt für die öffentliche Last des hmb EntG, die ausschließlich Duldungs- und Unterlassungspflichten hervorruft. Eine Übernahme des Begriffs der Reallast ist daher für diese Regelungen abzulehnen.

Als Ergebnis läßt sich festhalten, daß eine Analogie zu zivilrechtlichen Sachenrechtsbegriffen keinen für die Abgrenzung der Baulasten und der öffentlichen Last des hmb EntG von anderen öffentlich-rechtlichen Rechtsbeziehungen geeigneten Rechtsbegriff liefert.

§ 20: Das Rechtsinstitut der öffentlichen Grundlast

Hat sich somit keines der bisher in der verwaltungsrechtlichen Literatur erörterten Rechtsinstitute für eine Subsumtion der Regelungen der Baulasten und der öffentlichen Last des hmb EntG sowie ähnlicher gesetzlicher Regelungen als geeignet erwiesen, so muß versucht werden, für sie einen neuen, passenden Systembegriff zu finden.

Die Untersuchung der genannten Regelungen hat ergeben, daß sie eine Reihe gemeinsamer Merkmale aufweisen, die bereits die Definition eines Oberbegriffs erlaubten[1] und die nahe innere Verwandtschaft der Regelungen aufzeigten. Liegt aber eine derartige Verwandtschaft der Rechtssätze nach Zweck, Konstruktion und Inhalt vor, so sind sie Erscheinungen eines einheitlichen Rechtsinstituts. Unter einem Rechtsinstitut verstehen wir einen „Komplex von Rechtssätzen, die durch die innere Verwandtschaft ihrer Tatbestände zu einer Einheit zusammengehalten werden"[2]. Für die Formulierung dieses Rechts-

---

[9] Vgl. — auch zum folgenden —: *Palandt-Degenhart*, Anm. 1 vor § 1105; *v. Lübtow*, Die Struktur, S. 362; *Staudinger-Dittmann*, § 1105 Anm. 2, 4.

[1] Vgl. oben § 15.

[2] *Triepel*, Vom Stil des Rechts, S. 45.

§ 20: Das Rechtsinstitut der öffentlichen Grundlast

institutes kann an die Definition des Oberbegriffs für die untersuchten Rechtsfiguren angeknüpft werden.

Das Rechtsinstitut muß sich von anderen Rechtsinstituten des öffentlichen Rechts dadurch unterscheiden, daß es allein auf öffentlich-rechtliche dingliche Rechte (im Sinne obiger Definition)[3] anwendbar ist, und zwar auf solche, bei denen sowohl Duldungs- und Unterlassungspflichten als auch Tätigkeitspflichten als Sekundärpflichten in Betracht kommen. Es wird also materiell abzugrenzen sein, insbesondere zu den öffentlich-rechtlichen Sachbeziehungen; die formale Differenzierung Otto Mayers nach der Eingriffsart — rechtsgeschäftlich oder gesetzlich begründet: Dienstbarkeit; dem Eigentum immanent: Eigentumsbeschränkung — wird ebenso zu vermeiden sein wie die Zusammenfassung aller Sachbeziehungen bei Holstein[4] und ihre Unterscheidung nur nach allgemeinen und besonderen Sekundärpflichten.

Das Rechtsinstitut wird also alle öffentlich-rechtlichen dinglichen Rechte eines Trägers öffentlicher Verwaltung an einem Grundstück umfassen, die durch oder auf Grund eines Gesetzes oder durch eine im öffentlichen Interesse liegende Willenserklärung des Grundstückseigentümers entstehen und für den Grundstückseigentümer Pflichten zu einem Tun, Dulden oder Unterlassen als Sekundärpflichten mit sich bringen.

Als Bezeichnung für das so umschriebene Rechtsinstitut bietet sich der Begriff „öffentliche Grundlast" an in Anlehnung an das bremische Gesetz, betreffend die öffentlichen Grundlasten[5]. Dieser Begriff drückt einerseits aus, daß es sich hier um öffentlich-rechtliche dingliche Rechte handelt, und ist andererseits nicht auf Duldungs- oder Unterlassungspflichten beschränkt.

Die Rechtsfiguren der Baulast und der öffentlichen Last des hmb EntG sind Ausprägungen dieses Rechtsinstituts der öffentlichen Grundlast[6].

---

[3] Vgl. oben § 12.
[4] Vgl. auch *Niehues*, Dinglichkeit, der sie im Begriff des öffentlich-rechtlichen dinglichen Rechts zusammenfaßt; s. dazu auch oben § 10, III.
[5] vom 23. 6. 1907, GesBl. S. 122.
[6] Innerhalb dieses Rechtsinstituts wäre eine Untergliederung danach möglich, ob als Sekundärpflichten nur Duldungs- oder Unterlassungspflichten möglich sind (so: öffentliche Last des hmb EntG) oder auch Tätigkeitspflichten (so: Baulasten).

Zweiter Abschnitt

Zum Rechtsinstitut der öffentlichen Last

Der Begriff der öffentlichen Last ist nicht im Sinne einer gesetzlichen Definition ein für alle Mal festgelegt. Vielmehr haben sich Rechtsprechung und Lehre bemüht, diesen Begriff inhaltlich zu klären. Dabei ging man teils von den gesetzlichen Vorschriften aus, die den Begriff benutzten, teils von einem weitgehend davon unabhängigen verwaltungsrechtlichen Gebrauch. Im folgenden wird die unterschiedliche Verwendung des Begriffs dargestellt und versucht werden, aus den unstreitigen Anwendungsfällen des Rechtsinstituts und ihrem Zweck den Begriff neu zu bestimmen und ihn mit dem Rechtsinstitut der öffentlichen Grundlasten in Beziehung zu setzen.

§ 21: Der Begriff der „öffentlichen Last" in der Gesetzessprache

I. Die „öffentlichen Grundstückslasten"

Der Begriff „öffentliche Last" ist seit *Otto Mayer* als Oberbegriff für verschiedene öffentlich-rechtliche Rechtsverhältnisse in der deutschen Verwaltungsrechtswissenschaft bekannt[1]. Aber er findet sich nicht nur dort, sondern auch in zahlreichen gesetzlichen Vorschriften, insbesondere solchen, die bestimmen, daß gewisse Geldzahlungspflichten „als öffentliche Last auf dem Grundstück" ruhen[2]. Diese Einzelfälle der „öffentlichen Grundstückslasten"[3] beziehen sich auf die Vorschrift des § 10 Abs. 1 Nr. 3 ZVG; sie sind ferner allgemein in § 436 BGB angesprochen. Beide Vorschriften — § 10 ZVG und § 436 BGB — enthalten denselben Begriff der öffentlichen Last, wie sich auch daraus ergibt, daß es gerade der Zweck des § 436 BGB ist, den Verkäufer von der Pflicht, die Sache lastenfrei zu übertragen, zu befreien im Hinblick auf solche Lasten, die nicht im Grundbuch eingetragen werden können und als allgemein bekannt gelten, nämlich denjenigen des § 10 Abs. 1 Nr. 3 ZVG[4].

Die Gesetze, die in dieser Weise von „öffentlichen Lasten" handeln, enthalten keine Definition dieses Begriffs, so daß sich Lehre und

---

[1] Siehe dazu unten § 22.

[2] Vgl. z. B.: § 111 LAG; § 134 BBauG; § 64 Abs. 3 BBauG; § 20 FlurbG; § 10 Abs. 6 KAG BW; siehe auch die Aufzählung bei *Zeller*, ZVG, § 10 Anm. 37; *Dassler-Schiffhauer*, ZVG, § 10 Anm. IV, 5.

[3] Siehe dazu unten § 23, II 3.

[4] *Soergel-Ballerstedt*, BGB, § 436 Anm. 1; *Kuhn*, in: RGRK-BGB, § 436 Anm. 1, 2; vgl. auch RGZ 127, 130 (137); Motive zum BGB, Bd. II, S. 215.

§ 21: Der Begriff der „öffentlichen Last" in der Gesetzessprache   125

Rechtsprechung um eine Begriffsklärung bemühen mußten. Auszugehen war dabei vom Begriff der „Last", wie ihn vor allem das BGB an verschiedenen Stellen[5] benutzt. Hierunter sind Leistungen zu verstehen, die aus dem Grundstück zu entrichten sind; sie bilden den Gegensatz zu den Grundstücksnutzungen[6]. Zur Leistung verpflichtet sein muß der Grundstückseigentümer als solcher, allerdings auch nur der „jeweilige" Eigentümer: d. h. die Last ist mit dem Grundstück derart verbunden, „daß dieses gleichsam als Träger der Last angesehen wird"[7]. Dieses ist nur eine Umschreibung für die Wirkungen der sog. subjektiven Dinglichkeit[8], der Bestimmung des Verpflichteten durch eine (andere) dingliche Beziehung zum Grundeigentum. Die Leistungspflicht bleibt aber eine persönliche des Grundeigentümers, allerdings mit der Besonderheit, daß auch das Grundstück dinglich haftet und die Verpflichtung nur so lange besteht, wie der Verpflichtete Eigentümer ist, mit der Veräußerung des Grundstücks aber auf den Erwerber „übergeht"[9] — nur insoweit bestehen Abweichungen gegenüber anderen persönlichen Verbindlichkeiten. Deshalb hat das Reichsgericht auch von diesen Lasten die „Belastungen" eines Grundstücks unterschieden, d. h. die dinglichen Rechte zugunsten Dritter, die nur das Eigentums- oder Verfügungsrecht einschränken, nicht aber den Eigentümer als solchen zur Leistung verpflichten[10].

Ist danach der Begriff der Last bestimmt, so ergibt sich, was „öffentliche" Lasten sind, aus gesetzlichen Bestimmungen, die teils dem Bundesrecht angehören, teils landesrechtlich in den Ausführungsgesetzen zum ZVG enthalten sind. In allen Fällen handelt es sich danach — wie auch schon aus dem dargelegten „Last"-Begriff folgt — um Geldzahlungspflichten verschiedener Art des Grundstückseigentümers, die mehr oder weniger eng mit dem Grundeigentum verbunden sind und an

---

[5] z. B. in den §§ 101, 103, 446, 748, 995, 1047 BGB.

[6] RG, U. v. 21. 9. 1907 — V 601/06 —, RGZ 66, 316, 318 f.; RG, U. v. 13. 1. 1930 — VI 290/29 —, RGZ 127, 130, 135; *Erman-Böhle = Stamschräder*, Handkomm., § 103 Anm. 1 u. 4; *Enneccerus-Nipperdey*, Allg. Teil, Bd. 1, S. 824 FN 10; *Enn.-Lehmann*, Schuldrecht, S. 425.

[7] RGZ 127, 135.

[8] Vgl. dazu oben § 13, insbes. S. 100.

[9] Wird die Abgabenpflicht — wie in der Regel — durch Bescheid o. ä. konkretisiert, so bleibt der Veräußerer persönlich verpflichtet, wenn die Konkretisierung vor Veräußerung eintrat. *Peters*, Lehrbuch, S. 145, spricht deshalb zunächst nur von einer „Pflichtigkeit".

[10] RGZ 66, 318 f.; RGZ 131, 343 (348); *Soergel-Ballerstedt*, BGB, § 436 Anm. 4; a. A.: RG, Gruchot 47, 833 (836); OLG Hamburg, OLGE 33, 261 = HansGZ 1915 B Nr. 52; OLG Frankfurt/M., Recht 1903, S. 604; unklar: BGH, BB 1961, S. 770.

deren Erfüllung ein öffentliches Interesse besteht[11]. In der Literatur ist für sie der Begriff „öffentliche Grundstückslast" geprägt worden[12], die definiert wird als „eine ausschließlich im öffentlichen Recht kraft Gesetzes oder Satzung geschaffene Abgabenverpflichtung, die in Geld durch wiederkehrende oder einmalige Leistungen zu erfüllen ist und bei der neben der persönlichen Haftung des Schuldners die dingliche Haftung des Grundstücks besteht"[13].

Vergleicht man diesen Begriffsinhalt der öffentlichen Last, genauer: öffentlichen Grundstückslast, mit den Regelungen der öffentlichen Grundlasten — insbesondere der Baulasten und der öffentlichen Last des hmb EntG —, so wird klar, daß eine Übereinstimmung nicht besteht: die öffentlichen Grundlasten als dingliche Rechte, die nie zu Geldzahlungen persönlich verpflichten, gehören nicht zu den öffentlichen Grundstückslasten; sie sind Herrschaftsrechte, keine dinglichen Sicherungsrechte für Zahlungspflichten.

II. Weitere Anwendungsfälle

Die gesetzlichen Vorschriften über die öffentlichen Grundstückslasten sind aber nicht die einzigen Gesetze, die den Begriff „öffentliche Last" verwenden. In einem ganz anderen Sinne als in diesen Gesetzen erscheint der Begriff z. B. im Reichsgesetz vom 29. 12. 1922 über die Erhaltung der Kriegergräber aus dem Weltkrieg[14]. Dort handelt es sich um eine dingliche Belastung der betroffenen Grundstücke, die dem Grundstückseigentümer Pflichten zu einem Tun, Dulden und/oder Unterlassen auferlegt. Diese Regelung stimmt mit denjenigen der öffentlichen Grundlasten weitgehend überein. Die Fälle der öffentlichen Grundstückslasten können demnach nicht allein für den Begriff der öffentlichen Last entscheidend sein, sie bilden allenfalls einen Ausschnitt aus dem gesamten Rechtsinstitut der öffentlichen Last. Der Begriff der öffentlichen Last mag diese Regelungen mitumfassen, er muß aber — wenn er ein einheitlicher ist — weiter sein .

Auch die Verwaltungsrechtswissenschaft fühlte sich nie an die Begriffsgrenzen gebunden, wie sie durch die gesetzlichen Regelungen der

---

[11] Vgl. § 2 hmb AusfG zum ZVG v. 14. 7. 1899, Amtsbl. S. 384. — Zu den Grenzen, die hinsichtlich der Bestimmung einer Verbindlichkeit als öffentliche Last bestehen, vgl. OLG Hamburg, OLGE 33, 261; *Steiner-Riedel*, ZVG, § 10 Anm. 8 a.

[12] Vgl. dazu auch: *v. Turegg-Kraus*, VerwR, S. 191; *Tipke-Kruse*, Abgabenordnung, § 120 a Anm. 1; *Zeller*, ZVG, § 10 Anm. 37; *Riewald*, JW 1932, S. 449 ff.; *Schmidt*, Handbuch, S. 145 f.; *Fischer*, NJW 1955, 1583.

[13] *Zeller*, a.a.O.; vgl. auch *Fischer*, a.a.O.; *Dassler-Schiffhauer*, ZVG, § 10 Anm. IV, 1.

[14] RGBl. I 1923, S. 25 ff. — s. dazu bereits oben S. 73 f.

öffentlichen Grundstückslasten gezogen werden. Viele der von Otto Mayer als „öffentliche Last" bezeichneten Pflichten[15] haben z. B. nichts mit dem Grundstückseigentum zu tun, von einer dinglichen Haftung für Zahlungspflichten kann keine Rede sein.

Ein Unterschied zwischen dem Begriff der öffentlichen Last im Sinne des Zivilrechts und dem des Verwaltungsrechts ist auch in einer Entscheidung des Reichsgerichts anerkannt[16]. Ob dies tatsächlich ein grundsätzlicher Unterschied ist, sei zunächst dahingestellt. Da die Regelungen der öffentlichen Grundlasten solche des Verwaltungsrechts sind, ist der verwaltungsrechtliche Begriff der öffentlichen Last hier besonders wichtig. Inhalt und Wesensmerkmale dieses Begriffs sind daher im folgenden zu untersuchen.

§ 22: Die Entwicklung des verwaltungsrechtlichen Begriffs der „öffentlichen Last" durch Otto Mayer

Wie so viele andere Rechtsinstitute des deutschen Verwaltungsrechts ist auch das der „öffentlichen Last" von *Otto Mayer* entwickelt worden. Als Oberbegriff für zahlreiche Pflichten des einzelnen zu Dienst- oder Naturalleistungen erscheint der Begriff „öffentliche Last" bereits in der ersten Auflage von Otto Mayers „Lehrbuch des Deutschen Verwaltungsrechts"[1]. Die vor dem Werk Otto Mayers erschienenen systematischen Darstellungen des Verwaltungsrechts behandeln zwar zum Teil auch derartige Dienst- und Naturalleistungspflichten[2], bezeichnen sie jedoch nur allgemein als „öffentliche Pflichten"[3], „öffentlich-rechtliche Schuldverhältnisse"[4] oder „Leistungspflichten für öffentliche Zwecke"[5] — Begriffe, die zwar einer gewissen Einteilung des Stoffes dienen, die aber nach inhaltlichen Merkmalen nicht so weit festgelegt und umgrenzt werden, daß die von ihnen erfaßten Tatbestände einheitliche Rechtsinstitute bilden konnten. Die Systematisierung dieser Pflichten und die Heraushebung bestimmter als „öffentliche Lasten" erfolgte erst durch Otto Mayer und hat alle späteren Erörterungen maßgeblich beeinflußt; die Darstellung muß daher bei ihm einsetzen.

---

[15] Dazu ausführlich unten § 22, I.
[16] RG, U. v. 13. 1. 1930 — VI 290/29 —, Bd. 127, S. 130 (135) — zum Industriebelastungsgesetz.
[1] Bd. II, 1896, § 47 (S. 263).
[2] Noch nicht bei *Roesler*, Lehrbuch des Deutschen Verwaltungsrechts, Bd. 1, 1872.
[3] *Loening*, Lehrbuch, S. 9; siehe auch *v. Stengel*, Lehrbuch, S. 38, 46.
[4] *v. Sarwey*, Allg. Verwaltungsrecht, S. 140, 147 f. — Vgl. auch F. F. *Mayer*, Grundzüge, S. 12 f. („Staatsauflagen und Dienste").
[5] *v. Sarwey*, Das öffentliche Recht, S. 547 ff.

I. Der Begriff der „öffentlichen Last" bei Otto Mayer

1. *Otto Mayer* definierte die öffentliche Last als „die dem Untertanen obliegende Pflicht, einem öffentlichen Unternehmen durch Leistung an den Unternehmer Mittel zu gewähren, deren es zur Erfüllung seines Zweckes bedarf"[6]. Unter diesem Begriff faßte er Leistungspflichten verschiedenen Inhalts zusammen: Leistungsgegenstand konnten Geld, Dienste oder Sachen zu Gebrauch oder Verbrauch sein[7]. Entscheidendes Gewicht legte er auf den Umstand, daß es sich um eine dem Bedürfnis eines öffentlichen Unternehmens angepaßte Leistung handeln müsse[8]; hierin sah er auch die Unterscheidungsmerkmale zu anderen, nur scheinbar ähnlichen Rechtsinstituten. Merkmale des Instituts sind somit: a) Leistungspflicht; b) zugunsten eines öffentlichen Unternehmens; c) Gewährung von Mitteln zur Erfüllung eines Zweckes.

Zu a): Das Merkmal der Leistungspflicht versteht Otto Mayer im Sinne einer schuldrechtlichen, personalen Pflicht. Soweit dem öffentlichen Unternehmen z. B. Sachen zur Verfügung gestellt werden sollen, geschieht dies nicht durch direkten Zugriff auf die Sache, sondern die öffentliche Last wirkt als „vermittelnde Leistungspflicht"[9]; auf diese personalen Pflichten ist das Rechtsinstitut auch beschränkt, dingliche Berechtigungen des Trägers öffentlicher Verwaltung fallen nicht darunter[10]. Demgemäß wird das Rechtsinstitut auch in den Abschnitt „Das Recht der besonderen Schuldverhältnisse" eingeordnet[11].

Zu b): Das öffentliche Unternehmen im Sinne der Definition ist die „Einheit eines durch seinen bestimmten Zweck abgegrenzten Stückes öffentlicher Verwaltung"[12], d. h. die einzelne öffentlich-rechtliche Tätigkeit des Staates und die zu ihrer Ausübung bestimmte Verwaltungseinrichtung[13]. Das Bedürfnis an Mitteln zur Verfolgung dieses bestimmten Zweckes gibt gleichzeitig den Umfang der Leistungspflicht an. Was als öffentlicher Zweck in diesem Sinne in Betracht kommt, wird generell oder speziell gesetzlich bestimmt[14].

---

[6] VerwR II, 3., S. 217 f. (ebenso 2. Aufl., S. 382).
[7] a.a.O. (3. Aufl.), S. 218.
[8] a.a.O., 2., S. 383.
[9] a.a.O. (3. Aufl.), S. 218.
[10] Besonders deutlich a.a.O. (2. Aufl.), S. 384 mit Anm. 5.
[11] In der 1. und 2. Auflage; in der 3. Aufl trägt der Abschnitt die Überschrift „Besondere Leistungspflichten" und umfaßt nur noch die öffentliche Dienstpflicht und die öffentliche Last, nicht mehr die Anstaltsnutzung und die öffentlich-rechtliche Entschädigung.
[12] a.a.O. (3. Aufl.), S. 217.
[13] Vgl. auch *Vogel*, Kammerbeitrag, DVBl. 1958, 492 mit Anm. 13.
[14] a.a.O. (3. Aufl.), S. 9 f. (für die Enteignung).

Zu c): Die Leistung von Diensten oder Sachen an das Unternehmen, damit dieses seinen Zweck verfolgen kann, ist der Inhalt der unter dem Begriff „öffentliche Last" zusammengefaßten Pflichten. Das öffentliche Unternehmen bedarf gerade dieser Leistungen, weil sie unentbehrlich, unersetzbar oder unaufschiebbar sind[15]; zum Teil werden sie auch aus dem Gesichtspunkt der Vorteilsausgleichung verlangt, weil dem Verpflichteten die Zweckverfolgung zugute kommt. In allen Fällen muß es sich um die Erfüllung eines bestimmten, besonderen Zweckes handeln; die Auferlegung von Steuern, um den allgemeinen Finanzbedarf zu decken, soll deshalb z. B. nicht eine zu den öffentlichen Lasten gehörende Leistungspflicht begründen[16].

2. Der Zweck der so verstandenen öffentlichen Lasten, Private im öffentlichen Interesse in Anspruch zu nehmen, findet sich nicht nur bei diesen Leistungspflichten, sondern auch bei anderen Rechtsinstituten, etwa der Steuer, der Enteignung u. a. Die Abgrenzung dieser Rechtsinstitute von den öffentlichen Lasten sieht Mayer in folgendem: öffentliche Lasten, die zu persönlichen Diensten verpflichten, sollen sich von der öffentlichen Dienstpflicht (Wehrpflicht) durch das Fehlen eines besonderen Treueelementes unterscheiden[17]; zur Steuer liege die Unterscheidung darin, daß die öffentlichen Lasten nur einem bestimmten öffentlichen Unternehmen zu dienen bestimmt seien, jene aber nicht[18]; die von Mayer im Abschnitt „Öffentliches Sachenrecht" zusammengefaßten Institute Enteignung, auferlegte öffentliche Dienstbarkeit und öffentlich-rechtliche Eigentumsbeschränkung verfolgen zwar denselben Zweck, wirken jedoch im Gegensatz zu den öffentlichen Lasten als reinen Leistungspflichten dinglich[19]: hierin liege der entscheidende Unterschied dieser Rechtsinstitute zur öffentlichen Last.

3. Das Rechtsinstitut untergliedert Mayer in gemeine Lasten, Vorzugslasten und Verbandslasten, je nach dem in welchem Verhältnis der Verpflichtete zu dem öffentlichen Unternehmen steht.

Eine *gemeine* Last ist danach anzunehmen, wenn der Verpflichtete in keinem besonderen Verhältnis zu dem Unternehmen steht, seine Verpflichtung allein auf der angenommenen Fähigkeit beruht, die Bedürfnisse des Unternehmens zu befriedigen[20]. Derartige gemeine Lasten

---

[15] VerwR II, 3., S. 219 ff. (für die gemeinen Lasten; zu diesen sogleich unten).

[16] a.a.O., S. 218, 219; ebenso: RGZ 92, 172 (176).

[17] a.a.O. (3. Aufl.), S. 218; ausführlicher 2. Aufl., S. 385 f.

[18] a.a.O. (3. Aufl.), S. 218; (2. Aufl.), S. 384. — F. F. *Mayer,* Grundzüge, S. 12 f., faßt unter der Überschrift „Staatsauflagen und Dienste" ausdrücklich Militärdienst, Einquartierung und Steuern zusammen.

[19] a.a.O., 3., S. 218; ausführlicher: 2. Aufl., S. 384 mit Anm. 5.

[20] Vgl. zur gemeinen Last: O. *Mayer,* VerwR II, 3. Aufl., S. 219 ff.

können nach Mayer nur als Naturalleistungspflichten vorkommen, nicht als Geldleistungspflichten, weil nur jene an ein bestimmtes Unternehmen angepaßt sein können. Als Beispiele führt er u. a. die Hand- und Spanndienste an, ferner Nothilfepflichten und Justizlasten (Zeugenpflicht, Sachverständigenpflicht).

Die öffentliche *Vorzugs*last[21] zeichnet sich dadurch aus, daß nur verpflichtet wird, wer an dem begünstigten Unternehmen *besonders* beteiligt ist und aus seinem Bestand besondere Vorteile zieht oder ziehen kann.

Als Pflichtinhalt kommen sowohl Geldleistungen (Beiträge) als auch Naturalleistungen in Betracht. Beispiele sind die Anliegerbeiträge, die Straßenreinigungspflicht u. a. Die Vorzugslasten werden entweder gesetzlich auferlegt oder freiwillig übernommen.

Bei der *Verbands*last[22] stehen die Verpflichteten in einem noch engeren Verhältnis zum Unternehmen als bei der Vorzugslast. Die Verpflichteten werden hier in einem besonderen Verband rechtlich zusammengefaßt und haben den gesamten Bedarf des Unternehmens zu decken. Beispiele sind Wegeunterhaltungsverbände, Schulbauverbände u. a.

II. Kritische Würdigung

Bevor die weitere Ausgestaltung und Behandlung des Rechtsinstituts der öffentlichen Last in der Literatur dargestellt wird, sei hier eine kurze Kritik an der Darstellung Otto Mayers eingeschoben.

Mayer bezeichnet in der ersten Auflage seines Lehrbuchs[23] die öffentliche Last als eine der „Formen der öffentlich-rechtlichen Inanspruchnahme des Untertanen". Die Inanspruchnahme für die Verfolgung öffentlicher Aufgaben ist das Merkmal, das die öffentliche Last mit anderen Rechtsinstituten, insbesondere der „auferlegten öffentlichen Dienstbarkeit", gemeinsam hat[24]. Es ist ein materielles, inhaltsbestimmendes Merkmal, wohingegen die Frage, wie diese Inanspruchnahme durchgeführt wird — ob durch Begründung einer schuldrechtlichen Leistungspflicht oder durch unmittelbaren (dinglichen) Zugriff —, mehr verfahrensrechtlicher, formaler Art ist. Das materielle Kriterium steht nun bei der Darstellung des Rechtsinstituts durch Mayer in Wahrheit im Vordergrund. Es ist immer der Bedarf

---

[21] a.a.O., S. 230 ff.
[22] a.a.O., S. 236 ff.
[23] a.a.O., Bd. 2, S. 263 (ähnlich in der 2. und 3. Aufl. — S. 218 —).
[24] Vgl. die Abgrenzung, VerwR II, 3., S. 218.

des öffentlichen Unternehmens an Diensten und Sachen, der den Grund für die Auferlegung der Lasten abgibt.

Der Staat kann die meisten der ihm gestellten öffentlichen Aufgaben nur durchführen, die öffentlichen Zwecke nur erreichen unter Einsatz von persönlichen oder sachlichen Mitteln, die er sich, sofern er nicht bereits über sie als verwaltungseigene verfügt, durch Inanspruchnahme verwaltungsfremder Dienste oder Sachen beschaffen muß. Diese Inanspruchnahme kann grundsätzlich entweder direkt erfolgen, d. h. es wird das aktuell und im Einzelfall benötigte Mittel in Anspruch genommen, oder indirekt, d. h. die benötigten bestimmten Mittel werden über den Umweg der allgemeinen Inanspruchnahme der geldlichen Mittel des einzelnen beschafft. Diese letzte Art der Inanspruchnahme schließt Mayer ausdrücklich von seinem System aus, indem er die dem allgemeinen Finanzbedarf des Staates dienende Steuer nicht zu den öffentlichen Lasten zählt.

Nur die unmittelbare Mittelbeschaffung ist danach charakteristisches Merkmal der von Mayer behandelten öffentlichen Lasten, so bei den Hand- und Spanndiensten, den Justizlasten, den Beiträgen für bestimmte Vorhaben u. a. Demgegenüber erscheint die Beschränkung des Rechtsinstituts der öffentlichen Last auf diejenigen Beschaffungsvorgänge, die mittels schuldrechtlicher Leistungspflicht erfolgen, willkürlich. Das erweist sich insbesondere an der Abgrenzung der öffentlichen Last von der öffentlich-rechtlichen Dienstbarkeit und der öffentlich-rechtlichen Eigentumsbeschränkung, die Mayer ja darin sieht, daß erstere durch eine vermittelnde Leistungspflicht charakterisiert werden, letztere dagegen dinglich wirken[25]. Dieses ist aber keine aus der Sache folgende Begründung, sondern nur eine Auslegung seiner eigenen, an die Spitze der Darstellung gestellten Definition des Rechtsinstituts der öffentlichen Last.

Die Unterscheidung zwischen den öffentlichen Lasten und den zum „öffentlichen Sachenrecht" gehörenden Instituten ist auch Folge der Ansicht Otto Mayers, daß die öffentlichen Lasten als Leistungspflichten Untertanenrecht sind und damit zum Verwaltungsrecht gehören, die Institute des öffentlichen Sachenrechts dagegen nicht; auf das öffentliche Eigentum soll Verwaltungsrecht als Untertanenrecht z. B. nicht anwendbar sein[26].

---

[25] a.a.O., S. 218 für die Enteignung (in der 2. Aufl., II, S. 384, auch für die Eigentumsbeschränkungen).

[26] a.a.O., S. 64 — Diese Ansicht widerspricht aber der These O. Mayers, daß eine unmittelbare Beziehung zwischen Eigentümer und Sache auch im hoheitlichen Bereich nicht bestehe (a.a.O., S. 40), die Herrschaftsmacht vielmehr über die Privatrechtsträger vermittelt werde: sie müßte sich daher auch auf diese im Sinne einer Über-/Unterordnung erstrecken.

Daß Inanspruchnahmen durch dinglichen Zugriff wegen dieser Wirkung nicht zu den öffentlichen Lasten gehören, ist auch nicht „begründbar", sondern die Folge der axiomatischen Beschränkung des Last-Begriffs auf persönliche Leistungspflichten. Dadurch wird dieses formale Merkmal zahlreicher — aber nicht aller — gesetzlicher Vorschriften, die der Mittelbeschaffung dienen, unversehens zum entscheidenden Abgrenzungskriterium und erlangt eine Bedeutung, für die Mayer einen zureichenden Grund nicht anzugeben vermag. Konsequenter erscheint demgegenüber ein System, das die Fälle der Mittelbeschaffung für öffentliche Aufgaben zusammenfaßt und nur innerhalb des Systems nach dem formalen Merkmal Leistungspflicht/dinglicher Zugriff unterscheidet. Das materielle Ziel der Inanspruchnahme des einzelnen ist das wesentlichere Kriterium.

§ 23: Die Behandlung und Veränderung des Begriffs der öffentlichen Last in der Literatur

Das Rechtsinstitut der öffentlichen Last hat seine entscheidende theoretische Durcharbeitung und Formung durch Otto Mayer erfahren. Die von ihm vorgenommene grundlegende Systematisierung hat im wesentlichen Aufnahme in die Theorie und Praxis des Verwaltungsrechts gefunden[1]. Dennoch bleibt festzuhalten, daß Bezeichnung und Schema zwar unverändert blieben, der Inhalt aber doch erhebliche Veränderungen erfuhr. Das bezog sich — wie sich zeigen wird — insbesondere auf die Frage, ob Geldleistungen (Steuern) und dingliche Belastungen diesem Begriff einzuordnen sind. Im folgenden soll die Entwicklung des Begriffs der öffentlichen Last kurz dargestellt werden.

I. Die Entwicklung in der älteren Literatur

1. *Fleiner*[2] bezeichnet als öffentliche Lasten „im weitesten Sinne" die Gesamtheit der den Bürgern durch Gesetz auferlegten Rechtspflichten, „die Verwaltung nach bestimmten Richtungen durch finanzielle und persönliche Leistungen zu fördern". Unter diesem Begriff faßt er die Naturalleistungspflichten und die öffentlich-rechtlichen Pflichten zu einer Geldzahlung zusammen. Da letztere vom Gesetz zum Institut der öffentlichen Abgaben zusammengefaßt und dafür besondere Rechtsvorschriften ausgebildet seien, scheidet er sie aus und behandelt als „öffentliche Lasten im engeren Sinne" nur die Natural-

---

[1] *Apelt*, Industriebelastung, S. 130.
[2] Institutionen, 1. Aufl., S. 329 ff.; 8. Aufl., S. 414 ff.

§ 23: Begriff der öffentlichen Last in der Literatur

leistungspflichten. Diese können persönliche Dienste oder das Überlassen oder Zurverfügungstellen von Sachgütern zum Inhalt haben.

Fleiner teilt sie wie Otto Mayer in gemeine, Vorzugs- und Verbandslasten ein mit denselben Unterscheidungsmerkmalen — beschränkt diese Einteilung aber nicht auf die öffentlichen Lasten i. e. S., sondern bezeichnet z. B. auch den Beitrag — eine öffentliche Abgabe — als Vorzugslast[3]. Die öffentlichen Lasten i. e. S. sind schuldrechtliche Leistungspflichten; eine Abgrenzung der öffentlichen Last zu sachenrechtlichen Rechtsinstituten — wie z. B. der öffentlich-rechtlichen Dienstbarkeit — braucht Fleiner nicht vorzunehmen, da er öffentlich-rechtliche dingliche Rechtsbeziehungen nicht anerkennt[4].

Festzuhalten bleibt, daß die klare Gliederung des Systems bei Otto Mayer durch Fleiners Unterscheidung von öffentlichen Lasten im weiteren und im engeren Sinne und die Anwendung des Unterbegriffs „Vorzugslast" auf beide verloren geht. Andererseits ist es als eine Weiterentwicklung des Begriffs anzusehen, daß er die öffentlichen Abgaben in die Betrachtung mit einbezieht[5] — in Konsequenz seiner Behandlung der öffentlichen Last als Inanspruchnahme des einzelnen, die Verwaltung durch Leistungen zu fördern[6]. Der Leistungsbedarf des öffentlichen Unternehmens und die Inanspruchnahme des einzelnen zu seiner Befriedigung werden also als die wesentlichen Begriffsmerkmale angesehen.

2. *W. Jellinek* faßt unter dem Begriff „öffentliche Lasten" nur Naturalleistungspflichten zusammen[7]. Insbesondere zählt er die Geldleistungspflichten, die in zahlreichen gesetzlichen Vorschriften unter der Bezeichnung „öffentliche Last" auferlegt werden (öffentliche Grundstückslasten), nicht hierher; ebenso schließt er die Eingliederung der Baulasten in diesen Begriff ausdrücklich aus, da sie zu den Beschränkungen des Eigentums kraft Einzelaktes gehörten[8]. Für den danach verbleibenden Bereich der Naturalleistungspflichten prägt

---

[3] a.a.O., 8. Aufl., S. 417 und 427.

[4] a.a.O. (8. Aufl.), S. 150; siehe auch oben S. 66.

[5] Ebenso *Herrnritt*, Grundlehren, S. 430 ff., der die öffentlichen Lasten i. w. S. in Naturalleistungen (öffentliche Lasten i. e. S.) und allgemeine Abgaben einteilt (S. 431 mit Anm. 4), in der Abgrenzung zu dinglich wirkenden Eingriffen aber O. Mayer folgt (S. 431 Anm. 6).

[6] *Fleiner*, a.a.O., S. 414.

[7] Vgl. VerwR, Überschrift zu § 19, S. 414.

[8] a.a.O., S. 415. — Ebenso behandeln *Hatschek-Kurtzig*, Lehrbuch, S. 383 f., die Geldzahlungspflichten als „gemeine öffentliche Lasten" gesondert von den übrigen öffentlichen Lasten (S. 510 f.), die sie als Leistungspflichten ungewissen Umfangs von den öffentlichen Grunddienstbarkeiten, Abgaben und Zwangsdiensten unterscheiden.

Jellinek den Begriff der öffentlichen Last „im engeren verwaltungsrechtlichen Sinne" und definiert ihn als „die im öffentlichen Interesse einem unmittelbar Unbeteiligten auferlegte Verpflichtung zu Leistungen nichtgeldlicher Art ohne Treuepflicht"[9]. Daß der Verpflichtete „unmittelbar unbeteiligt" sein muß, besagt, daß die Leistung verlangt wird, nicht weil sie aus Gründen erforderlich wird, die in der Sphäre des Verpflichteten liegen, sondern weil die Verwaltung ihrer bedarf und der Verpflichtete (u. U. als einziger) sie erbringen kann.

Dieser Begriff der „öffentlichen Last im engeren verwaltungsrechtlichen Sinne" gleicht somit dem der „öffentlichen Last i. e. S." Fleiners. Festzuhalten bleibt, daß es sich nach Jellinek um persönliche Leistungspflichten handelt, durch die der Verwaltung die erforderlichen Dienste und Sachen für ihre öffentlichen Aufgaben beschafft werden sollen: also Inanspruchnahme des einzelnen zur Bedarfsdeckung der öffentlichen Verwaltung durch obligatorische Verpflichtung zu Naturalleistungen.

3. *Apelt*[10] behandelt im Rahmen seiner Untersuchung über die Rechtsverhältnisse, die durch das Industriebelastungsgesetz geschaffen wurden, das Rechtsinstitut der öffentlichen Last im Ausgangspunkt in der Form, die es durch Otto Mayer gefunden hat, also als öffentlich-rechtliche Verpflichtung zur Leistung von Geld, Diensten oder Sachen zu Gebrauch oder Verbrauch zugunsten eines öffentlichen Unternehmens. Ein Unterschied zu Otto Mayer zeigt sich aber schon in der Behandlung der Anliegerbeiträge. Während Mayer — ebenso Fleiner — die Anliegerbeitragspflicht als schuldrechtliche Leistungspflicht ansieht — er nennt sie als Beispiel für eine Vorzugslast[11] —, bezeichnet Apelt sie als öffentlich-rechtliche Reallast[12], die mit einem Besitzwechsel am Grundstück auf den Rechtsnachfolger übergehe. Hierin zeigt sich eine grundsätzlich andere Qualifizierung dieser Pflichten, die auch bei Apelt zu den öffentlichen Lasten gehören: die Reallast ist — zivilrechtlich — eine dingliche Belastung des Grundstücks, bei der die dingliche Haftung des Grundstücks im Vordergrund steht und die persönliche Schuld für die Einzelleistungen nur ergänzend hinzutritt[13]. Wenn Apelt den Begriff Reallast mit dem Zusatz „öffentlich-rechtlich" gebraucht, so bedeutet dies eine im wesentlichen unveränderte Übertragung des

---

[9] a.a.O., S. 415.

[10] Das Rechtsinstitut der öffentlichen Last und die Industriebelastung, Gedenkschrift Mitteis, 1926, S. 125 ff.

[11] VerwR II, 3., S. 232.

[12] Industriebelastung, S. 131.

[13] Vgl. *Palandt-Degenhart*, Anm. 1 vor § 1105; *Staudinger-Dittmann*, § 1105 Anm. 1; nach *v. Lübtow*, Die Struktur, S. 363, stehen persönliche Schuld und dingliches Recht gleichgeordnet nebeneinander.

zivilrechtlichen Begriffsinhalts in das öffentliche Recht[14]; er reiht also in das Rechtsinstitut der öffentlichen Last neben schuldrechtlichen Pflichten auch dingliche Belastungen ein.

Besonders deutlich wird dies in der Behandlung der „Hypothek des öffentlichen Rechts" nach § 1 Abs. 1 S. 2 des Industriebelastungsgesetzes[15]. Apelt sieht hierin ein dingliches Sicherungsmittel für die Ansprüche auf die Jahresleistungen an Zinsen und Tilgungsraten. Zahlungspflicht und dingliche Sicherung zusammen seien die (dingliche) öffentliche Last, die § 1 des Gesetzes auferlege[16]. Die Rechtslage sei hier die gleiche wie im Fall des § 2 des Sächsischen Allgemeinen Baugesetzes von 1900[17]: auch die danach geschaffenen öffentlichen Lasten seien dinglicher Natur, da sie vom Gesetzgeber als das Grundstück unmittelbar erfassend und belastend gedacht seien[18].

Apelt anerkennt damit ausdrücklich dingliche öffentliche Lasten im Gegensatz zu der bis dahin herrschenden Theorie, die die öffentlichen Lasten — Otto Mayer folgend — als obligatorische Leistungspflichten konstruierte. Apelt sieht hierin eine Weiterentwicklung[19], keine Aufhebung des Rechtsinstituts: unter Beibehaltung des Ausgangspunkts, daß die öffentliche Last eine öffentlich-rechtliche Leistungsverpflichtung zur Bedarfsdeckung eines öffentlichen Unternehmens darstelle, sieht er als „Leistung" auch die Begründung dinglicher Rechte zugunsten eines öffentlichen Unternehmens an[20], und zwar auch dann, wenn sie — wie im Falle des Industriebelastungsgesetzes — kraft Gesetzes entstehen.

4. Ohne ein System der öffentlichen Lasten in dem bisher dargelegten Sinne aufzustellen, führt *Friedrichs*[21] den Begriff „öffentlichrechtliche Lasten an der Sache" ein[22].

---

[14] Das zeigen auch die weiteren Ausführungen Apelts, insbesondere seine Auseinandersetzung mit Fleiner, vgl. a.a.O., S. 137.

[15] Vgl. dazu oben S. 121 Anm. 1.

[16] a.a.O., S. 135, 136 — a. A. das RG, das in der Industriebelastung eine persönliche Verbindlichkeit sah, die durch die „Hypothek des öffentlichen Rechts" — ein besonderes Rechtsinstitut — gesichert werde; es handele sich dabei nicht um eine öffentliche Last i. S. des § 436 BGB, vgl. Urt. v. 13. 1. 1930, RGZ 127, 130 ff. (134 f.).

[17] Siehe dazu oben § 2 IV.

[18] a.a.O., S. 137. Ebenso zunächst die Rechtsprechung des sächsischen OVG. vgl. Jhrb. 1, 128 (132); 2, 305 (307 f.); 6, 335 (337); ferner W. *Jellinek*, VerwR, S. 196; *Zobel*, Art. „Bauwesen", Wörterbuch S. 325; *Brandi*, PrVerwBl. 1905/1906, S. 889. a. A. das Sächs. OVG ab Jhrb. 18, 122 (123) für die Anliegerleistungen; vgl. auch S. 101 Anm. 18.

[19] a.a.O., S. 138.

[20] a.a.O., S. 130, 137.

[21] Bürgerliches und öffentliches Sachenrecht, AöR 40 (1921), S. 257 ff.

[22] a.a.O., S. 330.

Ausgehend von seiner Prämisse, öffentliches und privates Sachenrecht könnten von einem gemeinsamen Gesichtspunkt aus betrachtet werden[23], stellt er neben die privatrechtlichen Belastungen von Sachen (beschränkt dingliche Rechte) solche des öffentlichen Rechts. Sie sollen für den Eigentümer hinsichtlich der Sache die Pflicht zur Duldung, Unterlassung oder Herrichtung für fremden Gebrauch[24] begründen, in dieser letzten Alternative also auch Tätigkeitspflichten, was nur — soweit Hauptpflichten in Betracht kommen — für die öffentlich-rechtlichen Lasten gelten kann. Aus dem Gebiet des öffentlichen Rechts gehören zu diesen Lasten u. a. die Rayonbeschränkungen, Beschränkungen im Quellenschutzgebiet (§ 3 pr. QuellenschutzG), Wegebaupflicht und Leinpfadlast. Diese Beispiele sind im wesentlichen identisch mit denen, die Otto Mayer für sein Rechtsinstitut der öffentlichrechtlichen Dienstbarkeit gibt. Ob Friedrichs das „Rechtsinstitut der öffentlichen Last" i. S. Mayers durch diese (dinglichen) Lasten erweitern wollte, ist nicht ersichtlich, da er hierauf nicht eingeht. Immerhin stellt er die „dinglichen Lasten" — für das Privat- *und* das öffentliche Recht — in einen Zusammenhang mit den „persönlichen Lasten" und den „dinglichen Rechtslagen", zu denen u. a. Anliegerbeiträge und Beiträge nach § 9 pr. KAG („Vorteilsbeiträge") gehören sollen[25]. Daraus läßt sich der Schluß ziehen, daß Friedrichs in ein Rechtsinstitut der öffentlichen Last auch solche dinglicher Natur aufnehmen würde; seine Ansicht stünde damit der Apelts sehr nahe.

5. Gegen den engen, von Otto Mayer, Fleiner und W. Jellinek — mit Unterschieden — vertretenen Begriff der öffentlichen Last wendet sich *Stödter*[26] im Hinblick auf Art. 134 WRV[27].

Diese Verfassungsnorm proklamiere den Grundsatz, daß alle Staatslasten, d. h. alles, was der Untertan für seinen Staat zu leisten habe, für alle Bürger gleich sein solle. Es sei daher eine umfassendere Abgrenzung des Instituts der öffentlichen Last erforderlich; es seien alle dem Gewaltunterworfenen auferlegten Rechtspflichten, die staatliche Tätigkeit durch persönliche, finanzielle und sonstige Leistungen zu fördern, einzubeziehen[28]. Zu den so verstandenen öffentlichen Lasten gehören dann die öffentlichen Abgaben, die Naturallieferungen und

---

[23] a.a.O., S. 259.
[24] a.a.O., S. 328.
[25] a.a.O., S. 318, S. 319.
[26] Öffentlich-rechtliche Entschädigung, S. 178 ff.
[27] „Alle Staatsbürger ohne Unterschied tragen im Verhältnis ihrer Mittel zu allen öffentlichen Lasten nach Maßgabe der Gesetze bei."
[28] a.a.O., S. 179.

die Leistung persönlicher Dienste[29]; aber auch die öffentlich-rechtlichen Eigentumsbeschränkungen seien Leistungen des Untertanen für seinen Staat und damit öffentliche Lasten[30]. Öffentlich-rechtliche Eigentumsbeschränkung und öffentliche Last seien in materieller Hinsicht gleichbedeutende Begriffe für hoheitliche Einwirkungen auf die Rechtssphäre des Gewaltunterworfenen. Die bis dahin übliche Unterscheidung nach dem formalen Merkmal der Art der Einwirkung verkenne den entscheidenden Gesichtspunkt der materiellen Übereinstimmung[31].

Stödter sieht nun aber den Begriff „öffentliche Last" nicht als den Oberbegriff an, als dessen Untergliederungen die Naturalleistungen, öffentlichen Abgaben *und* Eigentumsbeschränkungen erscheinen, sondern er verwendet „öffentliche Last" und „öffentlich-rechtliche Eigentumsbeschränkung" als materiell gleichbedeutende Begriffe, die nur formale Unterschiede aufweisen. Die öffentliche Last sieht er als eine Leistungspflicht an, die aber auch auf die unmittelbare Begründung dinglicher Rechte gehen könne. Wenn Stödter dafür auch den Beweis schuldig geblieben ist[32], so hat er das Rechtsinstitut doch insoweit weiterentwickelt, als er für die Definition des Begriffs „öffentliche Last" allein auf die gemeinsamen *materiellen* Kriterien der in Betracht kommenden Vorschriften abstellt und den — vorhandenen — formalen Unterschieden eine für die Systematisierung untergeordnete Rolle zuweist. Die Einordnung öffentlich-rechtlicher dinglicher Belastungen in das Rechtsinstitut der öffentlichen Last klingt in der Behandlung der öffentlich-rechtlichen Eigentumsbeschränkungen zwar an, ist aber im Sinne einer Kategorie der öffentlichen Lasten noch nicht durchgeführt. Als wesentliches, systembildendes Merkmal kommt somit nach Stödter nur die Inanspruchnahme des einzelnen, die staatliche Tätigkeit durch Leistungen zu fördern, in Betracht.

6. Die meisten der bisher als Beispiele für öffentliche Lasten genannten Dienst- und Leistungspflichten behandelt auch W. Weber in

---

[29] Als Beispiele werden genannt u. a. Steuern, Gebühren, Beiträge; Leistungen für die Wehrmacht; Hand- und Spanndienste (a.a.O., S. 180). — *Bühler*, Gleichheit, S. 313 f., setzt steuerliche Lasten und öffentliche Lasten gleich.

[30] a.a.O., S. 181 oben. — Derartige Beschränkungen enthalten z. B. das Reichsrayongesetz v. 21.12.1871 (RGBl., S. 459) und das Pr. WasserG v. 7. 4. 1913, prGS, S. 53 (§ 120: Einebnungs- und Berasungsarbeiten).

[31] a.a.O., S. 181, 185 .

[32] Das Beispiel, a.a.O., S. 182 oben, überzeugt nicht: wenn der Eigentumsübergang auf Grund staatlicher Beschlagnahme erfolgt, weil der Verpflichtete nicht freiwillig leistet, so liegt eben keine primär *unmittelbare* Begründung dinglicher Rechte vor, da es sich um eine erzwungene Leistung handelt. In Wahrheit handelt es sich auch bei Stödter primär um eine persönliche Leistungspflicht.

seiner Schrift „Die Dienst- und Leistungspflichten der Deutschen", so — neben einigen vom Nationalsozialismus geschaffenen Pflichten — die Nothilfepflichten, den Feuerwehrdienst, die Hand- und Spanndienste, die Wegereinigungspflicht[33], die öffentlichen Abgaben u. a. Zwar faßt Weber diese und andere Pflichten nicht unter dem Begriff „öffentliche Lasten" zusammen, sondern in einem „System der Dienst- und Leistungspflichten"[34] — in der Sache handelt es sich aber im wesentlichen um eine Systematisierung der Leistungen, die vom einzelnen zur Erfüllung staatlicher Bedürfnisse erbracht werden müssen, so daß nur ein Wechsel in der Bezeichnung vorliegt[35].

Interessant an der Darstellung Webers ist die Einbeziehung der Enteignung („Bodenhergabe für öffentliche Zwecke") in das System der Dienst- und Leistungspflichten[36]. Ist bei der ausdrücklichen Beschränkung Webers auf Dienst- und Leistungspflichten auch nicht ersichtlich, wie er in einem System der öffentlichen Lasten die von Mayer und Jellinek ausgeklammerten Fälle der dinglichen Rechtsbeziehungen[37] behandeln würde, so zeigt die Einreihung der Enteignung — also einer dinglich wirkenden hoheitlichen Maßnahme — unter die Sachleistungspflichten, daß er hier von einem mehr materiell als formell bestimmten Begriff der Leistung ausgeht: Die Enteignung könne unter die Sachleistungspflichten eingereiht werden, weil sie sich „ihrem *Inhalt* und ihrer Wirkung nach ... als die im Einzelfalle pflichtmäßig vollzogene Hergabe von Grund und Boden für öffentliche Zwecke" darstelle[38]. „Leistung" könnte danach als Überführung der vom Staat benötigten Gegenstände aus dem Vermögen des einzelnen in die Machtsphäre des Staates verstanden werden, einerlei, ob dies auf Grund einer besonderen Leistungshandlung des einzelnen geschieht oder durch unmittelbaren staatlichen Zugriff wie bei der Enteignung. Dies sei nur eine „besondere technische Ausgestaltung"[39], also ein formales Kriterium.

---

[33] Die beiden zuletzt genannten Pflichten faßt er als „Werkleistungspflichten" zusammen, a.a.O., S. 72 ff.
[34] a.a.O., S. 11 ff.
[35] Vgl. auch die Anm. 1, S. 114, a.a.O., in der er auf den Begriff der öffentlichen Lasten bei Otto Mayer Bezug nimmt. — Nicht in ein System der öffentlichen Lasten würde aber z. B. die von Weber mit behandelte Schulpflicht passen, da es sich nicht um dem Staat zu erbringende Leistungen handelt für von ihm zu verfolgende Zwecke. — Der Begriff der „Leistungspflichten" ist auch insoweit zu eng, als *Weber*, a.a.O., S. 96, Produktionspflichten nach dem RLG einbezieht, vgl. auch *Ipsen*, Gesetzliche Indienstnahme, S. 143 f.
[36] a.a.O., S. 112 ff. (114); vgl. dazu auch *Haas*, System, S. 32 ff.
[37] Vgl. oben S. 128 bzw. S. 133.
[38] a.a.O., S. 114 (Hervorhebung von mir).
[39] a.a.O., S. 114.

Dem entspricht es, daß Weber die Ausklammerung der Enteignung wegen ihrer dinglichen Wirkung aus dem System der öffentlichen Lasten bei Otto Mayer bemängelt[40]. Das ist nur möglich, wenn man entgegen O. Mayer das System nicht so sehr unter dem Gesichtspunkt gemeinsamer „technischer Ausgestaltung", sondern des gemeinsamen inhaltlichen Zweckes aufbaut[41]. Gemeinsamer inhaltlicher Zweck, materielles Kriterium dieser Rechtssätze kann aber nur die Erforderlichkeit der Dienste und sachlichen Mittel für den Staat sein.

II. Die Entwicklung in der neueren Literatur

1. In den Lehrbüchern zum Verwaltungsrecht von Forsthoff und v. Turegg-Kraus wird das Rechtsinstitut der öffentlichen Last nicht behandelt. *Forsthoff* benutzt nur an einigen Stellen seiner Darstellung den Begriff „öffentliche Last"[42]. *V. Turegg-Kraus* behandeln zwar an verschiedenen Stellen Rechtsvorschriften, denen im allgemeinen der Charakter öffentlicher Lasten zugeschrieben wird, auf eine zusammenfassende Systematisierung verzichten sie jedoch. Im einzelnen sind dahin zu rechnen die öffentlichen Grundstückslasten[43] und die Sach- und Dienstleistungspflichten[44].

2. Eine umfassende Darstellung des Rechtsinstituts der öffentlichen Last findet sich bei *Wolff*[45]. Er faßt unter dem Begriff „öffentliche Lasten im weiteren Sinne" diejenigen Dienst-, Sach- und Geldleistungspflichten zusammen, deren Erfüllung die Träger öffentlicher Verwaltung instandsetzen sollen, den ihnen gestellten öffentlichen Aufgaben nachzukommen[46]; die Erfüllung dieser Pflichten verwirklicht also nicht selbst unmittelbar den öffentlichen Zweck, sondern allenfalls mittelbar, indem sie eine Voraussetzung dafür schafft. Deshalb zählt Wolff z. B. die Schulpflicht nicht dazu, die bereits durch ihre Erfüllung unmittelbar den öffentlichen Zweck verwirkliche[47].

---

[40] a.a.O., S. 114 Anm. 1.

[41] Damit soll nicht die Ansicht vertreten werden, daß „die Enteignung" eine öffentliche Last sei. Worum es geht, ist, den materiellen Zweck der Rechtsvorschriften zu erkennen, denen eine enteignende Wirkung zugeschrieben oder in denen eine Enteignung gesehen wird. In diesem Sinne ist auch „die Enteignung" ein formelles Rechtsinstitut; entscheidend ist hier aber der materielle Zweck der Vorschriften.

[42] Lehrbuch, S. 142; ferner S. 185, 275, 389. Das Rechtsinstitut der öffentlichen Last wird allerdings stets im „Besonderen Teil" behandelt.

[43] VerwR, S. 191 — im Kapitel: Öffentliche Sachen —. Zu den „öffentlichen Grundstückslasten" siehe näher unten S. 142 und oben § 21, I.

[44] a.a.O., S. 631 ff. („Leistungsrecht").

[45] VerwR I, § 42, S. 252 ff.

[46] a.a.O., S. 254.

[47] a.a.O., S. 254 (§ 42 I b 3).

Die öffentlichen Lasten i. w. S. teilt Wolff nach der Art des gebotenen Verhaltens weiter ein in öffentliche Lasten im engeren Sinne (Natural- und Geldleistungen) und verwaltungsrechtliche Dienstbarkeiten (Pflichten zu einem Dulden oder Lassen)[48]. Für die öffentlichen Lasten i. e. S. übernimmt er die Einteilung Otto Mayers in gemeine, Vorzugs- und Verbandslasten. Wolff zählt zu den Naturalleistungen im Gegensatz zu Mayer aber auch die Wehrpflicht und zu den Geldleistungen die Steuer[49].

Als neue Untergliederung erscheinen die verwaltungsrechtlichen Dienstbarkeiten. Es sind dingliche Unterlassungs- und Duldungspflichten von Grundstückseigentümern hinsichtlich gewisser Benutzungen der Grundstücke durch entsprechend dinglich berechtigte Subjekte öffentlicher Verwaltung[50]; als dingliche Verpflichtungen bestehen sie auf Grund einer doppelten Sachzuordnung zwischen dem Eigentümer und dem Träger öffentlicher Verwaltung[51]. Als Beispiele für die verwaltungsrechtlichen Dienstbarkeiten nennt er die Duldung von Verkehrszeichen und Straßenschildern; Bauverbote und Baubeschränkungen nach § 14 BBauG u. a. Ausdrücklich hierher zählt er auch die Baulasten nach den Landesbauordnungen[52].

Diese Untergliederung des Rechtsinstituts der öffentlichen Last zeigt bedeutsame Unterschiede zu den Ansichten Otto Mayers und Jellineks. So reiht Mayer z. B. die Duldungspflicht hinsichtlich der Anbringung von Straßenschildern und Hausnummern in das Rechtsinstitut der öffentlich-rechtlichen Eigentumsbeschränkungen[53] ein; die Baubeschränkungen und -verbote zählt er — ebenso wie die Rayonbeschränkungen und die Leinpfadlast — zu den auferlegten öffentlich-rechtlichen Dienstbarkeiten[54]. Jellinek charakterisiert die Baulasten als Beschränkung des Eigentums kraft Einzelakts und zählt sie nicht zu den öffentlichen Lasten, die nur persönliche Leistungspflichten umfassen sollen[55].

An diesen Unterschieden zeigt sich auch die Weiterentwicklung, die das Rechtsinstitut der öffentlichen Last bei Wolff erfahren hat: wie es

---

[48] a.a.O., S. 255.
[49] a.a.O., S. 255 (§ 42 II a).
[50] a.a.O., S. 259.
[51] Vgl. a.a.O., 6. Aufl., S. 215 (§ 40 II c 3) — In der 7. Aufl., S. 246, unterscheidet W. zwischen dinglichen Verpflichtungen, die den *Inhalt* einer Sachzuordnung bilden, und solchen, die *auf Grund* einer Sachzuordnung bestehen; siehe auch oben § 10, III.
[52] a.a.O., S. 259.
[53] VerwR II, S. 129.
[54] a.a.O., S. 111 f.
[55] VerwR, S. 415.

§ 23: Begriff der öffentlichen Last in der Literatur

schon bei Stödter und Apelt[56] anklang, soll das Rechtsinstitut nicht auf persönliche Leistungspflichten beschränkt bleiben, sondern auch dingliche Rechtsbeziehungen umfassen können. Gemeinsames Merkmal dieser Lasten kann dann nicht mehr ein solches formaler Art sein, sondern muß sich aus ihrem inhaltlichen Zweck ergeben. Wolff definiert diesen Zweck dahin, daß die auf Grund der Lasten erlangten „Leistungen" den Träger öffentlicher Verwaltung instandsetzen sollen, die ihm gestellten öffentlichen Zwecke zu erreichen[57].

Daneben verwendet er zur Abgrenzung aber auch das Merkmal der unmittelbaren bzw. mittelbaren Verwirklichung öffentlicher Zwecke, soll doch deshalb z. B. die Schulpflicht nicht zu den öffentlichen Lasten gehören[58]. Dieses Merkmal ist hier jedoch fehl am Platz und wird auch von Wolff selbst nicht konsequent durchgeführt, wenn er zu den gemeinen Lasten i. e. S. auch die Fälle der „gesetzlichen Inpflichtnahme privater Unternehmen" zählt[59]. In diesen Fällen werden öffentliche Aufgaben und Zwecke nämlich nicht nur mittelbar durch Verschaffung von Mitteln verwirklicht, sondern die Privaten führen die öffentlichen Aufgaben zum Teil selbst durch, sie verwirklichen den öffentlichen Zweck unmittelbar. Das wird z. B. deutlich bei der Pflicht zur Anlegung von Mindestvorräten an Erdölerzeugnissen nach dem Gesetz vom 9. 9. 1965[60]. Die öffentliche Aufgabe, der öffentliche Zweck besteht hier in der Bevorratung zur Sicherstellung der Versorgung in Krisenzeiten und bei sonstigen Engpässen in der Versorgung. Diese Aufgabe wird durch die Erfüllung der Pflicht unmittelbar und umfassend erledigt[61], ohne daß ein staatliches Tätigwerden noch erforderlich wäre. Wenn diese Tatbestände der „gesetzlichen Indienstnahme Privater für Verwaltungsaufgaben" in ein System der öffentlichen Lasten eingeordnet werden sollen — was sicherlich zutreffend ist —, so kann ein Kriterium dieses Systems nicht darin gesehen werden, ob öffentliche Zwecke unmittelbar oder mittelbar verwirklicht werden.

---

[56] Siehe oben S. 134 (Apelt) und S. 136 (Stödter).
[57] VerwR I, S. 254 (§ 42 I b 3).
[58] a.a.O., S. 254.
[59] a.a.O., S. 255 (seit der 7. Aufl.). — Gemeint sind hier die von *Ipsen* — Festgabe für E. Kaufmann 1950, S. 141 ff. — als „gesetzliche Indienstnahme Privater für Verwaltungsaufgaben" zusammengefaßten Fälle; vgl. hierzu auch *Gause*, Indienststellung.
[60] BGBl. I, S. 1217. Vgl. dazu *Ipsen*, Gesetzliche Bevorratungsverpflichtung Privater, AöR 90 (1965), S. 393 ff. — Auch *Schack*, DVBl. 1967, 281 Anm. 7, zählt diese Pflicht zu den öffentlichen Lasten.
[61] Anders wäre es z. B., wenn den Unternehmen nur die Zurverfügungstellung von *Lagerkapazität* auferlegt worden wäre, die eigentliche Bevorratung aber von der Verwaltung selbst vorzunehmen wäre. Zu den schweizerischen Pflichtlagerverträgen vgl. *Ipsen*, a.a.O., S. 438, und die Hinweise dort in Anm. 45 (S. 418).

Der Ausschluß der Schulpflicht vom Rechtsinstitut der öffentlichen Last ist aber dennoch gerechtfertigt, allerdings nicht auf Grund der Unterscheidung zwischen mittelbarer und unmittelbarer Zweckerfüllung, sondern weil sie keine Leistung an die Verwaltung zu deren Bedarfsdeckung an persönlichen und sachlichen Mitteln darstellt.

3. Außer dieser systematischen Darstellung des Begriffs der öffentlichen Last bei Wolff wird eingehender nur der Begriff der „öffentlich-rechtlichen Grundstückslast" behandelt, vor allem in der Literatur zum Steuerrecht. Es soll sich dabei um ein dingliches Recht handeln, das der Sicherung eines Zahlungsanspruchs aus öffentlichen Abgaben dient[62]. Als Beispiele werden genannt die Grundsteuer, Hypothekengewinnabgabe, Anliegerbeiträge u. a.[63]. Für diese Abgaben haftet das Grundstück, auf dem die öffentlich-rechtliche Grundstückslast ruht; sie gewähre ein dingliches Verwertungsrecht[64].

III. Die Rechtsprechung

Auch in der Rechtsprechung wird der Begriff „öffentliche Last" nicht einheitlich gebraucht. Es finden sich Entscheidungen, die von öffentlichen Lasten als persönlichen Leistungspflichten sprechen, und andere, die auch dingliche Eigentumsbeschränkungen als öffentliche Lasten ansehen.

1. Im Sinne von Abgabepflichten und anderen persönlichen Leistungspflichten wird der Begriff „öffentliche Last" z. B. vom Preußischen OVG[65] gebraucht, ferner vom Bundesgerichtshof in einer Entscheidung zu § 68 pr. KAG, die sich mit Hand- und Spanndiensten befaßt[66]. Auch das Reichsgericht bezeichnete in seiner Entscheidung zum Industriebelastungsgesetz[67] die Lasten im Sinne des BGB (§ 436) als Leistungen, die aus dem Grundstück zu entrichten sind.

2. Grundstücksbelastungen werden von einigen Entscheidungen, die zu § 436 BGB ergangen sind, in den Begriff „öffentliche Lasten" ein-

---

[62] *Becker-Riewald-Koch*, Reichsabgabenordnung, § 120 a Anm. 1, 3; *Tipke-Kruse*, Abgabenordnung, § 120 a Anm. 1; *Spohr*, StW 41, 329 ff.; eingehend *Fischer*, NJW 1955, 1583: das Recht habe seinen Ursprung im öffentlichen Recht, richtet sich im übrigen aber nach BGB-Vorschriften (Reallast).

[63] *Tipke-Kruse*, a.a.O., § 120 a Anm. 1; *Becker-Riewald-Koch*, a.a.O., § 120 a Anm. 1, 2.

[64] Sowohl die Abgabepflicht insgesamt als auch der einzelne Zahlungsanspruch seien dinglich gesichert: *Becker-Riewald-Koch*, a.a.O., § 120 a Anm. 2, 2.

[65] U. v. 7. 10. 1896, Bd. 30, S. 252 (260).

[66] U. v. 10. 11. 1958, NJW 1959, 384.

[67] U. v. 13. 1. 1930, RGZ 127, 130 ff. (135). — Zum Industriebelastungsgesetz siehe auch oben S. 121 u. S. 135.

bezogen. So handelt es sich nach einer Entscheidung des Reichsgerichts[68] bei den Beschränkungen des Grundeigentums nach § 11 des pr. Fluchtliniengesetzes um eine öffentliche Last. Nach Ansicht des OLG Frankfurt/M.[69] muß es sich bei der öffentlichen Last nach § 436 BGB um öffentlich-rechtliche Eigentumsbeschränkungen handeln, die allen Grundstücken derselben Art gemeinsam sind. Das OLG Hamburg[70] schließlich sieht als öffentliche Last sowohl Leistungen aus dem Grundstück als auch Verfügungsbeschränkungen an. Ob in diesem Sinne auch die Urteile des PrOVG zu verstehen sind, die die Leinpfadlast als öffentlich-rechtliche Belastungen bezeichnen[71], erscheint zweifelhaft, da das Gericht im allgemeinen dinglichen Rechtsbeziehungen des öffentlichen Rechts ablehnend gegenüberstand[72].

Insgesamt gesehen geben diese Entscheidungen für eine theoretische Erfassung des Begriffs „öffentliche Last" wenig her, weil sie — was in der Natur der Sache liegt — zu sehr den Einzelfall behandeln.

§ 24: Die öffentliche Grundlast und das Rechtsinstitut der öffentlichen Last

Dem Begriff „öffentliche Last" liegt keine gesetzlich oder auf andere Weise verbindlich festgelegte Definition zugrunde. Er wurde verwaltungsrechtlich — wie gezeigt — als Einteilungsbegriff für bestimmte einzelne rechtliche Tatbestände geschaffen, deren Abgrenzung durchaus willkürlich im Sinne einer nicht zwingenden Grenzziehung vorgenommen wurde[1]. Durch diesen Schöpfungsakt hat der Begriff allerdings einen gewissen feststehenden Kerninhalt bekommen und im folgenden bewahrt. Eine Neubestimmung des Begriffs muß daher von diesem Begriffskern ausgehen und im übrigen versuchen, unter Beachtung der Funktion, die der Begriff „öffentliche Last" erfüllen soll, aus dem allgemein anerkannten Substrat des Rechtsinstituts, den Anwendungsfällen, die gemeinsamen allgemeinen Merkmale abzuleiten, die den Begriffsinhalt des Instituts ausmachen. Von diesem allgemein bestimmten Begriffsinhalt her kann geprüft werden, ob auch andere Tatbestände darunter zu subsumieren sind.

---

[68] U. v. 20. 5. 1903, Gruchot 47, 833 ff. (836); a. A. RG, U. v. 19. 2. 1931, RGZ 131, S. 343 (348).
[69] U. v. 7. 7. 1903, Recht 1903, S. 604 (Nr. 3069).
[70] U. v. 2. 1. 1915, HansGZ 1915 B, S. 97.
[71] U. v. 19. 11. 1898, Bd. 34, S. 292 ff. (294); U. v. 1. 5. 1902, Bd. 41, S. 257 ff. (260). — Die Leinpfadlast beruht auf § 27 pr. WasserG v. 7. 4. 1913 (pr. GS, S. 53).
[72] Vgl. W. *Jellinek*, VerwR, S. 196; ders., Gesetz, S. 152 Anm. 116.
[1] Vgl. dazu auch *Maunz*, Hauptprobleme, S. 194.

I. Inhaltsbestimmung des Rechtsinstituts der öffentlichen Last

1. Die in § 23 dargestellte Behandlung und Veränderung des Begriffs der öffentlichen Last in der Literatur seit Otto Mayer und in der Rechtsprechung zeigt deutlich eine den Begriffsinhalt ergreifende Entwicklung auf: Während Mayer zwar die „öffentlich-rechtliche Inanspruchnahme des Untertanen" als gemeinsames Merkmal verschiedener gesetzlicher Eingriffe in die Sphäre des einzelnen erkannte, aber als wesentlicher die unterschiedliche Art der Eingriffe ansah und entsprechend dieser formalen Abgrenzung jeweils eigene Rechtsinstitute schuf, die weitgehend unabhängig nebeneinander standen, wurde später das Merkmal der „Inanspruchnahme des Untertanen" stärker betont gegenüber den Unterschieden der Eingriffsarten und schließlich bei Wolff im Grunde als einziges integrierendes Merkmal des Begriffs „öffentliche Last" behandelt. Allerdings bekennt sich Wolff noch nicht eindeutig zu einer solchen — materiell ausgerichteten — Einteilung, wenn er zwischen öffentlichen Lasten im weiteren Sinne und solchen im engeren Sinne unterscheidet.

Die Beschränkung des Rechtsinstituts auf persönliche Leistungspflichten bei *Otto Mayer* und anderen ist bereits oben kritisiert worden[2]. Sie ist unbegründet im Hinblick darauf, daß bei allen diesen Eingriffen das sachliche Ziel der Inanspruchnahme des einzelnen und seines Vermögens, um öffentliche Zwecke verwirklichen zu können, weitaus im Vordergrund steht und die verschiedene technische Ausgestaltung der Eingriffe in der Bedeutung für die Abgrenzung zurücktreten läßt, so daß auch die von Otto Mayer besonderen Rechtsinstituten zugewiesenen Fälle der öffentlich-rechtlichen Eigentumsbeschränkung und öffentlich-rechtlichen Dienstbarkeit hierher gehören. Der weitgehende Übergang von der Abgrenzung nach formalen zu der nach materiellen Gesichtspunkten ist das wesentliche Ergebnis der Behandlung des Rechtsinstituts in Literatur und Rechtsprechung.

2. Es gilt jetzt, das Rechtsinstitut vollständig auf eine materielle Grundlage zu stellen, da die formalen Merkmale — wie gezeigt — keine sinnvolle Abgrenzung liefern, sondern im Gegenteil inhaltlich Zusammengehöriges trennen und damit der einheitlichen systematischen Erfassung entziehen. Mißt man den formalen Unterschieden der Eingriffsart nicht die von Otto Mayer angenommene systembildende Bedeutung zu, so bleibt als charakteristisches, verbindendes Kriterium aller unter das Rechtsinstitut „öffentliche Last" fallenden Einzelfälle das materielle Merkmal der Inanspruchnahme des einzelnen zu einer

---

[2] Siehe oben S. 130 ff.

§ 24: Grundlast und Rechtsinstitut der öffentlichen Last

„Leistung" (i. w. S.), die der Verwaltung erbracht werden muß und der Aufbringung der persönlichen und sachlichen Mittel dient, die die Verwaltung zur Durchführung ihrer Aufgaben benötigt; die Last als solche ist in allen Fällen „verwaltungsgerichtet"[3], wenn sie auch u. U. im Zusammenhang steht mit Vorteilen, die der Lastverpflichtete aus einem bestimmten Verwaltungshandeln zieht oder ziehen kann.

Die Bedeutung des Begriffs „Leistung" ist in den Darstellungen zum Rechtsinstitut der öffentlichen Last sehr unterschiedlich: zum Teil im Sinne einer personalen Leistungspflicht, zum Teil weiter als eine irgendwie geartete Überführung von Vermögenswerten des einzelnen in die Sphäre der Verwaltung[4]. Unter dem Gesichtspunkt einer materiellen Abgrenzung kann der Begriff nur in der zweiten Bedeutung zugrundegelegt werden: Die Inanspruchnahme des einzelnen und seines Vermögens für öffentliche Zwecke ist das entscheidende Kriterium; sie kann auf vielfältige Art und Weise erfolgen, eine Beschränkung auf personale Leistungspflichten würde diesem umfassenden Zweck nicht gerecht werden. Von dem rechtlichen Ausgangspunkt der Inanspruchnahme des einzelnen für öffentliche Zwecke aus gesehen stehen persönliche Leistungspflicht und direkter — dinglicher — staatlicher Zugriff gleichwertig nebeneinander. Welchem von beiden der Gesetzgeber im Einzelfall den Vorzug gibt, kann von verschiedenen Gründen abhängen, z. B. auch von der Stärke des staatlichen Angewiesenseins auf die „Leistung". Diese ist danach zu definieren als Zurverfügungstellung von persönlichen Diensten und/oder Überführung von Vermögenswerten des einzelnen in die Sphäre der Verwaltung für deren Zwecke.

Die Ausrichtung der Last auf die Verwaltung nach Anlaß und Wirkung findet sich auch bereits bei Otto Mayer, wenn er formuliert: „öffentliche Last ist die ... Pflicht, für das Bedürfnis eines öffentlichen Unternehmens ... aufzukommen"[5].

In diesem materiellen Merkmal ist die Grundlage eines Rechtsinstituts der öffentlichen Last zu sehen. Die formalen Unterschiede der Inanspruchnahme können nicht als systembildende, sondern nur als systemdifferenzierende Merkmale anerkannt werden. Dadurch ändert sich aber auch der Begriffsinhalt gegenüber den bisherigen Darstellungen. Die öffentliche Last kann — materiell — beschrieben werden als: öffentlich-rechtliche Inanspruchnahme des einzelnen, um einem Träger öffentlicher Verwaltung die für die Erfüllung der ihm gestellten

---

[3] Die Schulpflicht und ähnliche Pflichten sind daher keine öffentlichen Lasten: es liegt keine verwaltungsgerichtete „Leistung" vor.
[4] Siehe im einzelnen oben §§ 22, 23.
[5] VerwR II, 1., S. 263.

öffentlichen Aufgaben erforderlichen Mittel zu verschaffen oder diese Aufgabe selbst für den Träger öffentlicher Verwaltung auszuführen. Die Form der Inanspruchnahme kann eine persönliche (Natural- oder Dienst-)Leistungspflicht oder eine dingliche Belastung oder Entziehung von Vermögenswerten sein.

Wenn damit auch der Begriff „öffentliche Last" für das Verwaltungsrecht neu, nämlich unter Berücksichtigung allein der inhaltlichen Merkmale der einzelnen Lastpflichten definiert worden ist, so bleiben Funktion und Bedeutung dieses Begriffs doch im wesentlichen unverändert. Er diente und dient der Hervorhebung und Systematisierung bestimmter Pflichten des einzelnen aus der Vielzahl der verwaltungsrechtlichen Verpflichtungen. Seine Funktion liegt also darin, Einteilungs-, Ordnungsbegriff zu sein, der die inneren (inhaltlichen) Zusammenhänge der einzelnen Rechtserscheinungen verallgemeinert hervorhebt; er hebt damit den einzelnen Rechtssatz, der die Lastpflicht ausspricht, aus seiner positivrechtlichen Isolierung heraus und stellt ihn in einen Sinnzusammenhang mit anderen Rechtssätzen. Es läßt sich hier also durchaus von einem „Rechtsinstitut der öffentlichen Last" sprechen[6]. Diese Funktion hatte der Begriff bereits bei Otto Mayer[7] und hat er auch in der Darstellung bei Wolff[8].

Darüber hinaus lassen sich aber keine weiteren rechtlichen Folgerungen aus der Einbeziehung eines Rechtssatzes in dieses Rechtsinstitut ziehen; unbeschadet seiner inhaltlichen Abgrenzung hat es doch nur rein formale Bedeutung als Einteilungsbegriff.

II. Anwendung auf die öffentliche Grundlast

Es ist nun zu prüfen, ob diese materiellen Merkmale des Rechtsinstituts der öffentlichen Last im Falle der öffentlichen Grundlasten, speziell der Baulasten und der öffentlichen Last des hmb EntG, vorliegen.

1. Beide Regelungen dienen dem Zweck, einem Träger öffentlicher Verwaltung vermögenswerte Berechtigungen am Grundeigentum einzelner über das gesetzlich allgemein geforderte Maß hinaus einzuräumen, damit dieser die ihm gestellten öffentlichen Aufgaben wahrnehmen kann, sei es die Sicherung der baulichen Ordnung (Baulasten)

---

[6] Vgl. dazu auch *Forsthoff*, Lehrbuch, S. 158 ff. (mit Anm. 1 u. 2, S. 159); ferner: *Triepel*, Vom Stil des Rechts, S. 45; O. *Mayer*, VerwR I, 1. Aufl., S. 134.

[7] VerwR I, 1., S. 134 ff.; II, 3., S. 217 ff.

[8] VerwR I, S. 254 ff. (§ 42 II): „Hervorhebung und Systematisierung" bestimmter Pflichten.

oder die Schaffung von Verkehrseinrichtungen (öffentliche Last des hmb EntG)[9]. Die Grundstücke werden jeweils durch Begründung einer öffentlich-rechtlichen Sachherrschaft beschränkt in den Dienst der Verwaltung gestellt. Diese „Indienststellung" ist im übrigen für die sachbezogenen öffentlichen Lasten charakteristisch: sie ist in allen derartigen Fällen festzustellen, z. B. bei der Anbringung von Straßenschildern und Hausnummern[10], bei Bauverboten und Baubeschränkungen[11], beim Änderungsverbot von geschützten Baumbeständen[12] u. ä.

Baulasten und öffentliche Last des hmb EntG gewähren dem Träger öffentlicher Verwaltung erst die sachlichen Mittel — in Form öffentlich-rechtlicher dinglicher Rechte —, deren er zur Erfüllung seiner Aufgaben bedarf. Es liegen verwaltungsgerichtete Leistungen vor. In beiden Fällen kann auch eine Leistungshandlung festgestellt werden: die Einräumung der Baulasten kann sogar als Leistungshandlung im engeren Sinne verstanden werden — Begründung des dinglichen Rechts durch Erklärung des Berechtigten —, die Begründung der öffentlichen Last nach dem hmb EntG ist eine Leistungshandlung im oben vertretenen weiteren Sinne — zwangsweise Überführung der Berechtigung in die Sphäre der Verwaltung —. Damit ist bereits das Merkmal der „verwaltungsgerichteten Leistung zur Verwirklichung öffentlicher Zwecke" erfüllt.

2. Die öffentliche Last war darüber hinaus oben als „Inanspruchnahme des einzelnen" zu einer Leistung charakterisiert worden. Es ist zu prüfen, was unter einer solchen „Inanspruchnahme" zu verstehen ist: ob ausschließlich eine hoheitliche zwangsweise Auferlegung der Leistungsanforderung oder möglicherweise auch ein Fordern der Leistung, dessen Erfüllung im Belieben des einzelnen steht.

Für die Regelung des hmb EntG steht offensichtlich die erste Bedeutung im Vordergrund: die öffentliche Last entsteht i. d. R. durch einen hoheitlichen Akt, durch hoheitliche Zwangsanforderung[13]. Sie kann zwar auch durch öffentlich-rechtlichen Vertrag entstehen[14]. Dabei handelt es sich letztlich aber auch um eine zwangsweise Inanspruchnahme, da die Verwaltung gerade der Rechte an ganz bestimmten Grundstücken bedarf und die vertragliche Begründung bei Scheitern der Verhandlungen durch eine entsprechende Enteignung ersetzt wird.

---

[9] Siehe oben § 14.
[10] z. B. nach § 3 Abs. 5 brem. Straßenordnung vom 10. 5. 1960 (GBl., S. 51).
[11] Vgl. §§ 14, 29 ff. BBauG.
[12] Nach § 3 des pr. Gesetzes zur Erhaltung des Baumbestandes und Erhaltung und Freigabe von Uferwegen im Interesse der Volksgesundheit, v. 29. 7. 1922, GS, S. 213.
[13] Siehe oben S. 45 f.
[14] § 8 Abs. 1 S. 2 hmb EntG.

Die Baulasten dagegen werden nur durch freiwillige Abgabe einer entsprechenden Willenserklärung des Grundeigentümers begründet[15], diese kann nicht durch eine Enteignung ersetzt werden. Liegt auch hier eine „Inanspruchnahme" vor? Der Begriff kann in diesem Zusammenhang nicht auf die Auferlegung einer Belastung durch oder auf Grund eines Gesetzes beschränkt, sondern muß in einem weiteren Sinne verstanden werden, nämlich als ein Fordern der Leistung vom einzelnen, das je nach der Dringlichkeit des Bedürfnisses zwangsweise durchgesetzt wird oder freiwillig zu erfüllen ist zur Erlangung einer Gegenleistung der Verwaltung. Auch im Falle der Baulasten kann daher von einer „Inanspruchnahme" gesprochen werden, da die Verwaltung bei gleichbleibender Aufgabenstellung eine Gegenleistung (die Ausnahmeregelung) nur erbringen kann, wenn sie gleichzeitig auf ein besonderes Opfer des einzelnen zum Ausgleich zurückgreift. Die Verbindung des „Zwangs zum Opfer" mit der eigenen Leistung charakterisiert hier die „Inanspruchnahme".

Nach allem finden sich die Merkmale des Rechtsinstituts der öffentlichen Last, wie sie oben skizziert wurden, in den Regelungen der Baulasten und der öffentlichen Last nach dem hmb EntG wieder. Es handelt sich bei ihnen um Anwendungsfälle dieses Rechtsinstituts[16]. Als öffentlich-rechtliche dingliche Rechte unterscheiden sie sich von anderen Anwendungsfällen des Rechtsinstituts der öffentlichen Last, z. B. den Dienst- und Naturalleistungspflichten. Sie können als dingliche öffentliche Lasten bezeichnet werden.

§ 25: Zur Legitimation öffentlicher Lasten

Ist damit — gewissermaßen induktiv — die Frage nach den wesentlichen Merkmalen, der Funktion und der Bedeutung des Rechtsinstituts der öffentlichen Last untersucht sowie die Regelung der Baulast und der öffentlichen Last des hmb EntG unter dieses Rechtsinstitut subsumiert, so stellt sich jetzt die allgemeinere Frage, worin die Berechtigung liegt, dieses Rechtsinstitut anzuwenden, welche Möglichkeiten und Grenzen bestehen, dem einzelnen öffentliche Lasten aufzuerlegen. Mit den Worten „Möglichkeit" und „Grenze" ist bereits das Feld der Fragestellung abgesteckt, es wird sich — wie sich zeigen wird — um das Spannungsverhältnis zwischen staatlichem Machtanspruch und privatem Freiheitsanspruch handeln[1].

---

[15] Siehe oben S. 38.
[16] Hinsichtlich der Baulasten ebenso *Wolff*, VerwR I, S. 259 — die öffentliche Last nach dem hmb EntG erwähnt er hier nicht.
[1] Vgl. auch *Haas*, System, S. 7.

I. Die Staatsgewalt als Grundlage der Auferlegung öffentlicher Lasten

Bei der öffentlichen Last handelt es sich um die staatliche Inanspruchnahme des einzelnen zur Verschaffung der für die öffentliche Aufgabe erforderlichen Mittel[2]. Die Tatsache, daß der Staat von seinen Bürgern Opfer verlangen muß und daß der Staat als Gesetzgeber bestimmt, was der Staat braucht, ist unbestritten[3]. Für welche Aufgaben sich der Staat aber von wem welche Mittel wie beschaffen darf, ist gesetzlich nirgends ausdrücklich und erschöpfend geregelt; auch das Grundgesetz enthält insoweit keinen direkten Ausspruch[4]. Nur auf bestimmte Fallgestaltungen beschränkt kann in Art. 14 Abs. 3 GG die Zulässigkeit staatlicher Inanspruchnahme des einzelnen gesehen werden[5]. Öffentliche Lasten sind jedoch in zahlreichen Gesetzen für sehr verschiedene Zwecke geregelt und dem einzelnen auferlegt[6]. Zu fragen ist nach der inneren Verbindung dieser Einzelregelungen, nach der übergeordneten Legitimation für diese Vorschriften. Könnten diese Inanspruchnahmen beliebig ausgedehnt werden oder bestehen (geschriebene oder ungeschriebene) Schranken? Ist der Private diesen Eingriffen in seine Sphäre schutzlos ausgesetzt oder bestehen auch insoweit Freiheitsverbürgungen?

1. Die Handlungsmacht des Staates, d. h. die Fähigkeit, die für notwendig erachteten Maßnahmen zu ergreifen und Handlungen auszuführen, wird von der Staatslehre als ein Element des Staates unter dem Begriff „Staatsgewalt" behandelt[7]. Begriffsbestimmung und Bedeutung der Staatsgewalt sind wiederum abhängig von dem jeweiligen Staatsverständnis. Eine eingehende Darstellung dieser Fragen kann und soll hier nicht gegeben werden, es handelt sich dabei um das Zentralthema der Staatslehre[8], der Frage nach dem Zweck und der Rechtfertigung

---

[2] Siehe oben S. 145.

[3] *Haas*, a.a.O., S. 8, 19 f., 21 f.; *Maunz-Dürig*, Grundgesetz, Art. 2 I, Rdnr. 25.

[4] Vgl. aber Art. 134 WRV: „Alle Staatsbürger ohne Unterschied tragen im Verhältnis ihrer Mittel zu allen öffentlichen Lasten nach Maßgabe der Gesetze bei." Hierin könnte auch die Rechtsgrundlage für die Auferlegung öffentlicher Lasten gesehen werden.

[5] So: *Haas*, a.a.O., S. 22.

[6] Vgl. die Beispiele oben § 21 Anm. 2; ferner die bei O. Mayer — vgl. oben S. 130 — angeführten Beispiele.

[7] Zum Wesen der Staatsgewalt als „imperium" im Gegensatz zum „dominium" siehe oben S. 65, 84 f.

[8] Die neuesten Darstellungen zur Staatslehre stammen von H. *Krüger*, Allg. Staatslehre, 2. Aufl., 1966, und von *Zippelius*, Allg. Staatslehre, 1968; vgl. auch *Scheuner*, Das Wesen des Staates und der Begriff des Politischen in der neueren Staatslehre.

des Staates[9]. Für das hier gestellte Problem müssen einige kurze Bemerkungen genügen.

Erst mit dem Begriff der Staatsgewalt und seiner Auffassung als einer „Globalberechtigung" setzt das neuzeitliche Staatsverständnis ein[10]. Überwunden wurde damit der Begriff der Landeshoheit als einer Summe von Einzelberechtigungen des Landesherrn, die dieser erwerben und verlieren (auch veräußern) konnte und im Streitfall als erworben nachweisen mußte[11]. Die Auffassung von der Staatsgewalt als einer „Globalberechtigung" zeigt sich auch in dem System der Freiheitsverbürgungen der neueren Verfassungen, das einerseits die Freiheiten des einzelnen vom Staat, sein staatsfreies Betätigungsfeld erschöpfend beschreibt, ihm auch Teilhaberechte an staatlichen Willensbildungen u. ä. enumerativ zugesteht, das aber andererseits nicht die Rechte des Staates positiv einzeln hervorhebt, sondern vielmehr staatliches Recht prinzipiell dort annimmt, wo keine privaten Freiheitsverbürgungen entgegenstehen[12]. Nicht die Rechte des Staates gegen den Privaten werden einzeln aufgezählt, sondern die Freiheiten des Privaten gegenüber dem Staat im einzelnen verbürgt.

Zwar sind Eingriffe des Staates in die Sphäre des einzelnen nur auf Grund einer gesetzlichen Ermächtigung zulässig (Grundsatz des Vorbehalts des Gesetzes[13]), zumal sich der einzelne letztlich auf das Haupt- und Auffanggrundrecht des Art. 2 Abs. 1 GG[14] wird berufen können, so daß sich das Verhältnis der Freiheit des einzelnen zur staatlichen Inanspruchnahme und Bindung mit einiger Berechtigung — jedenfalls unter dem Gesichtspunkt gerichtlicher Auseinandersetzung — als das der Regel zur beschränkenden Ausnahme bezeichnen läßt: der Staat hat gegenüber dem Freiheitsanspruch seine Maßnahme zu rechtfertigen[15]. Demgegenüber ist jedoch darauf hinzuweisen, daß die Kom-

---

[9] *Stein*, Untertanenstaat, NJW 1965, 2384.

[10] Vgl. *Krüger*, a.a.O., S. 824 ff.

[11] *Krüger*, a.a.O., S. 824 f. — Zu den Regalien als Ursprung der öffentlichen Sachen vgl. *Stern*, Die öffentliche Sache, S. 185 ff. (m. w. H. in Anm. 16, S. 186).

[12] Die Staatsverfassungen befassen sich nicht in erster Linie mit dem, was „der Staat" — materiell — tun soll, welches seine Aufgaben sind, sondern enthalten überwiegend nur die Freiheitsverbürgungen für den einzelnen und Organisationsnormen (i. w. S.); vgl. dazu auch *Hennis*, Verfassung und Verfassungswirklichkeit, S. 14 ff. — Siehe auch das Problem, ob die Verwaltung ohne gesetzliche Grundlage gewährend — Subventionen — tätig werden darf, nur auf Grund eines Haushaltstitels, vgl. dazu die Nachweise bei *Stern*, Rechtsfragen, JZ 1960, 523 Anm. 48; ferner *Wolff*, VerwR I, S. 71 f., 159 f.

[13] Vgl. hierzu *Maunz*, Staatsrecht, S. 105 (§ 14 I 2).

[14] In diesem Sinne *Maunz-Dürig*, Grundgesetz, Art. 2 Abs. 1, Rdnr. 6 ff., 33, 43.

[15] *Maunz-Dürig*, a.a.O., Art. 2 I, Rdnr. 25 (Anm. 3).

petenz für die gesetzliche Ermächtigung ebenso beim Staat (Gesetzgeber) liegt wie die Kompetenz, den Maßstab, die Legitimation für die gesetzliche Ermächtigung aufzustellen („Kompetenz-Kompetenz")[16]. Es handelt sich hier nicht um eine enumerative Zuweisung, sondern um die „Globalberechtigung" des Staates.

In dieser ist auch die Befugnis, öffentliche Lasten aufzuerlegen, prinzipiell begründet[17]. Damit ist aber noch nichts darüber gesagt, in welchem Umfang dieses u. U. möglich ist, insbesondere, ob dieser „Globalberechtigung" nicht Schranken immanent sind, die Grundsätze für die Begrenzung der Befugnis abgeben.

2. Die Staatsgewalt stellt zwar keine Summe von Einzelberechtigungen dar, sondern muß als einheitliche „Globalberechtigung" aufgefaßt werden. Die Bezeichnung als „Globalberechtigung" darf jedoch nicht zu dem Schluß führen, es handle sich hier um eine omnipotente Allmacht, um eine „General- und Blankovollmacht des Staates, sich nach eigenem Gutdünken mit allen Mitteln versehen zu dürfen"[18], und zwar auch nicht dem Prinzip nach, nur nachträglich durch gewisse Freiheitsverbürgungen beschränkt[19]. Das Verhältnis der Staatsgewalt als Globalberechtigung zu den Freiheitsverbürgungen darf nicht als ein „Stufen-Verhältnis" gesehen werden, derart, daß zunächst die Staatsgewalt existent ist, die dann gewissermaßen in einem zweiten Schritt durch die Freiheitsverbürgungen wieder beschränkt wird. Staatlichkeit und Staatsgewalt können nicht isoliert, losgelöst von der funktionsbestimmten Begründung — „an sich" — gesehen werden, sondern nur final, in Beziehung auf diese Bestimmung, so daß sich das Verhältnis von Staatsgewalt und Freiheitsverbürgungen zueinander als ein dialektischer Prozeß darstellt[20]; beide Elemente stehen in einem wechselbezüglichen Spannungsverhältnis.

---

[16] *Maunz-Dürig*, a.a.O., Rdnr. 25; auch *Haas*, System, S. 8.

[17] Vgl. H. *Krüger*, a.a.O., S. 818. — *Ipsen*, Indienststellung, geht für die dort behandelten Beispiele ohne weiteres davon aus, daß ihre Auferlegung zulässig ist.

[18] H. *Krüger*, a.a.O., S. 818.

[19] a. A. H. *Krüger*, der — a.a.O., S. 830 — die Staatsgewalt als „Allmacht des Staates" bezeichnet, die allerdings — a.a.O., S. 834 f. — existentiell determiniert (Zweck, Ökonomie, Gemeinwohl) sei; dagegen: *Stein:* Untertanenstaat, NJW 1965, 2384 (2385); auch *Scheuner*, Das Wesen des Staates, S. 253 f., warnt davor, das Element der Macht überzubetonen und zum Selbstzweck zu erheben. Ebenso *Rupp*, Berufsfreiheit, AöR 92, 225: die Grundrechte „prägen unmittelbar den Staat, seine Zwecke und seine Rechtsordnung mit".

[20] Vgl. *Raiser*, JZ 1958, S. 5 f. (zum Verhältnis des Art. 2 Abs. 1 GG zur Sozialstaatlichkeit); auch *Rupp*, Berufsfreiheit, AöR 92, 225 f.

Wenn Staatlichkeit und Staatsgewalt nicht etwas Vorgegebenes sind, sondern etwas zweckgerichtet Geschaffenes[21] — nämlich Organisationsform einer Gemeinschaft von Individuen —, das „Instrument der ausgleichenden sozialen Gestaltung"[22] sind, so ist die „Begründung" der Staatsgewalt stets untrennbar verbunden mit den gleichzeitigen Freiheitsverbürgungen, die erst den Menschen zu eigenverantwortlicher Lebensgestaltung befähigen, wie es seiner Würde entspricht[23, 24]. Wenn Staatlichkeit, und damit die Staatsgewalt, nur Mittel zur Erreichung menschlicher Zwecke und Ziele ist, so besteht Staatsgewalt als Globalberechtigung nur im Rahmen dieser Freiheitsverbürgungen, zu denen sowohl die vorstaatlichen[25] als auch die staatsrechtlich gewährten Freiheiten gehören. Der Mensch darf nach Art. 1 Abs. 1 GG nicht der „totalen staatlichen Verfügungsmöglichkeit ausgeliefert" sein[26]. Staatsgewalt kann daher nur als ein Instrument zur Verwirklichung der dem Staate gesetzten Ziele und Zwecke verstanden werden, von diesen her erfährt sie ihre Legitimation und Begrenzung. Sie wird nur als beschränkte geschaffen, als Mittel ausgerichtet auf die Staatsaufgabe, Ordnung, Frieden und Gerechtigkeit zu wahren[27]. Sollen Staatlichkeit

---

[21] Vgl. *Scheuner*, a.a.O., S. 255.

[22] BVerfG, Urt. v. 17. 8. 1956 — 1 BvB 2/51 —, BVerfGE 5, S. 85 (205) — KPD-Urteil.

[23] BVerfGE 5, 85 (204).

[24] Die Staatslehre mag zwar versuchen, den Begriff des Staates durch abstrakte Merkmale zu definieren, z. B. durch die Elemente Staatsgebiet, Staatsvolk, Staatsgewalt (so die Drei-Elementen-Lehre: G. *Jellinek*, Allg. Staatslehre, S. 394 ff.). Darüber hinaus ist aber eine „an-sich-Definition" dieser Begriffe nicht möglich, insbesondere können Inhalt und Grenzen der Staatsgewalt nicht derart abstrakt bestimmt werden, sondern müssen aus der jeweiligen besonderen, benannten Staatsform heraus konkretisiert werden. Das abstrakte Merkmal „Staatsgewalt" ist totalitären wie rechtsstaatlich-demokratischen Staaten gemeinsam, die Unterschiede ergeben sich konkretisiert aus der besonderen Form des Staates. Daher geht die Bezeichnung der Staatsgewalt als einer „General- und Blankovollmacht" bei H. *Krüger*, Allg. Staatslehre, S. 818, zu weit: als abstrakte Begriffsdefinition sagt sie inhaltlich zu viel aus, als konkretisierte Inhaltsbestimmung paßt sie jedenfalls nicht für einen freiheitlich demokratischen Rechtsstaat, für den das oben geschilderte wechselbezügliche Spannungsverhältnis zugrundegelegt werden muß. Im praktischen Ergebnis unterscheiden sich die Auffassungen freilich nicht sehr, da Krüger durch die Einschränkung der General- und Blankovollmacht durch die Verfassungsbestimmungen (aber 2. Schritt!) zu einer ähnlichen Inhaltsbestimmung kommt. Vgl. auch *Rupp*, Berufsfreiheit, AöR 92, 225 ff.

[25] Zu diesem Begriff vgl. *Stödter*, Öffentlich-rechtliche Entschädigung, S. 92; *Maunz*, Staatsrecht, S. 90.

[26] *Dürig*, Apelt-Festschrift, S. 24; ders. in Maunz-Dürig, Grundgesetz, Art. 2 I, Rdnr. 31.

[27] *Scheuner*, Wesen des Staates, S. 255 ff.; *Rupp*, Berufsfreiheit, AöR 92, 227: „... die Staatsgewalt (ist) durch die Freiheit des Menschen nicht nur von vornherein ‚beschränkt', sondern durch den Dienst an dieser Freiheit überhaupt erst legitimiert."

und Staatsgewalt nicht zum Selbstzweck werden, müssen sie von ihrer Basis her, vom Bürger aus, bestimmt werden[28]. Die Auferlegung öffentlicher Lasten ist daher auch überhaupt nur im Rahmen dieses Zweck- und Aufgabenbereichs von Staatlichkeit und Staatsgewalt möglich.

II. Grenzen für die Auferlegung öffentlicher Lasten

Die Grenzen für die Befugnis, öffentliche Lasten aufzuerlegen, sind somit in erster Linie dem durch die Art. 1—19 GG garantierten „staatsfreien Rechte- und Güterbereich" zu entnehmen, in den einzugreifen dem Staat nur unter bestimmten, eng begrenzten Bedingungen gestattet ist[29]; im Hinblick auf die dinglichen öffentlichen Lasten kommt dabei der Eigentumsgarantie besondere Bedeutung zu. Aus diesen geschriebenen und weiteren ungeschriebenen Verfassungsnormen lassen sich einige Grundsätze zur Auferlegung öffentlicher Lasten herleiten.

1. Schützen insbesondere die Art. 1, 2, 4, 5 und 12 GG die persönliche Freiheit des einzelnen und sein Recht auf staatlicherseits ungehinderte Persönlichkeitsentfaltung, so stellt Art. 14 GG — jeweils in Verbindung mit Art. 19 Abs. 2 GG — eine Fortsetzung des Freiheitsschutzes auf dem Gebiet der vermögenswerten Güterwelt dar, es handelt sich um die in der vermögenswerten Güterwelt „vergegenständlichte" Freiheit[30]. Freiheitliche persönliche Selbstbestimmung und Freiheitsbetätigung im vermögenswerten Güterbereich sind die innerlich zusammenhängenden und sich ergänzenden[31] Säulen des Grundrechtskatalogs. Beide Freiheiten sind als prinzipiell höchstrangig anzuerkennen, ihnen sind staatliche Bedürfnisse grundsätzlich nachgeordnet.

Für das Problem der Auferlegung öffentlicher Lasten folgt daraus, daß der Staat die Erfüllung öffentlicher Aufgaben zunächst mit staatseigenen Mitteln versuchen muß und eine staatliche Inanspruchnahme des einzelnen jedenfalls solange unzulässig ist, als der Staat selbst über die erforderlichen Mittel verfügt[32]; auch eine Inanspruchnahme, um staatseigene Mittel zu schonen, würde grundsätzlich den Freiheitsverbürgungen zuwiderlaufen (immer vorausgesetzt, daß nicht sonstige überwiegende Gründe ein Zurücktreten der Freiheitsverbürgungen erfordern). Staatlicher Eingriff setzt Erforderlichkeit im Sinne einer ultima ratio voraus; insoweit ergibt sich aus Art. 14 GG ein für die

---

[28] Richtig: *Scheuner*, a.a.O., S. 254, 255.
[29] *Ipsen*, Bevorratungsverpflichtung, AöR 90, 428.
[30] Vgl. *Dürig*, Apelt-Festschrift, S. 31; *Ipsen*, a.a.O., S. 429.
[31] Vgl. auch *Haas*, System, S. 7 f.; BVerfG, NJW 1969, 309, 312
[32] Ähnlich *Kimminich*, Bonner Komm., Art. 14 Rdnr. 130, in bezug auf die Subsidiarität der Enteignung.

Inanspruchnahme allgemein gültiger Grundsatz[33]. Die Inanspruchnahme des einzelnen kann nur subsidiär erfolgen[34].

2. Eine weitere Beschränkung in der Auferlegung öffentlicher Lasten folgt aus dem Gleichheitssatz, der das Gebot der Gleichbehandlung einschließt[35]. Das Grundgesetz spricht dieses Prinzip in Art. 3 Abs. 1 GG im umfassendsten Sinne aus; in bezug auf öffentliche Inanspruchnahmen enthält dieser Satz auch den spezielleren des Art. 134 WRV[36] — wenn auch modifiziert durch andere Verfassungssätze[37]. Damit findet auch die Formel „im Verhältnis ihrer Mittel" des Art. 134 WRV Eingang in das geltende Recht: eine Belastung muß, um gleich zu sein, auf vergleichbare Tatbestände abstellen, also bei quantitativen Unterschieden in qualitativ gleichen Tatbeständen zu einer relativen Gleichbehandlung kommen. Nur dies wird auch von Art. 3 Abs. 1 GG gefordert[38].

Eine derartige Gleichheit im Tragen öffentlicher Lasten läßt sich, soweit Leistungen in Frage stehen, nur durchführen, wenn diese beliebig teilbar sind, also bei der Auferlegung von Geldzahlungspflichten. Hieraus folgt, daß, um das Gleichbehandlungsgebot zu erfüllen, der Staat den einzelnen grundsätzlich nur zu Geldleistungen in Anspruch nehmen darf und sich mit diesen die konkret erforderlichen Mittel beschaffen muß; es kann also grundsätzlich nur eine mittelbare Inanspruchnahme in Betracht kommen[39].

3. Erfordert der Gleichheitssatz einerseits eine Gleichbehandlung bei der Lastenverteilung, die grundsätzlich eine mittelbare Inanspruchnahme verlangt, so besagt dies aber andererseits nicht, daß für die Beschaffung der erforderlichen Mittel stets jeder mit herangezogen werden muß, es aber unzulässig wäre, die Inanspruchnahme zu be-

---

[33] Zum Grundsatz, daß eine Enteignung nur ultima ratio sein darf, zuletzt BVerwG, NJW 1969, S. 1868 (Leitsatz b). — Zur Frage, ob auch Steuergesetze an Art. 14 GG zu messen sind, vgl. z. B. *Friauf*, Verfassungsrechtliche Grenzen, S. 41 ff.

[34] Zur Subsidiarität im Enteignungsrecht vgl. BVerwGE 2, 36; BVerwG, NJW 1964, 2440 f., st. Rspr.; ferner BGH, zuletzt NJW 1966, 2012; NJW 1968, 1925 (1926).

[35] Vgl. z. B. *Ipsen*, Gleichheit, S. 129, 131, 133, 142 f., 147 f.; BVerwGE 21, 251 (258).

[36] Siehe oben Anm. 4. Nach *Haas*, System, S. 22 m. Anm. 27, ist der Satz zwar im Grundgesetz enthalten, nicht jedoch gerade in Art. 3 GG. — Diese aus dem Gleichheitssatz folgende Lastengleichheit (dazu auch *Ipsen*, Gleichheit, S. 195 f.) entspricht der „égalité devant les charges publiques" des französischen Rechts.

[37] Vgl. dazu *Haas*, a.a.O., S. 23.

[38] Vgl. auch *Haas*, a.a.O., S. 23 ff.

[39] Ähnliches gilt für die Enteignung: rechtsgeschäftliche Erwerbsmöglichkeit geht der hoheitlichen Inanspruchnahme vor, vgl. BVerwGE 2, 36 (38 f.) — st. Rspr. —; *Kimminich*, a.a.O., Art. 14, Rdnr. 129 f.

schränken, z. B. auf eine bestimmte Gruppe. Der Gleichheitssatz erfordert nur eine Gleichbehandlung unter Berücksichtigung bestehender, wesentlicher Unterschiede, also „Gruppengleichbehandlung", „verhältnismäßige Gleichheit", gleiche Behandlung unter Absehen von diesen Unterschieden könnte gerade Ungleichheit bewirken[40].

Dieser Gedanke liefert die Berechtigung, mehr oder weniger eng begrenzte Gruppen auch unmittelbar — d. h. sogleich auf das konkret benötigte Mittel gerichtet — zur Erfüllung öffentlicher Aufgaben heranzuziehen, und zwar dann, wenn die öffentliche Aufgabe Merkmale aufweist, die mit solchen des zu Belastenden — sei es seiner persönlichen Verhältnisse, sei es der Besonderheiten seines Eigentums — spezifisch eng verbunden sind, daß von einer Pflichtigkeit, einer „Nähe", „Nachbarschaft" (H. Krüger) in bezug auf diese Aufgabe gesprochen werden kann[41]. Als Beispiele seien genannt die Straßenreinigungspflicht[42], die Bevorratungsverpflichtung für Mineralöle[43], Duldungs- und Unterlassungspflichten aus der früheren Leinpfadlast. Auch in diesen Fällen der „Nähe zur öffentlichen Aufgabe" muß unter dem Gesichtspunkt der Gruppengleichbehandlung grundsätzlich gefordert werden, daß *sämtliche* Gruppenmitglieder in Anspruch genommen werden[44]. Im übrigen steht die Entscheidung, ob die Mittel allgemein mittelbar oder beschränkt unmittelbar aufgebracht werden sollen, im pflichtgemäßen Ermessen des Staates[45].

4. Es ist schließlich noch der Fall zu erörtern, daß nur einzelne aus einer Mehrheit von nach den vorstehenden Grundsätzen in Betracht kommenden und gleich befähigten Personen in Anspruch genommen zu werden brauchen, um die benötigten Mittel zu erlangen, oder daß nur einzelne bestimmte Mittel benötigt werden, die sich erst durch den staatlichen Bedarf von anderen prinzipiell gleichen Mitteln unterscheiden[46]. Beispiel für die zweite Gruppe ist die Regelung der §§ 8 ff. hmb

---

[40] *Ipsen*, Gleichheit, S. 187; *v. Mangoldt-Klein*, Grundgesetz, Art. 3 Anm. III 1.

[41] Diese Merkmale werden hier nur im Rahmen des Gleichheitssatzes in bezug auf die Auferlegung öffentlicher Lasten behandelt, nicht unter dem Gesichtspunkt der Entschädigungspflicht.

[42] Zu dieser ausführlich zuletzt BVerwG, Urt. v. 5. 8. 1965, I C 78/62, BVerwGE 22, S. 26 ff. = NJW 1966, 170 f.

[43] Siehe dazu oben S. 141 mit Anm. 60, 61. H. *Krüger*, Bestimmung, S. 80 ff., behandelt diesen Komplex unter dem Gesichtspunkt der Inhaltsbestimmung des Eigentums.

[44] Über Einzel-Inanspruchnahme sogleich unten.

[45] Vgl. auch BVerwGE 22, 26 = NJW 1966, 170 (zur Auferlegung der Straßenreinigungspflicht statt einer gebührenmäßigen Umlage der entsprechenden Gemeindekosten).

[46] *Haas*, System, S. 20 (zu den Sachleistungspflichten).

EntG: mit der Festlegung der Trasse der unterirdischen Verkehrsanlage werden die betroffenen Grundstücke von anderen gleichartigen und benachbarten unterschieden, sie werden für die Erfüllung der öffentlichen Aufgabe jetzt unentbehrlich[47]. Auch in diesen Fällen ist eine Mittelbeschaffung durch öffentliche Inanspruchnahme des privaten Mittelinhabers unter bestimmten Voraussetzungen möglich. Es muß sich um eine legitime öffentliche Aufgabe handeln[48]: das folgt bereits daraus, daß die Staatsgewalt nur für solche Aufgaben eingesetzt werden darf. Ferner muß die Erlangung gerade dieses konkreten Mittels für den Staat unersetzbar und unverzichtbar sein, um die öffentliche Aufgabe erfüllen zu können. Diese wiederum muß aus Gründen des Gemeinwohls gegenüber dem Freiheitsanspruch des einzelnen überwiegen: nur unter dieser Voraussetzung ist ein Zurücktreten des Freiheitsrechts des einzelnen hinzunehmen[49]. (Hieraus folgt auch, daß eine derartige Inanspruchnahme nicht erfolgen kann, wenn das konkrete Mittel ersetzbar und „mittelbar" zu beschaffen ist — vgl. oben zu 2. —.) Daß im übrigen die Inanspruchnahme nur erfolgen kann, soweit die Freiheitsverbürgungen Eingriffe zulassen und die übrigen (auch ungeschriebenen) Verfassungsgrundsätze — wie z. B. das Verfassungsprinzip des geringstmöglichen Eingriffs[50] — beachtet werden, ist selbstverständlich.

Für die Auferlegung dinglicher öffentlicher Lasten — insbesondere der öffentlichen Last des hmb EntG — bedeutet dies, daß mit der Festlegung des besonderen Grundstücksmerkmals „Erforderlich-sein für die öffentliche Aufgabe" (durch Planfeststellungsbeschluß) die Möglichkeit öffentlicher Inanspruchnahme entsteht.

5. Die Konsequenz dieser Anschauung ist zwar, daß das Privateigentum damit staatlichen Inanspruchnahmen ausgesetzt ist, die ihre Berechtigung u. a. auch wieder in staatlichen Entscheidungen finden (Planfeststellung). Ein derartiges Verfahren ist jedoch ebenso wie im Enteignungsrecht bei der Festsetzung dessen, was zum Allgemeinwohl gehört[51], nicht zu beanstanden, solange gegen eine übermäßige Be-

---

[47] Das ist kein Fall des oben unter c) behandelten Grundsatzes; die „Nähe zur Aufgabe" wird hier erst durch staatliches Tätigwerden (z. B. Planfeststellung) begründet. — Zur Frage des Ermessens bei der Festlegung vgl. oben S. 102 Anm. 2.

[48] Für fiskalische und öffentliche erwerbswirtschaftliche Zwecke natürlich keine öffentlichen Inanspruchnahmen.

[49] Hier wirkt sich wieder allgemein der Grundsatz des Art. 14 Abs. 3 GG aus: nur „zum Wohle der Allgemeinheit", d. h. wenn das Allgemeininteresse gegenüber dem Einzelinteresse eindeutig überwiegt.

[50] Vgl. dazu oben S. 97 Anm. 34.

[51] Es handelt sich um die sog. Kompetenz-Kompetenz: s. dazu bereits oben S. 151; auch BVerfG, NJW 1969, 313.

einträchtigung der privaten Eigentümerrechte die dargelegten beschränkenden Grundsätze und die „Eigentumswertgarantie"[52] des Art. 14 Abs. 3 GG bzw. sonstige Ausgleichsgrundsätze ausreichenden Schutz bieten[53]. Da nämlich das Grundstück das Merkmal, für eine öffentliche Aufgabe unverzichtbar zu sein, erst auf Grund einer besonderen staatlichen Entscheidung erlangt und sich erst durch diese von anderen, im übrigen gleichen und gleichwertigen Grundstücken unterscheidet, die Unterscheidung also nicht sachimmanent ist, sondern von außen herangetragen wird, liegt in der Inanspruchnahme gerade dieses Grundstücks eine Benachteiligung des Eigentümers gegenüber anderen, die den Gleichheitssatz verletzt, denn dieser läßt nur sachimmanente Unterschiede gelten. In Konsequenz dieser Verletzung, die durch das überwiegende Gemeinwohl gefordert wird, verlangt der Gleichheitssatz durch „Ausgleich" das Gleichgewicht zwischen den Bürgern wiederherzustellen.

Für den Sonderfall der Enteignung im Sinne einer Entziehung von Rechten[54] verlangt Art. 14 Abs. 3 GG in *jedem* Fall eine Entschädigung[55], ohne daß ein besonderes Opfer im Vergleich zu anderen nachgewiesen werden müßte[56]. Im übrigen ist die Frage einer Entschädigung für die Auferlegung öffentlicher Lasten[57] am Gleichheitssatz (Art. 3 GG)[58], dem

---

[52] W. *Weber*, Eigentum und Enteignung, S. 350 (der Begriff stammt von Martin *Wolff*, Reichsverfassung und Eigentum, S. 13).

[53] Möglicherweise wird dadurch, soweit in der Auferlegung der öffentlichen Last eine Enteignung gesehen werden kann, die Mobilität des Eigentums und seine Umwandlung verstärkt. Dies liegt aber wesentlich an der Zunahme staatlicher Aufgaben, der sich die Verfassung nicht als statisches Element entgegenstellen kann.

[54] Vgl. *Haas*, System, S. 32: die Enteignung ist eine besondere Form der Leistungspflichten; ähnlich wohl W. *Weber*, Dienst- und Leistungspflichten, S. 112 ff. (114).

[55] Auch eine Entziehung von Eigentümerrechten in allgemein gültigen Gesetzen ist eine Enteignung (vgl. *Schack*, Eigentumsentziehungen, NJW 1954, 577; ihm folgt *Haas*, a.a.O., S. 40); die gleiche Ansicht vertreten diejenigen, die hier von einer sog. klassischen Enteignung sprechen: W. *Weber*, Eigentum u. Enteignung, S. 349 f.; *Forsthoff*, Lehrbuch, S. 313.

[56] Unter diesem Gesichtspunkt stellt die Begründung der öffentlichen Last des hmb EntG in jedem Falle eine Enteignung dar: auch die Belastung mit beschränkt dinglichen Rechten gehört zur sog. klassischen Enteignung (so: BayVGH, VerwRspr. 16, 469, 475; W. *Weber*, a.a.O., S. 349; a. A.: *Haas*, a.a.O., S. 39, der hierin eine Indienstnahme sieht, praktisch aber zum gleichen Ergebnis kommt; unklar auch BVerwG, BayVBl. 1966, 23, das nur auf das Störungsmoment abstellt, nicht auf den Rechtsverlust). — Fraglich kann nur sein, wonach die Entschädigung zu bemessen ist: nach allgemeiner Meinung ist vom gemeinen Wert der Belastung auszugehen (vgl. stat aller *Kimminich*, Bonner Kommentar, Art. 14 Rdnr. 136, 139); in diesem Sinne ist — verfassungskonform — § 13 Abs. 3 Nr. 1 hmb EntG auszulegen (dort: „Wertminderung").

[57] Die Grundlage für einen solchen Anspruch wechselte: O. *Mayer* (VerwR II, 3., S. 295 ff.) sah sie im Moment der „Billigkeit" und des „besonderen Opfers"; das Reichsgericht leitete Schadensersatzansprüche insbesondere bei

Rechtsstaatsgebot (Art. 28 Abs. 1 GG), das materiell gerechte Entscheidungen des Staates fordert, und dem aus Art. 2 Abs. 1 GG folgenden Recht auf Freiheit von anderen nicht obliegenden, unzumutbaren Verbindlichkeiten[59] zu messen, soweit die Gesetze, die öffentliche Lasten auferlegen, nicht selbst eine Sonderregelung der Entschädigung oder Gegenleistung enthalten[60].

6. Im Ergebnis wird daher der Grundsatz, daß die Auferlegung öffentlicher Lasten auf Grund der Staatsgewalt zulässig ist, eingeschränkt durch das Subsidiaritätsprinzip, den Gleichheitssatz und verfassungsrechtliche Ausgleichsgebote. Es handelt sich aber — wie oben ausgeführt — hierbei nicht eigentlich um Einschränkungen einer vorgegebenen Befugnis, sondern diese „Schranken" stehen zur Staatsgewalt in einem Wechselverhältnis, sie sind dieser „immanent"[61].

Nothilfepflichten aus der zivilrechtlichen Auftragsregelung her (vgl. die Nachweise bei *Barkhau*, Entschädigung, S. 39 ff.); *Barkhau* (a.a.O., S. 54 ff.) sah die Grundlage in einem öffentlich-rechtlichen Ersatzanspruch, den er dem Aufopferungsgedanken entnahm; vgl. auch *Ipsen*, Indienstnahme, S. 156 f., und Bevorratungsverpflichtung, AöR 90, 428, der einen allgemeinen Gegenleistungsanspruch aus verschiedenen gesetzlichen Regelungen und allgemeinen Grundsätzen herzuleiten versucht. — Allgemein zur Entwicklung des Ersatzrechts vgl. *Schack*, Gutachten, S. 9 ff.; *Stödter*, Öffentlich-rechtliche Entschädigung, S. 52 ff. (jeweils mit weiteren Hinweisen).

[58] Vgl. dazu oben S. 154. — *Ipsen*, AöR 90, 435 f., hält die Ungleichbehandlung bei der Gegenleistungspflicht für Indienstnahmen für unbeachtlich.

[59] Vgl. dazu *Dürig*, in: Maunz-Dürig, Grundgesetz, Art. 2 Abs. 1 GG, Rdnr. 26 f.

[60] Insbesondere für Inanspruchnahmen nach dem BLG (§§ 20 ff.). Schadensregelungen enthalten auch z. B. § 9 Strandungsordnung und § 26 Erste Wasserverbands-VO.

[61] Das Problem der Grundlage öffentlicher Lasten und die Frage, nach welchen Prinzipien und Normen die Grenzen zu ziehen sind, konnte hier nur kurz angeschnitten werden. Diese Frage taucht auch insbesondere für die Steuergesetzgebung auf, ist dort jedoch noch als eine „*terra incognita* des Verfassungsrechts" (*Rupp*, Grundfragen, S. 240 Anm. 429) anzusehen; vgl. auch *Friauf*, Verfassungsrechtliche Grenzen der Wirtschaftslenkung und Sozialgestaltung durch Steuergesetze.

Zusammenfassung

Die vorliegende Untersuchung hat folgende Ergebnisse aufgezeigt:

1. Die Baulasten und die öffentliche Last des hmb EntG sind keine systemwidrigen Ausnahmeregelungen, sondern sie stehen in einem rechtssystematischen Zusammenhang mit anderen, ähnlichen gesetzlichen Vorschriften. Es handelt sich um öffentlich-rechtliche Einzelfallregelungen, die beschränkend auf das Eigentumsrecht einwirken.

2. Von dinglichen Rechten des öffentlichen Rechts kann nur dann gesprochen werden, wenn diese Rechte die Wesensmerkmale des zivilrechtlichen dinglichen Rechts entsprechend aufweisen. Die wesentlichen Merkmale des zivilrechtlichen Sachenrechts sind die Unmittelbarkeit der Sachbeziehung und die zuordnend gewährte Sachherrschaft.

3. Die Anerkennung einer unmittelbaren Sachbeziehung im öffentlichen Recht steht nicht die Theorie der Staatslehre von der Staatsgewalt als dem „imperium" im Gegensatz zum „dominium" entgegen; sie verkennt die Bedeutung mittelbarer Personalbeziehungen, die aus unmittelbaren Sachbeziehungen folgen. Ebenso stehen nicht der Grundsatz des numerus clausus dinglicher Rechte und die sachenrechtliche Regelung des BGB entgegen.

Die Sachzuordnung ist im öffentlichen Recht nicht auf Vermögensinteressen ausgerichtet, sondern auf die öffentlichen Aufgaben des Trägers öffentlicher Verwaltung.

Baulasten und öffentliche Last des hmb EntG weisen die als wesentlich erkannten dinglichen Merkmale auf.

4. Es sind „generelle" und „spezielle" Sachzuweisungen zu unterscheiden: letztere sind Einzelzuordnungen von aus dem Vollrecht Eigentum abgeleiteten Befugnissen, nur sie können als öffentlich-rechtliche dingliche Rechte bezeichnet werden; erstere sind originäre, auf der Staatsgewalt beruhende Berechtigungen, die als Sachbeziehungen zu bezeichnen und von den dinglichen Rechten zu unterscheiden sind.

5. Privatrechtliche und öffentlich-rechtliche Sachherrschaft haben als gemeinsame Grundlage die zuordnend gewährte Herrschaftsmacht; die Unterschiede folgen aus der Art der sie regelnden Rechtssätze. Ein Privater kann durch öffentlich-rechtliche Willenserklärung öffentlich-rechtliche Sachherrschaft zugunsten eines Trägers öffentlicher Verwaltung begründen.

6. Baulasten und öffentliche Last des hmb EntG sind Erscheinungen eines einheitlichen Rechtsinstituts. Dieses kann weder die Lehre von der öffentlich-rechtlichen Eigentumsbeschränkung noch der Lehre von der öffentlich-rechtlichen Dienstbarkeit oder der Lehre von den Verwaltungspflichtigkeiten zugeordnet werden. Für dieses Rechtsinstitut wird der Name „öffentliche Grundlast" gewählt. Es handelt sich um öffentlich-rechtliche beschränkt dingliche Rechte, die als Sekundärpflichten ein Tun, Dulden oder Unterlassen zum Inhalt haben können.

7. Der Begriff „öffentliche Last" wird in der Gesetzessprache in unterschiedlichem Sinne gebraucht. Verwaltungsrechtlich hat O. Mayer das Rechtsinstitut gleichen Namens auf reine Leistungspflichten zugunsten eines öffentlichen Unternehmens beschränkt. In der Literatur wurde diese Beschränkung später z. T. als zu eng empfunden.

Die formale Abgrenzung nach der Eingriffsart ist systemwidrig. Das Rechtsinstitut der öffentlichen Last muß von seinem Inhalt her bestimmt werden; es handelt sich um öffentlich-rechtliche Inanspruchnahmen des einzelnen, um einem Träger öffentlicher Verwaltung die erforderlichen Mittel zu verschaffen.

Baulasten und öffentliche Last des hmb EntG erfüllen diese Merkmale, sie sind dingliche öffentliche Lasten.

8. Die Auferlegung öffentlicher Lasten findet ihre Legitimation in der Staatsgewalt, die als Globalberechtigung mit immanenten Schranken (Freiheitsverbürgungen) anzusehen ist. Die Grenzen liegen im Subsidiaritätsprinzip, im Gleichheitssatz und in verfassungsrechtlichen Ausgleichsgeboten.

Literaturverzeichnis

(In Klammern ist die Zitierweise angegeben, wenn sie vom vollständigen Titel abweicht)

Almsick, Wilhelm Helmuth v.: Die Rechtsstellung des Privateigentums von Sachen des Gemeingebrauchs, unter besonderer Berücksichtigung der Fälle des Sondergebrauchs an ihnen, Dissertation Münster 1928 (Rechtsstellung)

Apel: Artikel „Festungen", in: Wörterbuch des Deutschen Staats- und Verwaltungsrechts, hrsg. v. Fleischmann, 2. Aufl., 1. Bd., 1911, S. 766 ff. (Art. „Festungen")

Apelt, Willibalt: Das Rechtsinstitut der öffentlichen Last und die Industriebelastung. Gedenkschrift für Mitteis, Heft 11 der Leipziger rechtswissenschaftlichen Studien, 1926, S. 125 ff. (Industriebelastung)

Ausschußbericht: Ausschußberichte der Hamburger Bürgerschaft aus dem Jahre 1963, Nr. 33/1963; 5. Bericht des Rechtsausschusses (Ausschußbericht Nr. 33/1963)

Bachof, Otto: Rechtsgutachten über die Verfassungs- und Gesetzmäßigkeit eines Entwurfs einer Baunutzungsverordnung, 1961, (n. v.) (Rechtsgutachten)

Baltz-Fischer: Preußisches Baupolizeirecht, 5. Aufl. 1926, 6. Aufl. 1934 — unveränderter Nachdruck 1954 — (Baupolizeirecht)

Barghau, Werner: Öffentlich-rechtliche Entschädigung bei Nothilfeleistungen, 1954, Verwaltung und Wirtschaft Heft 10 (Entschädigung)

Baur, Fritz: Lehrbuch des Sachenrechts, 4. Aufl., 1968 (Lehrbuch)

Becker—Riewald—Koch: Reichsabgabenordnung Bd. I, 9. Aufl., 1963

Beenken, Reinhard: Zur Überprüfbarkeit der Bauleitpläne nach dem Bundesbaugesetz, 1967 (Überprüfbarkeit)

Bender Bernd: Sozialbindung des Eigentums und Enteignung, NJW 1965, S. 1297 ff. (Sozialbindung)

Bergdolt, Curt: Preußisches Wasserrecht, 1957

Bettermann, Karl August: Diskussionsbeitrag, VVDStRL 21, 241, 244

Bielenberg, Walter: Neue Rechtsgrundlagen für den Bau unterirdischer Verkehrsanlagen in Hamburg, DVBl. 1964, 501

Blümel, Willi: Zur Teilnichtigkeit des neuen Hamburgischen Enteignungsgesetzes, DVBl. 1964, 905

Bochalli, Alfred: Besonderes Verwaltungsrecht, 3. Aufl., 1967

Böhmer, Gustav: Grundlagen der bürgerlichen Rechtsordnung, Bd. I, 1950 (Grundlagen)

Bonczek-Halstenberg: Bau-Boden, Bauleitplanung und Bodenpolitik, 1963 (Bau-Boden)

Brandi: Berücksichtigung nachbarlicher Verhältnisse auf dem Gebiete der Baupolizei. Verwaltung des Grundbuchs und die Praxis des Reichsgerichts, PrVerwBl. 27 (1905/06), S. 887 (Berücksichtigung)

Brohm, Winfried: Rechtsschutz im Bauplanungsrecht, 1959 (Rechtsschutz)

Brügelmann—Förster—Grauvogel u. a.: Bundesbaugesetz, Loseblattkommentar, Stand: Oktober 1967 (Brügelmann-[Bearbeiter], BBauG)

Bühler, Ottmar: Artikel 134. Gleichheit in der Lastenverteilung, in: Nipperdey, Die Grundrechte und Grundpflichten der Reichsverfassung, Bd. 2, 1930, S. 313 ff. (Gleichheit)

— Altes und Neues über Begriff und Bedeutung der subjektiven öffentlichen Rechte, in: Gedächtnisschrift für Walter Jellinek, 1955, S. 269 ff.

Bürger, Otto: Die Verpflichtung durch einseitiges Rechtsgeschäft im Verwaltungsrecht, Leipziger rechtswissenschaftliche Studien, Heft 25, 1927 (Verpflichtung)

Dassler-Schiffhauer: Gesetz über die Zwangsversteigerung und Zwangsverwaltung, Kommentar, 10. Aufl., 1968 (ZVG)

Dittus, Wilhelm: Baurecht im Werden. Eine Schriftensammlung über Fragen des Planungsrechts, des Baurechts und des damit verbundenen Bodenrechts aus den Jahren 1946 bis 1950, 1951 (Baurecht)

— Grenzen der Anwendbarkeit von Servituten, NJW 1954, 1825 ff. (Grenzen)

— Zur Bemessung der Entschädigung für Leitungsservituten, NJW 1965, S. 718 ff. (Bemessung)

Dürig, Günter: Der Staat und die vermögenswerten öffentlich-rechtlichen Berechtigungen seiner Bürger, in: Staat und Bürger, Festschrift für Willibalt Apelt, 1958, S. 13 ff. (Festschrift Apelt)

— Diskussionsbeitrag, VVDStRL 21, 251 f.

Eichler, Hermann: Institutionen des Sachenrechts, Bd. I, 1954

Enneccerus—Lehmann: Recht der Schuldverhältnisse, 15. Bearbeitung, 1958

Enneccerus—Nipperdey: Allgemeiner Teil des bürgerlichen Rechts, 15. Aufl., Hlbbd. 1 u. 2, 1959/60 (Allg. Teil)

Entwurf LBauOBW: Entwurf einer Landesbauordnung für Baden-Württemberg, Landtag von Baden-Württemberg, 3. Wahlperiode, Beilage 3300 v. 20. 8. 1963, Beilagen-Band VII, S. 6537 ff.

Erman, Walter (Hrsg.): Handkommentar zum Bürgerlichen Gesetzbuch, 4. Aufl., 1967 (Erman-[Bearbeiter])

Ernst-Friede: Kommentar zum Aufbaugesetz von Nordrhein-Westfalen, 4. Aufl., 1958 (Aufbaugesetz)

Fechtrup, Hermann: Baulasten und Baulastenverzeichnis, DVBl. 1963, 613

Finkler, Franz: Das Erschließungsrecht, 2. Aufl., 1967

Fischer, Josef: Rechtliche Gestaltung und Probleme der öffentlichen Grundstückslast, NJW 1955, 1583 (Rechtliche Gestaltung)

Literaturverzeichnis

Fischer, Klaus: Die öffentlich-rechtliche Nachbarklage, Dissertation, Köln, 1965

Fleiner, Fritz: Institutionen des Deutschen Verwaltungsrechts, 1. Aufl., 1911; 8. Aufl., 1928 (Institutionen)

— Über die Umbildung zivilrechtlicher Institute durch das öffentliche Recht, 1906 (Umbildung)

Forsthoff, Ernst: Lehrbuch des Verwaltungsrechts, 1. Bd., Allgemeiner Teil, 9. Aufl., 1966 (Lehrbuch)

— Norm und Verwaltungsakt im geltenden und künftigen Baurecht, DVBl. 1957, 113 ff. (Norm)

— Res sacrae, AöR 70 (1940), S. 209 ff. (Res sacrae)

Friauf, Karl Heinrich: Das Verbot mit Erlaubnisvorbehalt, JuS 1962, 422 ff. (Verbot)

— Verfassungsrechtliche Grenzen der Wirtschaftslenkung und Sozialgestaltung durch Steuergesetze, Recht und Staat, Heft 325/326 (1966)

Friedrichs, Karl: Bürgerliches und öffentliches Sachenrecht, AöR 40 (1921), S. 257 ff.

— Über öffentliche dingliche Rechte, PrVerwBl., Bd. 39 (1917/18), S. 297

Fuchs, Eugen: Grundbegriffe des Sachenrechts, 1917 (Grundbegriffe)

Füßlein, Peter: Zur rechtlichen Bedeutung der Baulasten, DVBl. 1965, 270

Fuhr-Pfeil: Hessische Verfassungs- und Verwaltungsgesetze, Loseblattsammlung

Gädtke, Horst: Kommentar zur Bauordnung für das Land Nordrhein-Westfalen mit Durchführungsverordnungen, 1964 (Kommentar)

Gause, Hermann: Die öffentliche Indienststellung Privater als Rechtsinstitut der Staatsorganisation, Dissertation, Kiel 1967 (Öffentliche Indienststellung)

Gerber, C. F. v.: Grundzüge des Deutschen Staatsrechts, 3. Aufl., 1880 (Grundzüge)

Gerne: Artikel „Baulastenbuch", in: Handwörterbuch des Städtebaues, Wohnungs- u. Siedlungswesens, hrsg. von H. Wandersleb, 1. Bd., 1959, S. 209 ff. (Baulastenbuch)

Giacometti, Zaccaria: Allgemeine Lehren des rechtsstaatlichen Verwaltungsrechts (Allgemeines Verwaltungsrecht des Rechtsstaates), 1. Bd., 1960 (Allgemeine Lehren)

Giese, Friedrich: Enteignung durch Kollektivakt, DRiZ 1951, S. 192

Gloede-Dehn: Baupolizeiverordnung für die Hansestadt Hamburg, 1955 (Baupolizeiverordnung)

Gönnenwein, Otto: Die Anfänge des kommunalen Baurechts, in: Kunst und Recht, Festgabe für Fehr, 1948, S. 71 ff.

Guba, Paul: Die öffentlich-rechtlichen Grundlagen des Wegerechts, Dissertation, Leipzig 1917 (Grundlagen)

Haas, Diether: System der öffentlichen Entschädigungspflichten, 1955 (System)

— Bodenrecht in Hamburg — Über Hamburger Stil in den letzten 120 Jahren, in: Hamburger Festschrift für Friedrich Schack, 1966, S. 25 ff. (Festschrift)

Haas, Diether: Die öffentlichen Sachen, DVBl. 1962, 653

Hamel, Walter: Das Wesen des Staatsgebietes, 1933

Haselau, Klaus: Stellt eine Erlaubnis oder Ausnahmebewilligung „lediglich natürliche" Handlungsfreiheit wieder her?, DÖV 1965, 449 ff.

Hatschek-Kurtzig: Lehrbuch des deutschen und preußischen Verwaltungsrechts, 7./8. Aufl., 1931 (Lehrbuch)

Heitzer-Oestreicher: Bundesbaugesetz, 2. Aufl., 1965 (BBauG)

Hennis, Wilhelm: Verfassung und Verfassungswirklichkeit, Recht und Staat, Heft 373/374, 1968

Herrnritt, Rudolf Hermann: Grundlehren des Verwaltungsrechts, 1921 (Grundlehren)

Hirsch, Otto: Die Baulasten im Sinne des Art. 99 Abs. 3 der württembergischen Bauordnung vom 28. 7. 1910, Dissertation, Heidelberg 1912 (Baulasten)

Hofacker, Wilhelm: Grundrechte und Grundpflichten der Deutschen, 1926

Holland-Cunz, Fritz: Das Recht des Gebrauches öffentlicher Wege im Lichte des neuzeitlichen Verkehrslebens, Dissertation, Frankfurt/M. 1932 (Gebrauch öffentlicher Wege)

Holstein, Günther: Die Lehre von der öffentlich-rechtlichen Eigentumsbeschränkung, 1921 (Lehre)

Holtz-Kreutz-Schlegelberger: Das preußische Wassergesetz, Bd. 1, unveränderter Nachdruck der 3. und 4. Auflage, 1955

Imboden, Max: Der Plan als verwaltungsrechtliches Institut, VVDStRL 18, 113 ff.

Ipsen, Hans Peter: Gesetzliche Indienstnahme Privater für Verwaltungsaufgaben, in: Um Recht und Gerechtigkeit, Festgabe für Erich Kaufmann, 1950, S. 141 ff. (Indienstnahme)

— Gleichheit, in: Neumann-Nipperdey-Scheuner, Die Grundrechte, Bd. 2, 1954, S. 111 ff. (Gleichheit)

— Öffentliche Subventionierung Privater, DVBl. 1956, S. 461 ff., 498 ff., 602 f.

— Gesetzliche Bevorratungsverpflichtung Privater, AöR 90 (1965), S. 393 ff. (Bevorratungsverpflichtung)

Jellinek, Georg: Allgemeine Staatslehre, 3. Aufl. (6. Neudruck 1959)

— Besprechung von Otto Mayer, Deutsches Verwaltungsrecht, 1. Aufl., in: Verw. Archiv Bd. 5 (1897), S. 304 ff. (Buchbesprechung)

Jellinek, Walter: Verwaltungsrecht, 3. Aufl., 1931 (VerwR)

— Gesetz, Gesetzesanwendung und Zweckmäßigkeitserwägung, 1913 (Gesetz)

Jürgens, Klaus-Peter: Die Beschränkungen des Grundeigentums im Rahmen der Städteplanung auf Grund der neuesten Gesetzgebung, Dissertation, Köln 1965 (Die Beschränkungen des Grundeigentums)

Kaiser, Joseph H.: Planung II, Begriff und Institut des Plans, 1966

Kersten: Die Baugenehmigung als sachbezogener Verwaltungsakt, BayVBl. 1961, S. 233

Kimminich, Otto: Kommentierung des Art. 14 GG, in: Bonner Kommentar, 1950 ff., Zweitbearbeitung

Klinger, Hans: Verwaltungsgerichtsordnung, Kommentar, 2. Aufl., 1964 (VwGO)

Körner, Alois: Studien zum Recht der öffentlichen Wege, 1932 (Studien)

Köttgen, Arnold: Öffentliches Sachenrecht, in: Frank, Deutsches Verwaltungsrecht, 1937, § 22, S. 433 ff.

Kopp, Ferdinand O.: Die Grenzen der richterlichen Nachprüfung wertender Entscheidungen der Verwaltung, DÖV 1966, 317 (Grenzen)

Kormann, Karl: System der rechtsgeschäftlichen Staatsakte, 1910 (System)

Krause, Klaus-Dieter: Der Gemeingebrauch an öffentlichen Straßen im neueren Verwaltungsrecht, Dissertation, Köln, 1961 (Gemeingebrauch)

Kretschmar, Oskar: Die Hofgemeinschaft im sächsischen Baurecht, unter gleichzeitiger Berücksichtigung außersächsischer baupolizeilicher Bestimmungen, in: Fischers Zeitschrift Bd. 39 (1911), S. 10 ff. (Hofgemeinschaft)

Krüger: Baurechtliche Verpflichtungen im Sinne von § 2 des Allgemeinen Baugesetzes, in: Fischers Zeitschrift Bd. 42 (1913), S. 285 ff. (Baurechtliche Verpflichtungen)

Krüger, Herbert: Allgemeine Staatslehre, 2. Aufl., 1966

— Die Bestimmung des Eigentumsinhaltes (Art. 14 Abs. 1 S. 2 GG), in: Hamburger Festschrift für Friedrich Schack 1966, S. 71 ff. (Bestimmung)

— „Verbot mit Erlaubnisvorbehalt" und „Bewährung mit Auslesevorbehalt", DÖV 1958, S. 673 ff.

Kühne, Eberhard: Versprechen und Gegenstand, AcP Bd. 140, S. 1 ff.

Laband, Paul: Das Staatsrecht des Deutschen Reiches, Bd. 1, 5. Aufl., 1911 (Staatsrecht)

Larenz, Karl: Allgemeiner Teil des deutschen Bürgerlichen Rechts, 1967 (Allg. Teil)

— Lehrbuch des Schuldrechts, 1. Bd., Allgemeiner Teil, 7. Aufl., 1964 (Schuldrecht I)

Lassar, Gerhard: Grundbegriffe des preußischen Wegerechts, 1919 (Grundbegriffe)

Lent-Schwab: Sachenrecht, 12. Aufl., 1968

Lerche, Peter: Zum Rechtsschutz im Recht der öffentlichen Sachen, DVBl. 1955, 283 ff. (Rechtsschutz)

Lexikon: Lexikon des Rechts, hrsg. von Reifferscheid, Böckel, Benseler, Bd. 1, 1968

Lindemann: Baulastenbücher, PrVerwBl. Bd. 37, S. 273

Loening, Edgar: Lehrbuch des Deutschen Verwaltungsrechts, 1884 (Lehrbuch)

Lübtow, Ulrich v.: Die Struktur der Pfandrechte und Reallasten, in: Festschrift für H. Lehmann, 1956, Bd. 1, S. 328 ff. (Die Struktur)

Mang-Simon: Bayerische Bauordnung, Kommentar, 1. u. 2. Aufl., Stand: 15. 3. 67, (BayBauO)

Mangoldt v.-Klein: Das Bonner Grundgesetz, Bd. 1 2. Aufl., 1957 (Grundgesetz)

Maunz, Theodor: Hauptprobleme des öffentlichen Sachenrechts, 1933 (Hauptprobleme)

— Das Recht der öffentlichen Sachen und Anstalten, Die Verwaltung, hrsg. von Giese, Heft 19 o. J. (4. Aufl. 1957, Heft 11) (Das Recht der öffentlichen Sachen)

— Deutsches Staatsrecht, 16. Aufl., 1968 (Staatsrecht)

Maunz-Dürig-Herzog: Grundgesetz, Kommentar, Lieferung 1 bis 9, 1968 (Maunz-Dürig, Grundgesetz)

Mayer, F. F.: Grundzüge des Verwaltungs-Rechts und -Rechtsverfahrens, 1857 (Grundzüge)

Mayer, Otto: Deutsches Verwaltungsrecht, 1. Aufl., Bd. 1 1895, Bd. 2 1896; 2. Aufl., Bd. 1 1914, Bd. 2 1917; 3. Aufl., 1924 (VerwR I, II)

— Artikel „Leinpfad", in: Wörterbuch des Deutschen Staats- und Verwaltungsrechts, hrsg. von Fleischmann, 2. Aufl., Bd. 2, 1913, S. 777

— Besprechung von Holstein, Die Lehre von der öffentlich-rechtlichen Eigentumsbeschränkung, in: AöR 42 (1922), S. 381 ff. (Buchbesprechung)

Menger, Christian-Friedrich: System des verwaltungsgerichtlichen Rechtsschutzes, 1954 (System)

Menger-Erichsen: Höchstrichterliche Rechtsprechung zum Verwaltungsrecht, VerwArchiv 56 (1965), S. 374 ff. (383)

Merten, Max: Gutgläubiger Eigentumserwerb und Zeitablauf in ihrer Bedeutung für das rechtliche Schicksal öffentlicher Sachen, Dissertation, Berlin 1935 (Gutgläubiger Erwerb)

Meyer, Georg: Lehrbuch des Deutschen Verwaltungsrechts, 4. Aufl., 1. und 2. Teil, 1913/1915 (Lehrbuch)

Meyer, Manfred: Prozeßrechtliche Probleme der Nachbarklage nach Bundesrecht, Dissertation, München 1967

Meyer-Stich-Tittel: Bundesbaurecht, v. Brauchitsch-Ule, Verwaltungsgesetze des Bundes und der Länder, Bd. 5, 1. Hlbbd., 1966

Molitor, Erich: Über öffentliches Recht und Privatrecht, 1949

Mosel, Curt v. d.: Handwörterbuch des Verwaltungsrechts unter besonderer Berücksichtigung des sächsischen Landesrechts, 1. Bd., 14. Aufl., 1938, Art. „Festungen", Sp. 713; Art. „Dienstbarkeiten", Sp. 503

Motive: Motive zu dem Entwurfe eines Bürgerrechtlichen Gesetzbuches für das Deutsche Reich, Bd. III, Sachenrecht, 1888

Müller, W.: Deutsches Bau- und Nachbarrecht, 2. Aufl., 1903 (Bau- und Nachbarrrecht)

Musterbauordnung: Allgemeine Einführung in die Musterbauordnung, Teil A, April 1960, aufgestellt vom Begründungsausschuß der Musterbauordnungskommission, Schriftenreihe des Bundesministers für Wohnungsbau, Bd. 16/17, S. 107 ff.

Nawiasky, Hans: Allgemeine Rechtslehre als System der rechtlichen Grundbegriffe, 2. Aufl., 1948 (Allg. Rechtslehre)

Niehues, Norbert: Dinglichkeit im Verwaltungsrecht, Dissertation, Münster, 1963 (Dinglichkeit)

Nöldeke: Hamburgisches Landesprivatrecht, 1907 (Landesprivatrecht)

Obermayer, Klaus: Der Plan als verwaltungsrechtliches Institut, VVDStRL 18, 144 ff.

Palandt: Bürgerliches Gesetzbuch, 28. Aufl., 1969 (Palandt-[Bearbeiter])

Peters, Hans: Lehrbuch der Verwaltung, 1949 (Lehrbuch)

Petersen, Kurt: Grundprinzipien und Grenzen des Gemeingebrauchs gegenüber dem Eigentum an öffentlichen Wegen im Rahmen der Rechtsprechung des Reichsgerichts, Dissertation, Hamburg 1935 (Grundprinzipien)

Raacke, John: Die Deichlast im hamburgischen Staatsgebiet, Dissertation, Leipzig 1908 (Deichlast)

Raiser, Ludwig: Dingliche Anwartschaften (Tübinger rechtswissenschaftliche Abhandlungen, Bd. 1), 1961

— Vertragsfreiheit heute, JZ 1958, S. 1 ff.

Redlich: Die Bedeutung des Gesetzentwurfs betr. die Baulastenbücher, Pr VerwBl. B. 38, 443

RGRK: Das Bürgerliche Gesetzbuch, Kommentar, herausgegeben von Reichsgerichtsräten und Bundesrichtern, 11. Aufl., II. Bd., 1. Teil, Einzelne Schuldverhältnisse, 1959 (RGRK-[Bearbeiter])

Riewald: Der rechtliche Inhalt der öffentlichen Grundstückslast, JW 1932, 449

Rimann, Waldemar: Zur Rechtsnachfolge im öffentlichen Recht, DVBl. 1962, 553 (Rechtsnachfolge)

Roesler, Hermann: Lehrbuch des Deutschen Verwaltungsrechts, 1. Bd.: Das sociale Verwaltungsrecht, 1872 (Lehrbuch)

Rössler, H. A.: Bauordnung für das Land Nordrhein-Westfalen, Textausgabe mit Einführung und Verweisungen, 3. Aufl., 1963 (BauO)

Rumpelt: Allgemeines Baugesetz für das Königreich Sachsen, 1900 (Baugesetz)

Rupp, Hans Heinrich: Das Grundrecht der Berufsfreiheit in der Rechtsprechung des Bundesverfassungsgerichts, AöR 92 (1967), S. 212 ff. (Berufsfreiheit)

Salzwedel, Jürgen: Diskussionsbeitrag, VVDStRL 21, 257 f.

Saran, Walter: Baufluchtliniengesetz, 1911 (unveränderter Nachdruck 1954)

Sarwey, O. von: Das öffentliche Recht und die Verwaltungsrechtspflege, 1880 (Das öffentliche Recht)

— Allgemeines Verwaltungsrecht, in: Handbuch des öffentlichen Rechts, 1. Bd., 2. Hlbbd., 1884 (AllgVerwR)

Sauermann, Richard: Die Einordnung des Erschließungsbeitrages in das geltende Recht, DVBl. 1964, 509 (Einordnung)

Sauter-Holch-Reutschler: Landesbauordnung für Baden-Württemberg, Loseblattkommentar ab 1966 (Kommentar)

Schack, Friedrich: Generelle Eigentumsentziehungen als Enteignungen, NJW 1954, S. 577 ff.
— Empfiehlt es sich, die verschiedenen Pflichten des Staates zur Entschädigungsleistung aus der Wahrnehmung von Hoheitsrechten nach Grund, Inhalt und Geltendmachung gesetzlich neu zu regeln? Gutachten für den 41. Deutschen Juristentag, Verhandlungen des 41. Deutschen Juristentages 1955, Bd. 1, 1. Hlbbd., S. 1 ff. (Gutachten)
— Die öffentliche Last im Enteignungsrecht, DVBl. 1967, 280

Schallenberg, Hermann: Die Widmung, Heft 13 der Schriftenreihe Verwaltung und Wirtschaft, 1955

Scheerbarth, Walter: Das allgemeine Bauordnungsrecht unter besonderer Berücksichtigung der Landesbauordnungen, 2. Aufl., 1966 (Bauordnungsrecht)

Scheuner, Ulrich: Das Wesen des Staates und der Begriff des Politischen in der neueren Staatslehre, in: Staatsverfassung und Kirchenordnung, Festgabe für Rudolf Smend, 1962, S. 225 (Das Wesen des Staates)
— Grundlagen und Art der Enteignungsentschädigung, in: Reinhardt-Scheuner, Verfassungsschutz des Eigentums, 1954, S. 63 ff. (Grundlagen)

Schick, Walter: Untergesetzliche Rechtssätze als Enteignungsnormen, DVBl. 1962, 774 ff.

Schmidt, Hans: Handbuch des Erschließungsrechts, 2. Aufl., 1966 (Handbuch)

Scholz: Zur Lehre von der Bauerlaubnis, VerwArch. 24 (1916), 184 ff. (Bauerlaubnis)

Schrödter, Hans: Bundesbaugesetz, 1964 (BBauG)

Schütz-Frohberg: Kommentar zum Bundesbaugesetz, 2. Aufl., 1962 (BBauG)

Schultze-v. Lasaulx: Buchbesprechung, AcP 151, 455

Schultzenstein: Die rechtliche Eigenschaft des Anspruchs auf den Anliegerbeitrag nach dem § 15 des Preußischen Fluchtliniengesetzes vom 2. Juli 1875, JW 1916, S. 169 ff., 240 ff. (Die rechtliche Eigenschaft)

Schunck-de Clerck: Verwaltungsgerichtsordnung, 2. Aufl., 1967 (VwGO)

Seyfried, Peter: Zum Begriff der Baulast (§ 108 Abs. 1 LBO) — insbesondere im Verhältnis zu § 9 Abs. 1 Ziff. 11 BBauG —, BWVerwBl. 1966, 149

Siebert, Wolfgang: Zur neueren Rechtsprechung über die Abgrenzung von Zivilrechtsweg und Verwaltungsrechtsweg, DÖV 1959, 733 ff. (Abgrenzung)
— Privatrecht im Bereich öffentlicher Verwaltung, in: Festschrift für Hans Niedermeyer, 1953, S. 215 ff. (Festschrift)

Sieder: Öffentliche Sachen und Verwaltungsgerichtsbarkeit, in: Staatsbürger und Staatsgewalt, Bd. 2, 1963, S. 91 ff. (Öffentliche Sachen)

Soergel-Siebert: Bürgerliches Gesetzbuch, 9. Aufl., Bd. 2, Einzelne Schuldverhältnisse, 1962; 10. Aufl., Bd. 4, Sachenrecht, 1968 (Sorgel-[Bearbeiter])

Spanner, Hans: Empfiehlt es sich, den allgemeinen Teil des Verwaltungsrechts zu kodifizieren? Gutachten für den 43. Deutschen Juristentag, 43. DJT, Bd. 1, 2. Teil A (Gutachten)

Spohr: Das Recht der öffentlichen Grundstückslasten, Steuer und Wirtschaft 1941, 329, 421

Staudinger: Kommentar zum Bürgerlichen Gesetzbuch, Bd. III, Sachenrecht, Teil 1 u. 2, 11. Aufl., 1963 (Staudinger-[Bearbeiter])

Stein, Erwin: Untertanenstaat oder freiheitliche Demokratie? Eine Auseinandersetzung mit Herbert Krügers Staatslehre, NJW 1965, S. 2384 f. (Untertanenstaat)

Steiner-Riedel: Zwangsversteigerung und Zwangsverwaltung, Kommentar zum ZVG, 7. Aufl., 1956 (ZVG)

Stengel, Karl Freiherr v.: Lehrbuch des Deutschen Verwaltungsrechts, Bd. 2 der Handbibliothek des öffentlichen Rechts, hrsg. v. Kirchenheim, 1886 (Lehrbuch)

Stern, Klaus: Die öffentliche Sache, VVDStRL 21, 183 ff.

— Rechtsfragen der öffentlichen Subventionierung Privater, JZ 1960, S. 518 ff. (Rechtsfragen)

Stödter, Rolf: Öffentlich-rechtliche Entschädigung, 1933

Strickstock: Das öffentliche Sachenrecht, Der Betrieb 1958, S. 1119

Stritter, Gustav: Praktische Bedeutung der Theorie vom öffentlichen Eigentum im Vergleich zu der herrschenden Lehre von der Rechtsstellung der öffentlichen Sachen, Dissertation, Heidelberg 1934 (Praktische Bedeutung)

Tezner, Friedrich: Die Privatrechtstitel im öffentlichen Recht, AöR Bd. 9 (1894), S. 325 ff. (Privatrechtstitel)

Thur, A. v.: Der Allgemeine Teil des deutschen bürgerlichen Rechts, 3 Bde., 1910—1918 (Allg. Teil)

Tipke-Kruse: Abgabenordnung, 2. Aufl. ab 1965

Triepel, Heinrich: Vom Stil des Rechts, 1947

Turegg, Kurt Egon v.: Feststellungsklage im Verwaltungsstreitverfahren, MDR 1952, S. 150 f.

Turegg v.-Kraus: Lehrbuch des Verwaltungsrechts, 4. Aufl., 1962 (VerwR)

Vogel, Klaus: Kammerbeitrag und Finanzverfassung, DVBl. 1958, S. 491 ff. (Kammerbeitrag)

Weber, Werner: Die öffentliche Sache, VVDStRL 21, 145 ff.

— Eigentum und Enteignung, in: Neumann-Nipperdey-Scheuner, Die Grundrechte, Bd. 2, 1954, S. 331 ff.

— Die Dienst- und Leistungspflichten der Deutschen, 1943

Wegegesetz-Ausschuß: Stenographischer Bericht des Wegegesetz-Ausschusses der Hamburger Bürgerschaft, aus der 17. Sitzung vom 22. Februar 1960, zu § 4: Öffentliches Eigentum, Anlage zum Protokoll, Gutachtliche Äußerung von Ipsen, Schack, Schultze-v. Lasaulx, Stoll (Wegegesetz-Ausschuß, Anlage)

Weinheimer Gutachten: Gutachten über die Erfordernisse der Bau- und Bodengesetzgebung, Schriftenreihe des Bundesministers für Wohnungsbau, Heft 1, o. J.

Westermann, Harry: Sachenrecht, Lehrbuch, 5. Aufl., 1966 (Sachenrecht)

— Die Befugnis zum Bauen nach der Rechtsprechung und nach dem Bundesbaugesetz als Frage der Inhaltsbestimmung des Grundeigentums im Rahmen von Artikel 14 GG, in: Festschrift für Hans Carl Nipperdey, 1965, Bd. 1, S. 765 ff. (Festschrift Nipperdey)

Westermann, Harry: Die Bestimmung des Rechtssubjekts durch Grundeigentum, Abhandlungen zum deutschen Gemeinrecht, Heft 9, 1942 (Bestimmung)

Wolff, Hans Julius: Verwaltungsrecht, Bd. 1, 6. Aufl., 1965; Bd. 1, 7. Aufl., 1968; Bd. 3, 2. Aufl., 1967 (VerwR I, III)

— Der Unterschied zwischen öffentlichem und privatem Recht, AöR 76 (1950/1951), S. 205 ff.

Wolff, Martin: Eigentum und Reichsverfassung, in: Festgabe der Berliner Juristischen Fakultät für Wilhelm Kahl zum Doktorjubiläum am 19. April 1923, 1923

Wolff-Raiser: Sachenrecht, 10. Bearbeitung, 1957

Wulff, Albert: Hamburgische Gesetze und Verordnungen, Bd. 2, 2. Aufl., 1903; 3. Aufl., 1928/29 (Gesetze und Verordnungen)

Zeller, Friedrich: Zwangsversteigerungsgesetz, 7. Aufl., 1967

Zinkahn, Willy: Baurechtliche Vorschriften des Bundes und der Länder, Loseblattsammlung, Stand: September 1959

Zinkahn-Bielenberg: Loseblattkommentar zum Bundesbaugesetz, 1966 (BBauG)

Zippelius, Reinhold: Grundfragen des öffentlichen Sachenrechts und das Bayerische Straßen- und Wegegesetz, DÖV 1958, 838 (Grundfragen)

— Allgemeine Staatslehre, 1968

Zobel: Artikel „Bauwesen, III. Sachsen", in: Wörterbuch des Deutschen Staats- u. Verwaltungsrechts, hrsg. v. Fleischmann, 1. Bd., 2. Aufl., 1911, S. 322 ff.

Zopfs, Jannpeter: Dienstbarkeiten und bauliche Ordnung, Dissertation, Münster 1962 (Dienstbarkeiten)

Printed by Libri Plureos GmbH
in Hamburg, Germany